曾智明"曾子学术基金"科研成果。

山东大学曾子研究所科研成果。

山东大学儒学高等研究院科研成果。

曾子研究院科研成果。

孟子解诂

曾振宇 曾中行 校注

上海三联书店

目　　录

例　言

一、本书以宋代朱熹《孟子集注》（中华书局，1983 年版）为底本，对《孟子》进行校勘和译注。

二、本书校勘所用主要版本为：

1.《孟子》十四卷，上海涵芬楼借清内府藏宋刊本景印《四部丛刊经部》。

2.《孟子注疏解经》十四卷，汉赵岐注，孙奭疏，1980 年中华书局影印清阮元校刻《十三经注疏附校勘记》。

3.《孟子正义》三十卷，清焦循撰，1986 年中华书局重印《诸子集成》本。

4.《孟子微》八卷，康有为撰，国家清史编撰委员会《文献丛刊》，中国人民大学出版社 2000 年版。

三、东汉赵岐考证"外书"四篇文章为《性善辨》、《文说》、《孝经》、《为政》。留存于今的"外书"四篇乃明代人伪撰，因此本书弃而不用。

四、历代为《孟子》作注的学者比较多，清代以前大约就有 75 家。对原文的校勘与注释，反复比照，择善而从。凡对宋代朱熹《孟子集注》本有所改易者，尽量在注释中一一说明。

五、宋代朱熹《孟子集注》是宋学代表性成果，校勘、训诂较为精审，影响深远。为兼顾社会各阶层人士阅读之需要，本书的注释侧重于难解字词、历史人物与事件、典章制度、历史地名等等内容。对个别难读之句子加以识读,全文"解读"据改正后的原文译出。

六、注释力求深入浅出、通俗易懂,凡训诂等方面涉及各家意见分歧之处,或择善而从,或出于己识。

七、原文通假字一般不改;对生僻字词,加注汉语拼音。

八、本书涉及的《孟子》引文直接采用笔者校勘后的文字。

九、本编《孟子》原文之断句、标点,与前人亦有异同,不仍旧贯。

卷一　梁惠王章句上　凡七章

1.1　孟子见梁惠王①。王曰:"叟不远千里而来②,亦将有以利吾国乎③?"

孟子对曰:"王何必曰利?亦有仁义而已矣④。王曰:'何以利吾国?'大夫曰:'何以利吾家⑤?'士庶人曰:'何以利吾身?'上下交征利而国危矣⑥。万乘之国弑其君者⑦,必千乘之家;千乘之国,弑其君者,必百乘之家。万取千焉,千取百焉,不为不多矣。苟为后义而先利,不夺不餍⑧。未有仁而遗其亲者也,未有义而后⑨其君者也。王亦曰仁义而已矣,何必曰利?"

【解读】

孟子进见梁惠王。惠王说:"老先生不远千里而来,一定带来了有

---

① 梁惠王:即魏惠王,僭称王,谥曰惠。公元前369年即位,战国七雄之一。

② 叟:古代对老人的称呼。朱子《集注》:"叟,长老之称。"

③ 利:朱子《集注》云:"王所谓利,盖富国强兵之类。"

④ 义:郭店楚简《语丛三》云:"义者,宜也。"《中庸》又云:"义者,宜也。""义"是《孟子》中出现频率极高的一个词,多达百次以上次,内涵极其丰富。日本学者伊藤仁斋对以"宜"释"义"颇有微词,他在《论孟字义》中说:"义训宜,汉儒以来,因袭其说,而不知意有所不通。中庸谓义宜也者,犹言仁人也,礼履也,德得也,诚成也,但取其音同者,发明其义耳,非直训也。学者当照孟子'羞恶之心,义之端也'暨'人皆有所不为,达之于其所为,义也'等语,求其意义,自可分明。设专以宜字解之,则处处窒碍,失圣贤之意者甚多矣。"此外,"义"在《孟子》中还是一复合词:"理义"、"礼义"、"仁义",含义有所区别。

⑤ 家:大夫的采地。

⑥ 征:敛取、夺取。

⑦ 万乘(shèng)之国:一车四马为乘。根据周礼,天子拥有万乘,诸侯千乘、百乘不等。

⑧ 餍(yàn):满足。

⑨ 后:怠慢、薄待。

利于我国的高见吧?"

孟子回答说:"大王,为何一开口就说利呢? 只讲仁义就足够了。如果大王说'怎样有利于我的国?'大夫说'怎样有利于我家?'士人和老百姓则说'怎样有利于我自己?'上上下下相互追逐利,国家就危险了! 在一个拥有一万辆兵车的国家,杀害国君的人,一定是拥有一千辆兵车的卿大夫;在一个拥有一千辆兵车的国家,杀害其国君的人,一定是拥有一百辆兵车的大夫。依照成法,在万乘中取得千乘,在千乘中取得百乘,这样不能不算多了。可是,如果大夫们重利轻义,不夺取全部的兵车就永远不会满足。从来没有遵循仁德的人会抛弃父母,也从来没有遵循义德的人会怠慢君王。所以,大王遵循仁义就够了,何必说利?"

1.2　孟子见梁惠王。王立于沼上①,顾鸿雁麋鹿②,曰:"贤者亦乐此乎?"

孟子对曰:"贤者而后乐此。不贤者虽有此,不乐也。《诗》云③:'经始灵台④,经之营之⑤。庶民攻之⑥,不日成之。经始勿亟⑦,庶民子来⑧。王在灵囿⑨,麀鹿攸伏⑩。麀鹿濯濯⑪,

---

① 沼:水塘。
② 顾:顾盼。
③ 《诗》云:引自《诗经·大雅·灵台》,文句略有不同。
④ 经始灵台:经营修筑天文观测台。经,测量、规划。始,当是"治"之误。灵台,天子观测天文的土台。
⑤ 营:营谋、谋划。
⑥ 攻:建筑。
⑦ 亟:急、速。
⑧ 子来:如同儿子自觉自愿前来帮父亲干活。
⑨ 囿:蓄养禽兽的园林。
⑩ 麀(yōu):母鹿。攸:安然貌。伏:静卧。
⑪ 濯濯(zhuó):肥美润泽。

白鸟鹤鹤①。王在灵沼，於牣鱼跃②。'文王以民力为台为沼，而民欢乐之，谓其台曰灵台，谓其沼曰灵沼，乐其有麋鹿鱼鳖。古之人与民偕乐，故能乐也。《汤誓》曰③：'时日害丧④？予及女偕亡⑤！'民欲与之偕亡，虽有台池鸟兽，岂能独乐哉？"

【解读】

孟子进见梁惠王。

梁惠王站在池塘边上，顾盼着鸿雁麋鹿，说："贤者也以此为乐吗？"

孟子回答说："只有贤者才能够以此为乐，不贤的人即使拥有这一切，也不会感到快乐。《诗》说：'文王最初建造灵台的时候，仔细度量营造；天下百姓前来协助，短短几天便竣工告成。文王叮嘱百姓不要太着急，可是老百姓像子女为父母出力一般自告奋勇，因此很快就完工。文王来到灵台，母鹿安卧在草丛，母鹿丰腴壮实，白鸟肥美洁净。文王游览到灵沼旁，满池的鱼儿跳跃相迎。'文王虽然以民力修建高台深池，可是老百姓非常高兴，称呼那台为'灵台'，称呼那池为'灵沼'，并喜欢那里有麋鹿鱼鳖。古代的君王与民同乐，所以自己也能真正享受快乐。《汤誓》说：'这太阳什么时候才能毁灭？我宁肯与你一起灭亡！'老百姓恨不得与夏桀同归于尽，即使他有高台池沼、珍禽异兽，又怎能真正享乐呢？"

---

① 白鸟鹤鹤：白鹤洁白而肥润。白鸟，白鹤。鹤鹤，洁白而肥润，《诗经》作"翯翯"。

② 於(wū)：赞叹词。牣(rèn)：充满。

③ 《汤誓》：《尚书》篇名，记载商汤伐夏桀誓师词。

④ 时：此，这个。害(hè)：通"曷"，何时。丧：灭亡。

⑤ 女：通"汝"。历史上对"时日害丧，予及女偕亡"有两种理解：赵岐《注》曰："言是日桀当大丧亡，我及女俱往亡也。"朱子《集注》的诠释与赵岐不同："时，是也。日，指夏桀。害，何也。桀尝自言，吾有天下，如天之有日，日亡吾乃亡耳。民怨其虐，故因其自言而目之曰，此日何时亡乎？若亡则我宁与之俱亡，盖欲其亡之甚也。"两相比较，朱熹之说为是。

1.3　梁惠王曰:"寡人之于国也①,尽心焉耳矣②。河内凶③,则移其民于河东④,移其粟于河内。河东凶⑤亦然。察邻国之政,无如寡人之用心者。邻国之民不加少⑥,寡人之民不加多,何也?"

孟子对曰:"王好战,请以战喻。填然⑦鼓之,兵刃既接⑧,弃甲曳兵而走⑨。或百步而后止,或五十步而后止。以五十步笑百步,则何如?"

曰:"不可。直不百步耳⑩,是亦走也。"

曰:"王如知此,则无望民之多于邻国也。不违农时⑪,谷不可胜食也⑫。数罟不入洿池⑬,鱼鳖不可胜食也。斧斤以时入山林⑭、材木不可胜用也。谷与鱼鳖不可胜食,材木不可胜用,是使民养生丧死无憾也⑮。养生丧死无憾,王道之始也。五亩之宅,树之以桑⑯,五十者可以衣帛矣⑰。鸡豚

---

① 寡人:国君用以自称。《礼记·曲礼下》说:"诸侯见天子,曰'臣某侯某'。其与民言,自称曰'寡人'。"孔颖达《疏》曰:"寡人者,言己是寡德之人"。由此可见,"寡人"是古代诸侯的自称,后来演变为君主的谦称。

② 焉耳矣:三个皆是语气词,语气词叠用,在于加重语气。

③ 河内:魏国黄河北岸地区,在今河南济源县一带。

④ 河东:魏国黄河以东地区,在今山西省西南部一带。

⑤ 凶:朱子《集注》:"凶,岁不熟也"。

⑥ 加少:更加少。

⑦ 填然:击鼓发出的声音。鼓:击鼓,名词动用。朱子《集注》:"兵以鼓进,以金退"。

⑧ 接:接触、交战。

⑨ 曳:拖着。走:奔逃。

⑩ 直:只是。

⑪ 违:妨碍。

⑫ 胜(shèng):尽。

⑬ 数(shuò):细密。罟:渔网。洿(wū):低凹之地。

⑭ 斤:大斧。圆銎称斧,方銎称斤。

⑮ 丧死:安葬死者。

⑯ 树:栽种。

⑰ 衣:穿。

狗彘之畜①,无失其时,七十者可以食肉矣。百亩之田,勿夺其时,数口之家可以无饥矣。谨庠序之教②,申之以孝悌之养③,颁白者不负戴于道路矣④。七十者衣帛食肉,黎民不饥不寒,然而不王者,未之有也。狗彘食人食而不知检⑤,涂有饿莩而不知发⑥;人死,则曰:'非我也,岁也⑦。'是何异于刺人而杀之,曰:'非我也,兵也。'王无罪岁,斯天下之民至焉。"

【解读】

梁惠王说:"寡人对于国事,可算是竭尽心力了!河内发生灾荒,就将那里的老百姓迁到河东,将河东的米粟运到河内;河东遭遇荒年,我也是这样做。考察邻国的政事,没有哪个国君能像我这样为老百姓操心的。但是,邻国的老百姓未见减少,我国的老百姓却未见增多,这是什么缘故呢?"

孟子答道:"大王向来喜欢战争,那么我就用战争来做比喻。咚咚的鼓声响起,两军的刀剑已经交锋,兵败者丢盔弃甲,曳兵而逃,有的士兵逃了一百步才停住,有的士兵逃了五十步就停住。逃五十步士兵的讥笑逃一百步的士兵,大王以为如何?"

惠王说:"不可以。他只不过没有逃到一百步罢了,也同样是逃跑啊!"

孟子说:"大王若是明白这个道理,就别指望本国的老百姓数量比

---

① 豚:小猪。彘:猪。王筠《说文释例》云:"古人之豕,非大不食,小豕惟以致祭也。"
② 庠序:古代乡学,商朝称之为序,周朝称之为庠。
③ 申:反复叮咛。
④ 颁:通"斑"。颁白,头发花白。负:背物件。戴:头顶物件。《礼记·王制》说:"道路:轻任并,重任分,斑白者不提挈。"
⑤ 检:制约。赵岐《注》曰:"言人君但养犬彘,使食人食,不知以法度检敛也。"
⑥ 饿莩(piǎo):饿死之人。发:赈济,朱子《集注》:"发,发仓廪以赈贷也"。
⑦ 岁:年岁,指年岁丰歉。

邻国多了。不耽误老百姓耕种的时节，五谷自然吃不完；细密的网罟不入池沼，鱼鳖自然吃不完；斧子按照时令进入山林砍伐，木材自然用不尽。五谷和鱼鳖吃不完，木材用不尽，就能让老百姓在养生送死方面都没有缺憾。能使百姓养生送死都没有缺憾，这就是王道的开端。

"五亩的宅田，周围栽种桑树，五十岁的老人就可以穿上丝衣了；饲养鸡犬狗彘，不错过它们的繁殖时节，七十岁的老人就可以吃上肉了；每家私有的百亩田地，不侵夺其农时，几口的人家庭就不会挨饿了；注重乡校的教育，反复宣明孝悌之道，须发斑白的老人就不至于在道路上背物负重了。七十岁的老人能衣绸食肉，百姓能不受饥寒，做到了这些而不称王天下的，还从未有过。

"现在猪狗吃着人的食物还不知道制止，路上有饿死的人还不知道开仓救济。老百姓饿死了，君王却说：'这不是我的罪过，是年成不好造成的。'这与用刀把人杀死，却说'不是我杀的，是兵器杀的'又有什么不同呢？所以，大王请您不要委罪于年成不好，那么天下的老百姓自然都来归顺了。"

1.4 梁惠王曰："寡人愿安承教①。"

孟子对曰："杀人以梃与刀②，有以异乎？"

曰："无以异也。"

"以刃与政，有以异乎？"

曰："无以异也。"

曰："庖有肥肉③，厩有肥马④，民有饥色，野有饿莩，此率兽而食人也。兽相食，且人恶之⑤；为民父母，行政不免于率

① 安：乐意。承：接受。
② 梃(tǐng)：棍棒。
③ 庖(páo)：厨房。
④ 厩(jiù)：牲口棚。
⑤ 恶：厌恶。

兽而食人,恶在其为民父母也①? 仲尼曰:'始作俑者②,其无后乎!'为其象人而用之也。如之何其使斯民饥而死也?"

【解读】

　　梁惠王说:"我很乐意接受您的指教。"

　　孟子说:"用棍棒杀人和用刀子杀人有什么区别吗?"

　　梁惠王说:"没有区别。"

　　孟子又问:"用刀子杀人和用国政害死人,有什么不同吗?"

　　梁惠王回答:"没什么不同。"

　　孟子说:"厨房里有肥美的肉,马厩里有健壮的马,可是老百姓面有饥色,野外躺者饿死的人,这如同率领着野兽来吃人啊! 野兽自相残杀尚且为人所憎恶,作为老百姓的父母官,推行政事,却不免于率领野兽来吃人,还配做老百姓的父母官吗? 孔子说:'第一个制作殉葬俑的人,该断子绝孙!'这是因它们像人形而被用来殉葬。(这样尚且不可,)又怎么可以忍心让老百姓活活地饿死呢?"

　　1.5　梁惠王曰:"晋国③,天下莫强焉,叟之所知也。及寡人之身,东败于齐,长子死焉④;西丧地于秦七百里⑤,南辱于楚⑥。

---

　　①　恶在:恶同乌,疑问代词。恶在,义近"何在"。朱子《集注》:"恶在,犹言何在也。"《礼记·檀弓下》说:"孔子谓为俑者不仁,不殆于用人乎哉?"

　　②　俑:殉葬用的土偶或木偶。朱子《集注》:"古之葬者,束草为人以为从卫,谓之刍灵,略似人形而已。中古易之以俑,则有面目机发,而大似人矣。故孔子恶其不仁,而言其必无后也。"

　　③　晋国:魏、韩、赵三个诸侯国都是从晋国分出,所以魏国国君常常自称为晋国。

　　④　东败于齐,长子死焉:公元前342年,魏伐韩,韩向齐求救。齐国派田忌、孙膑救援。在马陵之战中,魏国军队中孙膑之计而大败,太子申被俘。

　　⑤　西丧地于秦七百里:根据《史记·魏世家》记载,魏国屡败于秦,魏惠王被迫割河西之地给秦国求和。

　　⑥　南辱于楚:根据《战国策》记载,楚国多次攻打魏国,侵占不少魏国土地。

寡人耻之,愿比死者一洒之①。如之何则可?"

孟子对曰:"地方百里而可以王②。王如施仁政于民,省刑罚,薄税敛,深耕易耨③。壮者以暇日修其孝悌忠信,入以事其父兄,出以事其长上,可使制梃以挞秦楚之坚甲利兵矣④。彼夺其民时,使不得耕耨以养其父母,父母冻饿,兄弟妻子离散。彼陷溺其民⑤,王往而征之,夫谁与王敌?故曰:'仁者无敌。'王请勿疑。"

【解读】

梁惠王说:"晋国曾经是天下最强的国家,这是您知道的史实。可是到如今,东边被齐国打败,连我的大儿子也牺牲了;西边丧失了七百里土地给秦国;南边又受到楚国的侮辱。对此我深以为耻,希望替所有的死难者报仇雪恨,要怎么做才行呢?"

孟子回答说:"只要有方圆一百里的土地就可以称王天下。大王如果对老百姓施行仁政,减免刑罚,少征赋税,深耕细作,勤于除草;让青壮年在空闲时研习孝悌忠信的道理,在家能侍奉父兄,出外能侍奉长上。这样,就是让他们提着棍棒也可以打败披坚执锐的秦、楚军队了。那些国家侵夺民众的农时,使他们不能够深耕细作以赡养父母。父母受冻挨饿,兄弟妻子各自离散。敌国迫害百姓,大王去征伐他们,有谁会与您为敌呢?所以说:'施行仁政的人无敌于天下。'大王不要对此有所怀疑!"

---

① 比:替、代。洒:通"洗",洗雪。朱子《集注》:"言欲为死者雪其耻也"。
② 方:方圆。
③ 耨(nòu):锄草。阎若璩《四书释地》说:"赵氏注:'易耨,芸苗令简易也。'愚谓即朱虚侯刘章为高后言'田立苗欲疏'之意,与上深耕字相对。"
④ 制:焦循认为当读为掣"chē",提、拿。挞(tā):用棍子或鞭子打人。
⑤ 陷溺:压迫、坑害。

1.6　孟子见梁襄王①。出，语人曰②：“望之不似人君，就之而不见所畏焉。卒然问曰③：‘天下恶乎④定？’吾对曰：‘定于一⑤。’‘孰能一之？’对曰：‘不嗜杀人者能一之⑥。’‘孰能与之⑦？’对曰：‘天下莫不与也。王知夫苗乎？七、八月之间旱⑧，则苗槁矣。天油然作云，沛然下雨，则苗浡然兴之矣⑨。其如是，孰能御之⑩？今夫天下之人牧⑪，未有不嗜杀人者也。如有不嗜杀人者，则天下之民皆引领而望之矣⑫。诚如是也，民归之，由水之就下⑬，沛然谁能御之？’”

【解读】

　　孟子进见梁襄王，出来以后，告诉别人说：“远看不像个国君，接近他之后，也看不出他的威严。他突然问我：‘天下怎样才能安定？’

　　“我回答说：‘要统一才能安定。’

　　“（他问：）‘谁能统一天下呢？’

　　“我答道：‘不喜欢杀人的国君能统一天下。’

　　“（他又问：）‘有谁愿意归顺这样不嗜杀人的国君呢？’

　　“我回答道：‘天下的人没有不愿意归顺他的。大王知道禾苗生长

---

①　梁襄王：梁惠王之子。公元前318至公元前296年在位。
②　语：告诉。
③　卒然：猝然。
④　恶乎：于何，在哪里。
⑤　一：统一。
⑥　嗜：喜好。
⑦　与：归附、归服。
⑧　七、八月：周朝建子，以夏历十一月为正月，所以周历七、八月，即夏历五、六月。
⑨　浡（bó）然：蓬勃生长。
⑩　御：抵御，禁止。
⑪　人牧：牧人者，统治者，国君。
⑫　引领：伸着脖子。
⑬　由：通“犹”，犹如。

的情况吗? 当七、八月间天旱的时候,禾苗就干枯了。一旦天上乌云密布,大雨倾盆而下,禾苗便会蓬勃地生长起来。像这种情况,谁能够阻挡得住呢? 如今各国的国君,没有一个不喜欢杀人的。如果有一位不嗜好杀戮的国君,那么天下的老百姓都会伸长脖子盼望他。果真如此的话,老百姓归服他就像水向下奔流一样,其势汹涌澎湃,谁能遏止得住呢?”

1.7　齐宣王问曰:“齐桓、晋文之事①,可得闻乎?”

孟子对曰:“仲尼之徒无道桓、文之事者,是以后世无传焉。臣未之闻也。无以②,则王乎?”

曰:“德何如,则可以王矣?”

曰:“保民而王③,莫之能御也。”

曰:“若寡人者,可以保民乎哉?”

曰:“可。”

曰:“何由知吾可也?”

曰:“臣闻之胡龁④曰,王坐于堂上,有牵牛而过堂下者,王见之,曰:‘牛何之?’对曰:‘将以衅钟⑤。’王曰:‘舍之! 吾不忍其觳觫⑥,若无罪而就死地⑦。’对曰:‘然则废衅钟与⑧?’曰:‘何可废也? 以羊易之。’不识有诸?⑨”

---

①　齐桓、晋文:齐桓公、晋文公在春秋时期先后称霸,与秦穆公、楚庄王、宋襄公合称为春秋五霸。
②　无以:不得已。以,通“已”。
③　保:安、安抚。
④　胡龁:齐宣王近臣。
⑤　衅钟:衅是古代祭祀礼仪之一,《说文·爨部》:“衅,血祭也。”衅钟,是用牲血涂抹器物的缝隙以祭器。
⑥　觳觫(hú sù):因恐惧而发抖。
⑦　若:这样。
⑧　与:通“欤”,疑问语气词。
⑨　诸:“之乎”合音。

曰:"有之。"

曰:"是心足以王矣。百姓皆以王为爱也①,臣固知王之不忍也。"

王曰:"然。诚有百姓者。齐国虽褊小②,吾何爱一牛?即不忍其觳觫,若无罪而就死地,故以羊易之也。"

曰:"王无异于百姓之以王为爱也③,以小易大,彼恶知之?王若隐其无罪而就死地④,则牛羊何择焉?"

王笑曰:"是诚何心哉?我非爱其财。而易之以羊也,宜乎百姓之谓我爱也。"

曰:"无伤也⑤。是乃仁术也,见牛未见羊也。君子之于禽兽也,见其生,不忍见其死;闻其声,不忍食其肉。是以君子远庖厨也⑥。"

【解读】

齐宣王问道:"齐桓公、晋文公的霸业,可以讲给我听听吗?"

孟子说:"孔子的门徒没有谈论过齐桓、晋文之事,因此后世没有流传下来,我也从来没有听说过。大王如果一定要我讲,那就讲一讲称王天下的道理吧!"

宣王说:"要有怎样的德行,才可以称王天下呢?"

孟子说:"让老百姓安居乐业,自然就能称王天下,任何人都抵挡不住。"

---

① 爱:吝啬。
② 褊(biǎn):狭小。
③ 异:奇怪。
④ 隐:痛,哀怜。
⑤ 无伤:不碍事。朱子《集注》:"言虽有百姓之言,不为害也。"
⑥ 远:远离,使动用法。朱子《集注》:"其所以必远庖厨者,亦以预养是心,而广为仁之术也。"

宣王说:"像我这样的人,能够安抚天下百姓吗?"

孟子说:"可以。"

宣王说:"凭什么知道我可以呢?"

孟子说:"我从大臣胡龁那里听说,有一天大王坐在殿堂上,有一个人牵着牛经过堂下。您看见了,就问:'把牛牵到那里去?'牵牛的答道:'准备用它的血来祭钟。'王说:'放了它!我不忍心看到它恐惧发抖,这就像没有犯罪却被处死一样。'牵牛的人问:'那么要放弃衅钟的仪式吗?'大王说:'怎么可以不祭钟呢?用羊替代牛吧!'不知道有没有这件事?"

宣王说:"有的。"

孟子说:"有这种仁心就足以称王天下了。老百姓都以为大王吝啬,我早就知道大王是不忍心啊。"

宣王说:"不错,确实有这样的百姓。齐国土地虽然狭小,我又何至于吝惜一头牛呢?我只是不忍心看到它恐惧颤栗,就好像没有犯罪却把它杀死,所以用羊替换它。"

孟子说:"大王不必责怪老百姓认为您太吝啬,用小羊换下大牛,他们怎么会知道您的良苦用心呢?大王若是可怜牛无罪却被处死,那么牛和羊又有什么区别呢?"

宣王笑着说:"这到底是什么心呢?我不是因为吝啬钱财而用羊换牛。也难怪老百姓说我吝啬了。"

孟子说:"没有关系,这就是仁心的表现,只因大王当时只看见牛没有看见羊。君子对待禽兽,看见它们活着,就不忍心看到它们死;听到它们临死的哀鸣,就不忍心吃它们的肉。因此,君子总是远离厨房。"

王说①,曰:"《诗》云②:'他人有心,予忖度之③。'夫子之

---

① 说:通"悦",高兴。
② 诗句见于《诗经·小雅·巧言》。
③ 忖度(cǔn duó):揣想。

谓也。夫我乃行之，反而求之，不得吾心。夫子言之，于我心有戚戚焉①。此心之所以合于王者，何也？"

曰："有复于王者②，曰'吾力足以举百钧③'，而不足以举一羽；'明足以察秋毫之末'，而不见舆薪④。则王许之乎？"

曰："否。"

"今恩足以及禽兽，而功不至于百姓者，独何与？然则一羽之不举，为不用力焉；舆薪之不见，为不用明焉；百姓之不见保，为不用恩焉。故王之不王，不为也，非不能也。"

曰："不为者与不能者之形何以异？"

曰："挟太山以超北海⑤，语人曰：'我不能，'是诚不能也。为长者折枝⑥，语人曰：'我不能。'是不为也，非不能也。故王之不王，非挟太山以超北海之类也⑦；王之不王，是折枝之类也。老吾老⑧，以及人之老；幼吾幼⑨，以及人之幼。天下可运于掌。《诗》云⑩：'刑于寡妻⑪，至于兄弟，以御于家邦⑫。'言举斯心加诸彼而已。故推恩足以保四海，不推恩无以保妻子。古之人所以大过人者无他焉，善推其所为而已矣。今恩足以

---

① 戚戚：心动。
② 复：禀白。
③ 钧：古代重量单位，合三十斤。
④ 舆薪：装满木柴的车。
⑤ 挟：提挈。太山：泰山。超：跨越。北海：渤海。
⑥ 折枝：对"为长者折枝"的注解，历来存在歧义。东汉赵岐认为"折枝，案摩折手节解罢枝也。"朱子《集注》则认为"为长者折枝，以长者之命，折草木之枝，言不难也。"焦循《孟子正义》解为"馨折腰肢，盖犹今拜揖也"。可见，"折枝"古来有多种解释：折取树枝、弯腰行礼和按摩关节。笔者认为，焦循的解释比较正确。
⑦ 非挟太山以超北海：四部丛刊本"太山"作"大山"。
⑧ 老吾老：第一个老字是动词，尊重。第二个老字是名词。
⑨ 幼吾幼：第一个幼字是动词，抚育。第二个幼字是名词。
⑩ 诗句见于《诗经·大雅·思齐》。
⑪ 刑：通"型"，榜样。寡妻：嫡妻。
⑫ 御：治。

及禽兽,而功不至于百姓者,独何与? 权①,然后知轻重。度②,然后知长短。物皆然,心为甚。王请度之!"

【解读】

宣王高兴地说:"《诗》说:'别人有什么心事,我可以揣摩出来。'说的正是老先生啊! 我已经做了这件事,可是揣摩起来,却总是说不出它的道理。经老先生一讲,我的心怦然而动。这种不忍之心合于王道,其中的道理又是什么呢?"

孟子说:"假如有人向大王禀告:'我的力气能够举起三千斤,但拿不起一根羽毛;我的眼力能看见秋毫的末梢,却看不见摆在面前的一大车薪柴。'大王会相信他的话吗?"

宣王说:"不相信。"

孟子说:"现在大王的恩惠,足以推广到禽兽,但不能施及老百姓,这是什么原因呢? 可见举不起一根羽毛,只因他不肯用力气;看不见一车薪柴,只因他不肯用眼力;老百姓不能安居乐业,只因大王没有对他们施恩啊! 所以,大王不能称王天下,只是不肯做,不是没有能力做。"

宣王说:"不肯做和没有能力做,有什么不同?"

孟子说:"有人想要挟持泰山跨越北海,对人说'我做不到',这是真的做不到;而要他向老年人鞠躬行礼,他却对人说'我做不到',这是不肯做,而不是做不到。所以大王不能称王天下,不是挟持泰山跨越北海的之类的难事;大王不能称王天下,是向老年人拜揖这类的小事。

"大王敬重自己的长辈,进而推及到敬重别人的长辈;爱护自己的晚辈,进而推及到爱护别人的晚辈,治国平天下就易如反掌。《诗》说:'先做妻子的楷模,再推及到兄弟宗族,最后治理好邦国。'这就是说把仁心推及到百姓身上。所以,能够推行恩德,就可保有天下;如果做不

---

① 权:权衡。
② 度:度量。

到,甚至连妻子也得不到守护。古代圣王之所以能远超常人,没有别的,只是善于推广他们的恩惠罢了。现在君王的恩惠足以施加到禽兽身上,但功业却不能施及老百姓,这是什么原因呢?"

"称一称,然后知轻重;量一量,然后知长短。事物都是这样,人心更是如此。请大王仔细思量。"

"抑王兴甲兵①、危士臣②、构怨于诸侯③,然后快于心与?"

王曰:"否。吾何快于是?将以求吾所大欲也!"

曰:"王之所大欲可得闻与?"

王笑而不言。曰:"为肥甘不足于口与?轻暖不足于体与?抑为采色不足视于目与?声音不足听于耳与?便嬖不足使令于前与④?王之诸臣,皆足以供之,而王岂为是哉?"

曰:"否。吾不为是也。"

曰:"然则王之所大欲可知已。欲辟土地⑤,朝秦、楚⑥,莅中国而抚四夷也⑦。以若所为⑧,求若所欲,犹缘木而求鱼也。"王曰:"若是其甚与?"曰:"殆有甚焉⑨。缘木求鱼,虽不得鱼,无后灾。以若所为,求若所欲,尽心力而为之,后必有灾。"

曰:"可得闻与?"

---

① 抑:转折连词,相当于现代汉语"难道"。
② 危:使……陷于危险之中,使动用法。
③ 构怨:结怨。
④ 便嬖(pián bì):君王左右受宠爱之人。
⑤ 辟:开辟。
⑥ 朝:使其朝见。朱子《集注》:"致其来朝也。"
⑦ 莅:临,统治。中国:中原国家。抚:安抚。
⑧ 若:你。
⑨ 殆:几乎、大概。有:同"又"。

曰:"邹人与楚人战,则王以为孰胜?"

曰:"楚人胜。"

曰:"然则小固不可以敌大,寡固不可以敌众,弱固不可以敌强。海内之地方千里者九,齐集有其一。以一服八,何以异于邹敌楚哉? 盖亦反其本矣①。今王发政施仁,使天下仕者皆欲立于王之朝,耕者皆欲耕于王之野,商贾皆欲藏于王之市②,行旅皆欲出于王之涂,天下之欲疾其君者皆欲赴愬于王③,其若是,孰能御之?"

【解读】

"难道大王还想兴师动众,危害将士,结怨诸侯,然后心里才痛快吗?"

宣王说:"不是,我怎么会以此为乐呢? 我是想以此来实现一个我的最大的愿望!"

孟子说:"大王的愿望,可以讲给我听听吗?"

宣王笑了笑,却不回答。

孟子说:"大王是因为肥美的食物还不够口腹享受呢,还是轻暖的衣裳还不够穿? 或者艳丽的色彩还不够观赏? 美妙的音乐还不够欣赏? 左右臣仆还不够役使? 这些,大王的臣仆都能够为您提供,难道大王真是为了这些吗?"

宣王说:"不是,我不是为了这些。"

孟子说:"既然如此,大王的最大愿望就可以知道了。您是想开拓疆土,使秦、楚臣服,统治天下,安抚四夷。但是,以这样的作为来追求宏大心愿,就像缘木求鱼一样劳而无功。"

---

① 盖:同"盍",何不。
② 商贾:行货曰商,居货曰贾。
③ 疾:痛恨。愬:申诉。

宣王说:"有这样严重吗?"

孟子说:"恐怕比这更严重,攀上树木去捕鱼,虽然得不到鱼,也不会招致什么灾祸;用这样的作为来追求远大目标,费尽心力去做,最后一定还会招致祸殃。"

宣王说:"能给我讲讲其中的道理吗?"

孟子说:"邹国和楚国交战,大王认为哪国会取胜?"

宣王说:"楚国获胜。"

孟子说:"可见小国本来就不敌大国,少数本来就不敌多数,力量弱的本来就不敌力量强的。四海之内方圆千里的土地共有九块,齐国只是其中之一。若用一个来征服八个,这和邹国攻打楚国有什么区别呢?大王为何不从王道的根本着手来解决问题?

"现在大王如果发布善政,施行仁政,天下才贤之士都想在大王的朝廷里任职,种地的人都想在大王的土地上耕稼,商人都想在大王的市场上交易,普天下旅客都想行走在大王的道路上,天下怨恨其国君的人都赶来向大王控诉他们的苦难。如果能做到这样,还有谁能阻挡您称王天下呢?"

王曰:"吾惛①,不能进于是矣②。愿夫子辅吾志,明以教我。我虽不敏,请尝试之。"

曰:"无恒产而有恒心者③,惟士为能。若民④,则无恒产,因无恒心。苟无恒心,放辟⑤,邪侈⑥,无不为已。及陷于罪,然后从而刑之,是罔民也⑦。焉有仁人在位,罔民而可为也?

---

① 惛:通"昏",糊涂。
② 进:行、施行。
③ 恒产:恒常的产业。恒心:人所固有的普遍的善心。朱子《集注》:"恒心,人所常有之善心也。"
④ 若:转折连词,至于。
⑤ 放辟:放荡、邪僻。
⑥ 邪侈:胡作非为。
⑦ 罔:名词动用,通"网",陷害。

是故明君制民之产,必使仰足以事父母,俯足以畜妻子①,乐岁终身饱,凶年免于死亡。然后驱而之善②,故民之从之也轻③。今也制民之产④,仰不足以事父母,俯不足以畜妻子,乐岁终身苦,凶年不免于死亡。此惟救死而恐不赡⑤,奚暇治礼义哉⑥?王欲行之,则盍反其本矣⑦。五亩之宅,树之以桑,五十者可以衣帛矣。鸡豚狗彘之畜,无失其时,七十者可以食肉矣。百亩之田,勿夺其时,八口之家可以无饥矣。谨庠序之教,申之以孝悌之义⑧,颁白者不负戴于道路矣。老者衣帛食肉⑨,黎民不饥不寒,然而不王者,未之有也。"

【解读】

宣王说:"我生性鲁钝,不能达到这样的高度。希望老先生帮我实现我的志向,明明白白地教导我。我虽不聪慧,请让我尝试一下。"

孟子说:"没有恒常的产业却有恒常的善心,只有士人才能够做到。平民百姓没有恒常的产业,也就没有恒常的善心。一旦没有恒常的善心,就容易放荡邪僻、胡作非为。等到犯了罪,然后才去惩治他们,这等于预设罗网陷害老百姓。哪有仁人在位还做这种陷害老百姓的事呢?所以,贤明的君主规划老百姓的产业,必使他们上足够侍奉父母,下足够养活妻儿;丰年可以吃饱,荒年也能免于死亡,然后督促他们一心向善,老百姓也就容易听从教化。

---

① 畜:养育。妻子:妻子儿女。
② 之:往、到。
③ 轻:轻松、容易。
④ 制:订立制度。
⑤ 赡:足够。
⑥ 奚:何。
⑦ 盍:何不。
⑧ 申:教育、倡导。
⑨ 《礼记·王制》:"五十始衰,六十非肉不饱,七十非帛不暖。"

"如今所制定的民众产业,上不足以侍奉父母,下不足以养活妻儿;丰年尚且挨饿,荒年更是免不了饿死逃亡。目前他们只求免于一死,哪里还有空闲去修治礼义呢?

　　"大王若真想实行仁政,就应该回到王道的根本上去解决问题。人人拥有五亩的宅田,周围栽种桑树,五十岁的老人就可以穿上绸帛衣服;饲养鸡犬狗彘,不错过它们的繁殖时节,七十岁的老人就可以吃上肉;每家分配百亩的田地,不侵夺农时,八口的家庭就不会挨饿;注重乡校的教育,倡导孝敬长辈的道理,须发斑白的人就不至于在道路上背物负重。老年人衣绸食肉,老百姓吃得饱穿得暖,做到了这一步而不称王天下的还从未有过。"

卷二　梁惠王章句下 凡十六章

2.1　庄暴见孟子①，曰："暴见于王，王语暴以好乐②，暴未有以对也。"

曰："好乐何如?"

孟子曰："王之好乐甚，则齐国其庶几乎③?"

他日见于王曰："王尝语庄子以好乐，有诸?"

王变乎色④，曰："寡人非能好先王之乐也，直好世俗之乐耳。"

曰："王之好乐甚，则齐其庶几乎!今之乐犹古之乐也。"

曰："可得闻与?"

曰："独乐乐⑤，与人乐乐，孰乐?"

曰："不若与人。"

曰："与少乐乐，与众乐乐，孰乐?"

曰："不若与众。""臣请为王言乐。今王鼓乐于此⑥，百姓闻王钟鼓之声、管籥之音⑦，举疾首蹙頞而相告曰⑧：'吾王之好鼓乐，夫何使我至于此极也⑨?父子不相见，兄弟妻子离

① 庄暴：齐国大臣。
② 好乐：喜好音乐。
③ 庶几：差不多。朱子《集注》："言近于治。"
④ 色：脸色。朱子《集注》："变色者，惭其好之不正也。"
⑤ 乐乐：第一个乐字读(lè)，是动词，喜好、欣赏。第二个乐字读(yuè)，是名词，音乐。
⑥ 鼓乐：奏乐。
⑦ 管籥：笙箫之类乐器。
⑧ 举：皆、都。疾首：头痛。蹙(cù)頞(è)：愁眉苦脸。頞，鼻梁。朱子《集注》："人忧戚则蹙其额。"
⑨ 极：穷、穷困。

散。'今王田猎于此,百姓闻王车马之音,见羽旄之美①,举疾首蹙頞而相告曰:'吾王之好田猎,夫何使我至于此极也? 父子不相见,兄弟妻子离散。'此无他,不与民同乐也。今王鼓乐于此,百姓闻王钟鼓之声、管籥之音,举欣欣然有喜色而相告曰:'吾王庶几无疾病与? 何以能鼓乐也?'今王田猎于此,百姓闻王车马之音,见羽旄之美,举欣欣然有喜色而相告曰:'吾王庶几无疾病与? 何以能田猎也?'此无他,与民同乐也。今王与百姓同乐,则王矣。"

【解读】

庄暴拜见孟子,说:"我朝见大王,齐王告诉我他喜好音乐,我不知该如何应答。"庄暴又问:"喜好音乐对不对呢?"

孟子说:"大王如果真的喜好音乐,那么齐国太平无事了!"

过了几天,孟子见到齐宣王,说:"大王曾经对庄暴说爱好音乐,有这事吗?"

宣王变了脸色,说:"我并不喜好先王的音乐,只是喜好世俗的音乐。"

孟子说:"大王如果非常喜好音乐,齐国可以安享太平了! 现在的音乐与古代的音乐差不多。"

宣王说:"能告诉我是什么道理吗?"

孟子说:"独自一人欣赏音乐与和他人一起欣赏音乐,哪个更快乐?"

宣王说:"和他人一起欣赏音乐更快乐。"

孟子说:"和少数人一起欣赏音乐与和大众一起欣赏音乐,哪个更快乐?"

---

① 羽旄(máo):鸟羽与牦牛尾,古人用作旗帜上的装饰物,故可代指旌旗之属。

宣王说:"和大众一起欣赏音乐更快乐。"

孟子说:"让我为大王讲讲欣赏音乐的道理。假如大王在奏乐,百姓们听到大王的钟鼓之声和管籥之音,都愁眉苦脸地相互诉苦说:'我们君王喜好音乐,为什么使我们如此穷困呢?父子不能相见,兄弟妻子流离失所。'假如大王在围猎,百姓们听到大王车马的声音,见到华丽的旗帜,都愁眉苦脸地相互诉苦说:'我们大王喜好围猎,为什么使我们如此穷困呢?父子不能相见,兄弟妻子流离失所。'这没有别的原因,是由于不和民众同乐。

"假如大王在奏乐,百姓们听到大王的钟鼓之声和管籥之音,都喜笑颜开地说:'我们大王大概没有疾病吧?要不然怎么能奏乐呢?'假如大王在围猎,百姓们听到大王车马的声音,见到华丽的旗帜,都欣喜地相互说:'我们大王大概没有疾病吧,要不然怎么能围猎呢?'这没有别的原因,是大王能与民同乐的缘故。倘若大王与百姓同乐,那么就可以称王天下了!"

2.2　齐宣王问曰:"文王之囿方七十里①,有诸?"

孟子对曰:"于传有之②。"

曰:"若是其大乎?"

曰:"民犹以为小也。"

曰:"寡人之囿方四十里,民犹以为大,何也?"

曰:"文王之囿方七十里,刍荛者往焉③,雉兔者往焉④,与民同之。民以为小,不亦宜乎?臣始至于境,问国之大禁⑤,然后敢入。臣闻郊关之内有囿方四十里⑥,杀其麋鹿者如杀人

---

① 囿:古代畜养花木禽兽的园林,有围墙的叫"苑",没有围墙的叫"囿"。
② 传:文献。
③ 刍荛(chū ráo):名词动用,割草打柴者。刍,草。荛,木柴。
④ 雉兔:名词动用,泛指打猎者。
⑤ 大禁:国家的禁令。朱熹《集注》:"礼:入国而问禁。"
⑥ 郊关:古代近郊五十里,远郊百里,远郊之外还有关塞。

之罪。则是方四十里，为阱于国中①。民以为大，不亦宜乎？”

【解读】

　　齐宣王问孟子："听说周文王的苑囿方圆七十里，有这回事吗？"

　　孟子答道："古书上有这样的记载。"

　　宣王说："真有这么大吗？"

　　孟子说："老百姓还觉得小呢！"

　　宣王说："我的苑囿方圆四十里，老百姓还觉得太大，这是为什么呢？"

　　孟子说："周文王的苑囿方圆七十里，割草砍柴的人都可以进去，捕猎的人也能去，周文王与民众共同享有。老百姓觉得小，不是很自然吗？我刚到齐国边境时，首先问明了国家的禁令才敢入境。我听说国都郊外有一个方圆四十里的苑囿，凡猎杀麋鹿者参照杀人罪处罚。那么，这方圆四十里的苑囿等于国内设立的一个陷阱，老百姓认为它太大，不是很自然吗？"

　　2.3　齐宣王问曰："交邻国有道乎？"

　　孟子对曰："有。惟仁者为能以大事小，是故汤事葛②，文王事昆夷③。惟智者为能以小事大，故大王事獯鬻④，句践事吴。以大事小者，乐天者也。以小事大者，畏天者也⑤。乐天者保天下⑥，畏天者保其国。《诗》云⑦：'畏天之威，于

---

①　阱：陷阱。朱子《集注》："坎地以陷兽者，言陷民于死也。"

②　汤事葛：汤，商汤。事，侍奉。葛，国名，后被汤所灭。汤事葛，详见《孟子·滕文公章句下》。

③　昆夷：西周初年的西戎之一，也作"混夷"。

④　大王：文王之父古公亶父。獯鬻（xūn yù）：古代北方狄人之一，周朝时又称猃狁（xiǎn yǔn），秦朝时期叫匈奴。

⑤　畏天：敬畏上天的威严。

⑥　乐天：因循上天意志。朱子《集注》："大之字小，小之事大，皆理之当然也。自然合理，故曰乐天。"

⑦　《诗》：指《诗经·周颂·我将》。

时保之①。’”

王曰:"大哉言矣！寡人有疾,寡人好勇。"

对曰:"王请无好小勇②。夫抚剑疾视③,曰:'彼恶敢当我哉！'此匹夫之勇,敌一人者也。王请大之！《诗》云④:'王赫斯怒⑤,爰整其旅⑥。以遏徂莒⑦,以笃周祜⑧,以对于天下⑨。'此文王之勇也。文王一怒而安天下之民。《书》曰⑩:'天降下民,作之君,作之师。惟曰其助上帝,宠之四方。有罪无罪,惟我在。天下曷敢有越厥志⑪?'一人衡行于天下⑫,武王耻之。此武王之勇也,而武王亦一怒而安天下之民。今王亦一怒而安天下之民,民惟恐王之不好勇也。"

【解读】

齐宣王问:"和邻国交往有什么原则?"

---

① 于时:于是。
② 小勇:血气之勇。荀子在《性恶》篇将"勇"分为"上勇""中勇"与"下勇":"有上勇者,有中勇者,有下勇者。天下有中,敢直其身;先王有道,敢行其意;上不循于乱世之君,下不俗于乱世之民;仁之所在无贫穷,仁之所亡无富贵;天下知之,则欲与天下同苦乐之;天下不知之,则傀然独立天地之间而不畏:是上勇也。礼恭而意俭,大齐信焉,而轻货财;贤者敢推而尚之,不肖者敢援而废之:是中勇也。轻身而重货,恬祸而广解苟免,不恤是非然不然之情,以期胜人为意:是下勇也。"
③ 疾视:怒目而视。
④ 《诗》:指《诗经·大雅·皇矣》。
⑤ 赫:赫然。
⑥ 爰:于是。旅:军队。
⑦ 遏:阻止。徂(cú):往、去。莒:国名,西戎小国。
⑧ 笃:厚、加。祜(hù):福佑。
⑨ 对:对答。
⑩ 《书》:指《尚书》,引文出自《尚书》逸篇。对"惟曰其助上帝宠之四方有罪无罪惟我在"有两种断句:一种以朱子《集注》为代表,将之读为:"惟曰其助上帝,宠之四方。有罪无罪惟我在"。第二种读法以赵岐为代表:"惟曰其助上帝宠之。四方有罪无罪惟我在"。
⑪ 曷敢:何敢。厥:其。
⑫ 衡行:衡通"横",横行,作乱于天下。

24

孟子回答说:"有。只有仁者才能够以大国的身份侍奉小国,所以商汤能侍奉葛国,周文王能侍奉昆夷。只有智者才能够以小国的身份侍奉大国,所以周太王能侍奉獯鬻,越王勾践能侍奉吴王夫差。以大国身份侍奉小国的,是因循上天意志的人;以小国身份侍奉大国的,是敬畏上天威严的人。因循上天意志的人能安定天下,敬畏上天威严的人能安定自己的国家。《诗》说:'敬畏上天威灵,因而常得佑护。'"

宣王说:"先生的话宏远高深! 不过,我有个毛病,就是逞强好勇。"

孟子说:"希望大王不要爱好小勇。有人以手按剑,瞪着眼睛说:'他怎么敢抵挡我呢?'这其实只是匹夫之勇,只能敌一人而已。希望大王把它扩大!《诗》说:'文王赫然大怒,于是整顿军队,以遏制侵略莒国的敌军,为周人带来厚福,不辜负天下百姓对他的期望。'这是文王之勇,文王一怒便使天下的百姓安居乐业。《书》说:'上天降生了万民,并为他们安排了君主和师长。惟有这些君主和师长才能佑助上帝来绥靖四方,有罪者和无罪者都由我来负责。普天之下,何人敢违背上帝的意志呢?'所以,只要有一人在天下横行霸道,周武王便感到羞耻,这就是武王之勇,武王也是一怒便安定了天下百姓。如今大王如果也能做到一怒而使天下百姓都安居乐业,那么老百姓就会唯恐大王不崇尚勇武!"

2.4　齐宣王见孟子于雪宫①。王曰:"贤者亦有此乐乎?"

孟子对曰:"有。人不得,则非其上矣②。不得而非其上者,非也。为民上而不与民同乐者,亦非也。乐民之乐者③,民亦乐其乐。忧民之忧者,民亦忧其忧。乐以天下,忧以天下④,然而不王者,未之有也。昔者齐景公问于晏子⑤,曰:'吾

---

① 雪宫:齐国离宫之一。
② 非:非议、埋怨。
③ 乐民之乐:第一个乐字为"以……为乐",第二个乐字为"快乐"。
④ 以:与。朱子《集注》:"乐民之乐而民乐其乐,则乐以天下矣。忧民之忧而民忧其忧,则忧以天下矣。"
⑤ 晏子:名婴,齐景公时期贤臣。《晏子春秋》记载了他的一些事迹和学说。

欲观于转附、朝儛①,遵海而南②,放于琅邪③,吾何修而可以比于先王观也④?'晏子对曰:'善哉问也! 天子适诸侯曰巡狩⑤,巡狩者巡所守也。诸侯朝于天子曰述职⑥,述职者述所职也。无非事者。春省耕而补不足⑦,秋省敛而助不给⑧。夏谚曰⑨:'吾王不游,吾何以休⑩? 吾王不豫,吾何以助?'一游一豫⑪,为诸侯度⑫。今也不然:师行而粮食⑬,饥者弗食,劳者弗息。睊睊胥谗⑭,民乃作慝⑮。方命虐民⑯,饮食若流⑰,流连荒亡,为诸侯忧。从流下而忘反谓之流。从流上而忘反谓之连。从兽无厌谓之荒。乐酒无厌谓之亡。先王无流连之乐、荒亡之行。惟君所行也。'景公说⑱,大戒于国⑲,出舍于

---

① 转附、朝儛(cháo wǔ):皆是山名,杨伯峻考证转附即山东省烟台芝罘岛,朝儛即山东省荣成市召石山。

② 遵:循、沿。

③ 放:到达。琅邪:山名,位于今山东省东南部。

④ 观:游、游观。

⑤ 巡狩:天子视察诸侯所守疆土。狩,本意指冬猎。

⑥ 述:陈述。

⑦ 省:视察。

⑧ 敛:收获。

⑨ 夏谚:夏朝时期的谚语。

⑩ 休:福禄。《左传·襄公二十八年》有"以礼承天之休"记载,"休"的含义即"福禄"。

⑪ 一游一豫:君王春天出游,以救济贫困无依者为"游";秋天巡狩四疆以赈济贫困无依者为"豫"。朱子《集注》:"故夏谚以为王者一游一豫,皆有恩惠以及民,而诸侯皆取法焉,不敢无事慢游以病其民也。"

⑫ 度:法度。

⑬ 师:两千五百人为师。粮食:消耗粮食,"食"为动词。

⑭ 睊睊(juàn juàn):因愤怒而侧目而视。胥:全、都。谗:谤怨。

⑮ 慝(tè):邪恶。

⑯ 方:逆、违背。命:上天之命。虐:残害。

⑰ 若流:如水流不尽。

⑱ 说:通"悦"。

⑲ 戒:准备。

郊。于是始兴发补不足①,召大师曰②:'为我作君臣相说之乐。'盖《徵招》《角招》是也③。其诗曰:'畜君何尤④?'畜君者,好君也。"

【解读】

齐宣王在雪宫接见孟子。宣王说:"贤德之人也以此为乐吗?"

孟子回答说:"是呀！人如果得不到这种快乐,就会批评他们的国君。得不到这种快乐就非议国君或许不对,可是作为老百姓的君主却不与民同乐也是不对的。君主以民众的快乐为自己的快乐,民众也会以君主的快乐为自己的快乐;君主以民众的忧愁为自己的忧愁,民众也会以君主的忧愁为自己的忧愁。以天下人的快乐为快乐,以天下人的忧愁为忧愁,能做到这一步还不能称王天下,是不可能的。

"从前齐景公问晏子说:'我想到转附、朝儛两座山去游览,然后沿着海岸向南行,一直到琅邪。我该怎样做才能够和古代圣贤君王的巡游相比呢?'晏子回答说:'问得好呀！天子前往诸侯国叫巡狩,巡狩就是巡视各诸侯所守的疆土;诸侯去朝见天子叫述职,述职就是报告所执掌的公务,没有不和政事有关的。春季巡视耕种情况,对种子不足的贫困农户加以补助;秋季巡视收获情况,对歉收的农户给予补助。夏代的谚语说:'我们大王不巡游,我们怎能有福禄？我们大王不巡视,我们怎能得补助?'大王的巡游和视察,足以作为诸侯的法度。现如今不是这样了,国君一出游就兴师动众,索取粮食。饥饿的人得不到粮食补助,劳苦的人得不到休息。大家侧目而视,怨声载道,以至于为非作歹。这种出游违背天意,虐待百姓,吃喝浪费如流水。而且流连荒亡,连诸侯

---

① 兴发:打开粮仓,赈济贫民。
② 大师:乐官。
③ 《徵(zhǐ)招》《角招》:徵、角是古代五音(宫、商、角、徵、羽)中的两个音阶。招,通"韶",舜时代的乐曲名。
④ 畜:劝阻。尤:过错。朱子《集注》:"言晏子能畜止其君之欲,乃是爱其君者也。"

们都为此忧心忡忡。什么叫流连荒亡呢？乘船顺流而下，乐而忘返，这叫流；逆水而上，乐而忘返，这叫连；田猎而不知厌倦叫做荒；嗜酒而不加节制叫做亡。古代圣贤君王既无流连的逸乐，也无荒亡的淫行。至于大王您的行为该如何评论，只有您自己定夺了。'

"齐景公（听了晏子的话后）非常高兴，先在都城内作了充分的准备，然后驻扎在郊外，打开仓库赈济贫苦的人。又召集太师说：'给我创作一些君臣同乐的乐曲。'这乐曲就是《徵招》、《角招》。其中的歌词说：'劝阻国君有什么过错呢？'劝阻国君，就是敬爱国君。"

2.5 齐宣王问曰："人皆谓我毁明堂①，毁诸？已乎②？"

孟子对曰："夫明堂者，王者之堂也。王欲行王政，则勿毁之矣。"

王曰："王政可得闻与？"

对曰："昔者文王之治岐也③，耕者九一④，仕者世禄⑤，关市讥而不征⑥，泽梁无禁⑦，罪人不孥⑧。老而无妻曰鳏，老而无夫曰寡，老而无子曰独，幼而无父曰孤。此四者，天下之穷

---

① 明堂：古代帝王宣明政教的处所。凡朝会、祭祀、庆赏、选士、养老等大典，都在此举行。这里所提到的明堂，在齐国国境之内，可能是天子东巡接受诸侯朝见的处所。赵岐《注》云："谓泰山下明堂，本周天子东巡狩朝诸侯之处也，齐侵地而得有之。人劝齐宣王，诸侯不用明堂，可毁坏，故疑而问于孟子当毁之乎？"

② 已：止。

③ 岐：地名，在今陕西省岐山县一带。古公亶父自豳迁此建邑，周文王为西伯时治岐，后迁往丰。

④ 耕者九一：孟子设计的理想的井田制度。朱子《集注》："九一者，井田之制也。方一里为一井，其田九百亩。中画井字，界为九区。一区之中，为田百亩。中百亩为公田，外八百亩为私田。八家各受私田百亩，而同养公田，是九分而税其一也。"

⑤ 仕者世禄：供给大夫以上官职世代享用的俸禄。

⑥ 关：关卡。市：市场。讥：稽查。征：征税。

⑦ 泽梁：筑堤坝蓄水成池叫泽，拦水捕鱼的水堰叫梁。

⑧ 孥(nū)：妻子儿女。朱子《集注》："恶恶止其身，不及妻子也"。

民而无告者①。文王发政施仁,必先斯四者。《诗》云②:'哿矣
富人③,哀此茕独④!'"

王曰:"善哉言乎!"

曰:"王如善之,则何为不行?"

王曰:"寡人有疾,寡人好货⑤。"

对曰:"昔者公刘好货⑥,《诗》云⑦:'乃积乃仓⑧,乃裹糇
粮⑨,于橐于囊⑩,思戢用光⑪。弓矢斯张⑫,干戈戚扬⑬,爰方
启行⑭。'故居者有积仓,行者有裹粮也⑮,然后可以爰方启行。
王如好货,与百姓同之,于王何有?"

王曰:"寡人有疾,寡人好色。"

对曰:"昔者大王好色⑯,爱厥妃。《诗》云⑰:'古公亶甫,
来朝走马⑱。率西水浒⑲,至于岐下⑳。爰及姜女㉑,聿来胥

---

① 无告:穷苦无依靠。
② 《诗》云:引自《诗经·小雅·正月》。
③ 哿(gě):可、欢乐。
④ 茕(qióng):孤独。
⑤ 货:财物。
⑥ 公刘:后稷的后代,周朝创业的始祖。
⑦ 《诗》云:引自《诗经·大雅·公刘》。
⑧ 乃:于是。积:积储。仓:名词动用,把粮食储存在粮仓。
⑨ 糇(hóu)粮:干粮。
⑩ 橐:无底的口袋。囊:有底的口袋。
⑪ 戢(jí):安集、安抚,《诗经》作辑。用:以。光:光大。
⑫ 张:张设。
⑬ 干:盾。戚:斧。扬:钺。
⑭ 爰:于是。方:开始。启行:出发。
⑮ 裹粮:《四部丛刊》本、阮元《十三经注疏》本仿宋大字本作"裹囊"。
⑯ 大王:古公亶父,公刘九世孙。
⑰ 《诗》云:引自《诗经·大雅·绵》。
⑱ 走:奔跑。朱子《集注》:"避狄人之难"。
⑲ 率:沿、循。水浒:水涯,据王引之考证,水指漆水。
⑳ 岐下:岐山之下。
㉑ 爰:语首词,无义。姜女:姜人之女,古公亶父之妃。

宇①。'当是时也,内无怨女②,外无旷夫③。王如好色,与百姓同之,于王何有?"

【解读】

齐宣王问道:"别人都建议我拆毁明堂,是拆毁好呢? 还是不拆毁好呢?"

孟子回答说:"明堂是施行王政的殿堂。大王如果想推行王政,就不要拆毁它。"

宣王说:"怎样行王政,可以讲给我听听吗?"

孟子回答说:"从前周文王治理岐山的时候,对农民的税率实行九抽一,对做官的人给予世代承袭的俸禄,在关隘和市场上只稽查而不征税,任何人到山泽湖泊捕猎都不禁止,对罪犯的处罚不牵连其妻子儿女。年老而没有妻子的叫鳏,年老而没有丈夫的叫寡,年老而没有子嗣的叫老,年幼而没有父亲的叫孤,这四种人,是天下穷苦无所依靠的人。文王实行仁政,一定先考虑照顾他们。《诗》说:'有钱人的日子过得很舒坦,可怜那些无依无靠的孤寡之人吧!'"

宣王说:"说得好!"

孟子说:"大王认为讲得好,为什么不实行呢?"

宣王说:"寡人有个毛病,寡人爱财。"

孟子说:"从前公刘也爱财。《诗》说:'积蓄粮食装满仓,备好干粮装进囊,和睦团结争荣光。箭上弦,弓开张,金盾铁矛斧钺扬,然后动身向前方。'因此,留在家里的人有积蓄的粮谷,行军打仗的人有备好的行囊,这才率领军队出发。大王如果喜爱钱财,与老百姓共同享有,称王天下还有什么困难呢?"

宣王说:"寡人还有个毛病,寡人喜爱女色。"

① 聿:语首词,无义。胥:视察。宇:屋宇。
② 怨女:没有丈夫的女子。
③ 旷夫:没有妻子的男人。

孟子回答说："从前周太王也喜爱女色，非常宠爱他的妃子。《诗》说：'吾王古公亶父啊，清早率众骑快马，沿着邠西渭水岸，一直来到岐山下。带着美丽姜氏女，勘察地址建屋宇。'那时候，既没有不嫁的怨女，也没有不娶的旷夫。大王如果喜爱女色，也理解平民百姓的意愿，推行王政还有什么困难呢？"

2.6　孟子谓齐宣王曰："王之臣有托其妻子于其友①，而之楚游者②。比其反也③，则冻馁其妻子④，则如之何？"王曰："弃之⑤。"曰："士师不能治士⑥，则如之何？"王曰："已之⑦。"曰："四境之内不治，则如之何？"王顾左右而言他。

【解读】

孟子对齐宣王说："如果大王的某个大臣把妻子儿女付托给朋友照顾，自己前往楚国。等他回来的时候，发现他的妻子儿女正在挨饿受冻。对这样的朋友应该怎样办？"

宣王说："与此人绝交。"

孟子说："假如司法长官不能管理好他的下级，对这样的官员应该怎样办？"

王说："撤他的职！"

孟子说："假如一个国家治理不好，对这样的国君又该怎样办呢？"

齐王左右张望，把话题扯到别处去了。

---

① 友：不是指同宗兄弟，而是指志同道合者。《白虎通·谏诤》云："朋友之道有四焉，通财不在其中。近则正之，远则称之，乐则思之，患则死之。"
② 之：往、去。
③ 比：及、等到。反：通"返"。
④ 馁：饥饿。
⑤ 弃：绝、断绝。
⑥ 士师：古代的司法官。
⑦ 已：罢免。

2.7　孟子见齐宣王曰："所谓故国者，非谓有乔木之谓也，有世臣之谓也①。王无亲臣矣，昔者所进，今日不知其亡也②。"

王曰："吾何以识其不才而舍之？"

曰："国君进贤，如不得已，将使卑逾尊，疏逾戚，可不慎与？左右皆曰贤，未可也。诸大夫皆曰贤，未可也。国人皆曰贤，然后察之；见贤焉，然后用之。左右皆曰不可，勿听。诸大夫皆曰不可，勿听。国人皆曰不可，然后察之：见不可焉，然后去之。左右皆曰可杀，勿听。诸大夫皆曰可杀，勿听。国人皆曰可杀，然后察之；见可杀焉，然后杀之。故曰，国人杀之也。如此，然后可以为民父母。"

【解读】

孟子进见齐宣王，说："所谓历史悠久的国家，并不是指它有高大的树木，而是指有世代建立功勋的贤臣。现如今大王没有亲信的大臣了，过去所重用的一些人，现在不知道为什么都离开了。"

齐宣王说："我应该怎样识别那些缺乏才能的人，而不重用他们呢？"

孟子回答说："国君选拔贤能之人，如果不得已需提拔新人，就不得不把原本地位低微者提拔到地位高贵者之上，把原本关系疏远的人提拔到关系亲近的人之上，这能不慎重吗？因此，左右亲信都说某人贤能，不可轻信；众位大夫都说某人贤能，还是不可轻信；国人都说某人贤能，然后考察他。发现他是真正的贤才，再任用他。左右亲信都说某人

① 世臣：累世勋旧之臣。朱子《集注》云："世臣，累世勋旧之臣，与国同休戚者也。"

② 亡：去位。关于"亡"，学术史上有三种说法：一说为诛亡，赵岐《注》曰："言王取臣不详审，往日之所知，今日为恶当诛亡，王无以知也。"一说为离开，朱子《集注》曰："昨日所进用之人，今日有亡去而不知者"。一说为撤职、罢免，杨伯峻认为，"亡"有"去位、去国之意。"今采用杨伯峻的训释。

不贤,不可轻信;众位大夫都说某人不贤,还是不可轻信;国人都说某人不贤,然后考察他。发现他真的不贤,再撤换他。左右亲信都说某人该杀,不可轻信;众位大夫都说某人该杀,也不可轻信;国人都说某人该杀,然后考察他。发现他真该杀,然后杀掉他。所以说,是国人杀了他。懂得这样做,才可以做老百姓的父母官。"

2.8　齐宣王问曰:"汤放桀①,武王伐纣,有诸?"

孟子对曰:"于传有之。"

曰:"臣弑其君可乎②?"

曰:"贼仁者谓之贼③。贼义者谓之残④。残贼之人,谓之一夫⑤。闻诛一夫纣矣,未闻弑君也。"

【解读】

齐宣王问道:"商汤流放夏桀、武王征伐殷纣,有这回事吗?"

孟子答道:"史籍上有这样的记载。"

宣王说:"臣子杀掉他的君主,这种行为值得肯定吗?"

孟子说:"毁弃仁的人叫做贼,破坏义的人叫做残,残贼之人叫做独夫。只听说过周武王诛杀了独夫殷纣,没听说过他杀害了君王。"

2.9　孟子见齐宣王,曰:"为巨室⑥,则必使工师求大

---

①　放:流放。

②　弑:"诛"与"弑"皆有"杀"之义,但二者褒贬意不同。"弑"指地位卑下者违背礼义杀死尊者,"诛"指正义者诛杀无道者。

③　贼:害、损害。朱子《集注》:"害仁者,凶暴淫虐,灭绝天理,故谓之贼。"

④　残:伤害。朱子《集注》:"害义者,颠倒错乱,伤败彝伦,故谓之残。"

⑤　一夫:众叛亲离的统治者。《史记》卷一百二十一《儒林列传》记载汉儒辕固语录:"夫桀纣虐乱,天下之心皆归汤武,汤武兴天下之心而诛桀纣,桀纣之民不为之使而归汤武,汤武不得已而立,非受命为何?""天下之心"是因,"受命"是果。谁赢得"天下之心",谁才是"受命"而立的真命天子。

⑥　巨室:宏大的宫殿。

木①。工师得大木,则王喜,以为能胜其任也。匠人斲而小之②,则王怒,以为不胜其任矣。夫人幼而学之,壮而欲行之。王曰'姑舍女所学而从我③',则何如?今有璞玉于此④,虽万镒⑤,必使玉人雕琢之。至于治国家,则曰'姑舍女所学而从我',则何以异于教玉人雕琢玉哉?"

【解读】

　　孟子进见齐宣王,说:"要建造宏大的宫殿,一定要派工师去寻求巨木。工师找到了巨木,大王就会高兴,认为他能够履行自己的职责。如果工师把它砍削小了,大王就会发怒,认为他不称职。有人从小学习治国的道理,到了壮年入仕,就想实现他的所学,大王却说'姑且舍弃你所学的,听从我的命令吧!'那怎么行呢?倘若有一块未经雕琢的玉石,虽然价值万金,也一定得让玉匠雕琢它。但是,一旦涉及治理国家,大王却说'姑且舍弃你所学的,听从我的命令',这与外行人教玉匠雕琢璞玉又有什么不同呢?"

　　2.10　齐人伐燕⑥,胜之。宣王问曰:"或谓寡人勿取,或谓寡人取之。以万乘之国伐万乘之国,五旬而举之⑦,人力不至于此。不取,必有天殃⑧。取之,何如?"

　　孟子对曰:"取之而燕民悦,则取之。古之人有行之者,武

---

　　①　工师:匠人之长,主管各类工匠。
　　②　斲(zhuó):砍、削。
　　③　姑舍女所学而从我:姑,暂且。女,通"汝"。
　　④　璞玉:尚未雕琢的玉。
　　⑤　镒:一镒二十两。
　　⑥　齐人伐燕:齐宣王五年(前315年),燕王哙(kuài)让国位于其相子之,国人不服,燕国大乱。齐宣王派匡章趁机出兵伐燕,并迅速取得了胜利。
　　⑦　举:攻占。
　　⑧　天殃:自然殃祸。

王是也。取之而燕民不悦，则勿取。古之人有行之者，文王是也。以万乘之国伐万乘之国，箪食壶浆①，以迎王师。岂有他哉？避水火也。如水益深，如火益热，亦运而已矣②。"

【解读】

　　齐国人攻打燕国，取得了胜利。齐宣王问孟子说："有人劝我不要占领燕国，有人劝我占领燕国。以一个拥有万辆兵车的大国攻打一个同样拥有万辆兵车的大国，只用了五十天就获胜了，只凭人力不能有此结果。如果我们不占领它，上天一定会降下灾殃。我想占领它，您看如何？"

　　孟子回答说："占领它，如果燕国的老百姓很高兴，那就这样做。古人有这样做的，周武王便是。占领了它，如果燕国的老百姓不高兴，那就不要占领它。古人有这样做的，周文王便是。以齐国这样一个拥有万辆兵车的大国去攻打燕国这样一个同样拥有万辆兵车的大国，燕国的老百姓却用饭筐装着饭、用水壶盛着浆水来欢迎大王的军队，难道有别的意思吗？不过想摆脱水深火热的生活罢了。如果您让他们的水更深、火更热，那老百姓只有转而盼望别人来拯救他们了。"

　　2.11　齐人伐燕，取之。诸侯将谋救燕。宣王曰："诸侯多谋伐寡人者，何以待之？"

　　孟子对曰："臣闻七十里为政于天下者，汤是也。未闻以千里畏人者也。《书》曰③：'汤一征，自葛始④。'天下信之。'东面而征，西夷怨；南面而征，北狄怨。曰：奚为后我⑤？'民

---

① 箪食壶浆：箪，圆形的小竹篮。浆，浆水，用菜叶酿造的酸汤。
② 运：逃奔。朱子《集注》："言齐若更为暴虐，则民将转而望救于他人矣。"
③ 《书》曰：朱熹认为引自《尚书·商书·仲虺之诰》文，"与今《书》文亦小异。"
④ 葛：国名，商部族邻国，在今河南省宁陵县。
⑤ 奚：为何，疑问代词。

望之,若大旱之望云霓也①。归市者不止,耕者不变。诛其君而吊其民②,若时雨降,民大悦。《书》曰③:'徯我后④,后来其苏⑤!'今燕虐其民,王往而征之,民以为将拯己于水火之中也⑥,箪食壶浆,以迎王师。若杀其父兄,系累其子弟⑦,毁其宗庙,迁其重器⑧,如之何其可也?天下固畏齐之强也,今又倍地而不行仁政⑨,是动天下之兵也。王速出令,反其旄倪⑩,止其重器,谋于燕众,置君而后去之,则犹可及止也。"

【解读】

　　齐国人攻打燕国,占领了它。诸侯们谋划救援燕国。

　　齐宣王说:"诸侯们谋划讨伐寡人,我该如何应对?"

　　孟子回答说:"我听说过,有凭借方圆七十里的国土统一天下的人,商汤就是这样的贤人,还没有听说拥有方圆千里的国土却害怕别国的。《书》说:'商汤征伐从葛国开始',天下的人都相信他。'当他向东方进军时,西方的夷族便抱怨;当他向南方进军时,北方的狄人便抱怨。都说:为什么把我们放到后面呢?'人民盼望他,就像久旱盼望乌云和虹霓一样。他所到之处,做生意的照常做生意,种地的照常种地。他诛杀暴虐的国君以抚慰那些受害的百姓,就像天上下了及时雨一样,老百姓非常高兴。《书》说:'等待我们的君王,他来了,我们也就得救了!'如今燕国国君虐待他的人民,大王的军队去征讨他,燕国的老百姓认为您是要

① 霓:虹霓。
② 吊:恤、问、抚慰。
③ 《书》曰:朱熹认为引自《尚书·商书·仲虺之诰》文。
④ 徯(xī):等待。后:君王。
⑤ 苏:同"甦",复活。
⑥ 拯:拯救。
⑦ 系(jì)累:捆绑。
⑧ 重器:宗庙中的祭器。
⑨ 倍地:土地面积成倍增加。
⑩ 反:返。旄:旄同"耄",老人。倪:幼儿。

把他们从水深火热中拯救出来,所以用饭筐装着饭、用水壶盛着浆水欢迎您的军队。可是您现在杀死他们的父兄,拘禁他们的子弟,毁坏他们的宗庙,抢走他们的礼器,这种行径是不对的! 天下各国本来就害怕齐国的强大,现在齐国的土地又扩大了一倍,但还不施行仁政,必然会引起天下各国兴兵伐齐。大王应该赶快发布命令,释放燕国老少俘虏,停止抢掠燕国的宝器,再和燕国的百姓商议,替他们选立一位国君,然后赶快撤离燕国。只有这样做,还来得及制止各国兴兵。”

2.12　邹与鲁閧①。穆公问曰②:“吾有司死者三十三人③,而民莫之死也。诛之则不可胜诛;不诛,则疾视其长上之死而不救④。如之何则可也?”

孟子对曰:“凶年饥岁,君之民老弱转乎沟壑⑤,壮者散而之四方者,几千人矣⑥;而君之仓廪实、府库充,有司莫以告,是上慢而残下也。曾子曰:‘戒之戒之! 出乎尔者,反乎尔者也。’夫民今而后得反之也。君无尤焉⑦。君行仁政,斯民亲其上、死其长矣。”

【解读】

邹国与鲁国交战。邹穆公问孟子:“我的官员死了三十三人,可是民众却没有一个为他们献身的。杀了他们吧,杀不了那么多;不杀吧,他们眼看着长官被杀却不去营救。怎样办才好呢?”

孟子答道:“在灾荒年景,年老体弱者被弃尸于山沟之中。年轻力

---

① 閧(hòng):交战。
② 穆公:邹国君主。
③ 有司:官吏。
④ 疾视:仇视。
⑤ 转:弃尸。沟壑:山沟。
⑥ 几:将近。
⑦ 尤:责备。

壮者四处逃荒,差不多有上千人了。但是您的谷仓却堆满了粮食,库房里装满了财宝,您的官吏却不把这一情况上报,这就是在上位的人对老百姓漠不关心并且残害老百姓。曾子说:'警惕啊! 警惕啊! 你怎样去对待别人,别人也将怎样对待你。'现在,您的民众盼到报复的机会了。您不要责备他们! 您如果实行仁政,老百姓自然就会爱护他的上级,情愿为他们的长官牺牲了。"

2.13　滕文公问曰:"滕,小国也,间于齐、楚①。事齐乎? 事楚乎?"

孟子对曰:"是谋非吾所能及也②。无已,则有一焉:凿斯池也③,筑斯城也,与民守之。效死而民弗去④,则是可为也。"

【解读】

滕文公问:"滕国是一个弱小的国家。夹在齐国和楚国之间,是侍奉齐国比较好呢,还是侍奉楚国比较好呢?"

孟子答道:"这个谋略不是我能想得到的。如果您一定要我谈谈看法,那就只有一个办法:把护城河挖深,把城墙筑坚固,同老百姓一起来保卫它。如果老百姓宁肯献出生命,也不愿撤退。这样,还是可以试一试的。"

2.14　滕文公问曰:"齐人将筑薛⑤,吾甚恐。 如之何则可?"

---

① 间(jiàn):处于……之间。
② 及:达、解决。
③ 池:水池、护城河。
④ 效:致、献。朱子《集注》:"国君死社稷,故致死以守国。至于民亦为之死守而不去,则非有以深得其心者不能也。此章言有国者当守义而爱民,不可侥幸而苟免。"
⑤ 薛:国名,任姓,后被齐所灭,薛国故城在今山东省滕州市东南。

孟子对曰:"昔者大王居邠①,狄人侵之,去之岐山之下居焉。非择而取之,不得已也。苟为善,后世子孙必有王者矣。君子创业垂统②,为可继也。若夫成功③,则天也。君如彼何哉?强为善而已矣④。"

【解读】

滕文公问:"齐国准备修筑薛城,我非常担心。怎么办才好?"

孟子回答说:"从前周太王居于邠地,狄人来侵犯,他便离开邠地,迁到岐山之下定居。这不是太王主动选择的办法,是不得已而为之。如果实行善政,即使他本人没有成功,他的后代子孙一定有人能称王天下。君子创立基业,传之子孙,正是为了能代代相继。至于能否成功,还得依靠天意。您怎样去对付齐国呢?只有努力推行善政而已。"

2.15　滕文公问曰:"滕,小国也。竭力以事大国,则不得免焉,如之何则可?"

孟子对曰:"昔者大王居邠,狄人侵之。事之以皮币⑤,不得免焉;事之以犬马,不得免焉;事之以珠玉,不得免焉。乃属其耆老而告之曰⑥:'狄人之所欲者,吾土地也。吾闻之也:君子不以其所以养人者害人。二三子何患乎无君?我将去之!'去邠,逾梁山⑦,邑于岐山之下居焉⑧。邠人曰:'仁人也,不可

---

①　邠(bīn):同"豳",地名,在今甘肃庆城与陕西省旬邑一带。
②　创:造、创造。垂:续。统:绪,世代相传。
③　若夫:至于。
④　强:勉力、努力。
⑤　皮:毛皮制成的裘。币:丝织品。
⑥　属:会集、召集。耆老:老年人,六十岁以上的人叫耆。
⑦　梁山:山名,在今陕西省乾县。
⑧　邑:修筑城邑。

失也。'从之者如归市①。或曰：'世守②也，非身之所能为也③，效④死勿去。'君请择于斯二者。"

【解读】

　　滕文公问道："滕是个弱小的国家，竭尽全力地侍奉大国，仍然难免有灾祸发生，这如何是好呢？"

　　孟子答道："从前周太王居于邠地，狄人来侵犯。太王送给狄人皮裘和丝绸，但没有免于被侵扰；他又送给狄人良犬骏马，狄人还是没有停止侵犯；他又用珍珠宝玉去侍奉狄人，还是不能免灾。太王便召集邠地的长老，向他们宣布：'狄人所要的是我们的土地。我听说过：君子不会为了养人之物反而使人遭到祸害。你们何必担心没有君主呢？我必须离开这里。'太王于是离开邠地，越过梁山，在岐山之下筑造城邑并定居下来。邠地的百姓说：'这是一位有仁德的人呀，不可以失去他。'于是，追随太王而去的人好像赶集一样踊跃。也有人这么说：'这是我们世代所守的土地，不是我本人所能擅自作主将它舍弃的，宁可丢掉性命，也不愿离开。'以上两条道路，您可以选择其中之一。"

　　2.16　鲁平公将出，嬖人臧仓者请曰⑤："他日君出，则必命有司所之⑥。今乘舆已驾矣⑦，有司未知所之，敢请⑧。"
　　公曰："将见孟子。"

---

①　归市：趋奔集市。
②　世守：世代所守。
③　身：自身。
④　效：献出。
⑤　嬖人：宠臣。
⑥　命：吩咐。之：往、去。
⑦　乘舆：君车。贾谊《新书·等齐》载："天子车曰乘舆，诸侯车曰乘舆，乘舆等也。"
⑧　敢：表敬副词，无具体意义。

曰:"何哉,君所为轻身以先于匹夫者,以为贤乎? 礼义由贤者出,而孟子之后丧逾前丧①。君无见焉!"

公曰:"诺。"

乐正子入见②,曰:"君奚为不见孟轲也?"

曰:"或告寡人曰'孟子之后丧逾前丧。'是以不往见也。"

曰:"何哉君所谓逾者? 前以士,后以大夫;前以三鼎③,而后以五鼎与④?"

曰:"否。谓棺椁衣衾之美也⑤。"

曰:"非所谓逾也,贫富不同也。"

乐正子见孟子,曰:"克告于君⑥,君为来见也⑦。嬖人有臧仓者沮君⑧,君是以不果来也。"

曰:"行或使之,止或尼之⑨。行止,非人所能也。吾之不遇鲁侯,天也。臧氏之子焉能使予不遇哉?"

【解读】

鲁平公将要外出,他所宠幸的小臣臧仓请示说:"平时您外出,一定把要去的地方通知管事的人;今天车马都已经备好,管事的人还不知道您要去哪里。因此特来请示。"

---

① 后丧:指孟子为其母操办的丧事;前丧:指孟子为其父操办的丧事。逾:超过。

② 乐正子:孟子弟子。

③ 三鼎:士祭礼。桓公二年《公羊传》何休《注》云:"礼祭,天子九鼎,诸侯七,卿大夫五,元士三也"。孟子的父亲去世时,他的身份为士,因此祭祀用三鼎;等到他母亲去世时,孟子已成为大夫,所以祭祀母亲用五鼎。

④ 五鼎:大夫祭礼。

⑤ 衣衾(qīn):死者入殓时所用的衣被。

⑥ 克:乐正子之名。

⑦ 为:将。

⑧ 沮:阻止。

⑨ 尼(nì):制止。

平公说:"我想去拜访孟子。"

臧仓说:"您要降低自己的身份去拜访一个普通人吗?您以为孟子是贤德之人吗?贤德之人的行为应该合乎礼义,孟子操办他母亲的丧事超过了父亲的丧事规格,您别去见他吧!"

平公说:"好。"

乐正子进见平公,问道:"国君为何不见孟轲呢?"

平公说:"有人告诉我,'孟子操办他母亲的丧事礼仪超过了父亲的丧事',所以不去见他了。"

乐正子说:"国君所说的超过,是什么意思呢?是指用士礼来操办父亲的丧事而用大夫礼来操办母亲的丧事呢,还是指用三个鼎为父亲供设祭品而用五个鼎为母亲供设祭品呢?"

平公说:"不是!我指的是棺椁衣衾的精美。"

乐正子说:"那就不能叫'超过',只是前后贫富不同使然。"

乐正子见到孟子,说:"我对国君讲了,他打算来看您。可是有一个他所宠幸的小臣臧仓阻止了他,他因此就不来了。"

孟子说:"要来是有某种力量在驱使,不来也是有某种力量在阻止,来与不来都不是人力所能左右的。我不能和国君相见只是天意而已,那个姓臧的怎么能使我们不相见呢?"

卷三　公孙丑章句上　凡九章

3.1　公孙丑问曰①："夫子当路于齐②，管仲、晏子之功③，可复许乎④?"

孟子曰："子诚齐人也，知管仲、晏子而已矣。或问乎曾西曰⑤：'吾子与子路孰贤⑥?'曾西蹵然曰⑦：'吾先子之所畏也⑧。'曰：'然则吾子与管仲孰贤?'曾西艴然不悦⑨，曰：'尔何曾比予于管仲?管仲得君⑩，如彼其专也⑪；行乎国政，如彼其久也；功烈⑫，如彼其卑也⑬，尔何曾比予于是!'"

曰："管仲，曾西之所不为也，而子为我愿之乎⑭?"

①　公孙丑：孟子弟子，齐国人。
②　当路：当权、当政。朱子《集注》："当路，居要地也。"
③　管仲：辅佐齐桓公之臣。晏子：辅佐齐景公之臣。
④　许：兴。
⑤　曾西：宗圣曾子之子，名申，字子西。东汉赵岐认为，曾西为曾参之孙，"曾西，曾子之孙。"朱熹因循赵岐之说，也认为"曾西，曾子之孙。"但此说一直被人质疑。宋代王应麟在《困学纪闻》卷八中指出："曾西，《注》以为曾子之孙，《集注》因之。《经典序录》：曾申，字子西，曾参之子。子夏以《诗》传曾申，左丘明作《传》以授曾申。楚斗宜申、公子申，皆字子西，则曾西之为曾申无疑。"王应麟认为曾西为曾子之子而非孙。另据明代陈耀文的《经典稽疑》、胡爌的《拾遗录》、清代阎若璩的《古文尚书疏证》与《四书释地》、陆陇其的《四书讲义困勉录》、毛奇龄的《四书剩言》、朱彝尊的《经义考》与《孔子门人考》等著述，均赞同王应麟观点。
⑥　吾子：对称敬辞。
⑦　蹵(cù)然：惊讶。
⑧　先子：古人用以称呼已去世的父亲或祖父。
⑨　艴(fú)：生气、恼怒。
⑩　得君：得到国君信任。
⑪　专：专一。
⑫　功烈：功绩。
⑬　卑：微、微不足道。
⑭　为：谓。愿：望、愿意。

曰："管仲以其君霸，晏子以其君显①。管仲、晏子，犹不足为与？"

曰："以齐王，由反手也②。"

曰："若是，则弟子之惑滋甚③。且以文王之德，百年而后崩④，犹未洽⑤于天下，武王、周公继之，然后大行。今言王若易然，则文王不足法与？"

曰："文王何可当也⑥？由汤至于武丁⑦，贤圣之君六七作⑧。天下归殷久矣，久则难变也。武丁朝诸侯有天下，犹运之掌也。纣之去武丁未久也，其故家遗俗，流风善政，犹有存者；又有微子、微仲、王子比干、箕子、胶鬲皆贤人也，相与辅相之。故久而后失之也。尺地莫非其有也，一民莫非其臣也，然而文王犹方百里起，是以难也。齐人有言曰：'虽有智慧，不如乘势。虽有镃基⑨，不如待时。'今时则易然也。夏后、殷、周之盛，地未有过千里者也，而齐有其地矣；鸡鸣狗吠相闻，而达乎四境，而齐有其民矣。地不改辟矣，民不改聚矣，行仁政而王，莫之能御也。且王者之不作，未有疏于此时者也；民之憔悴于虐政，未有甚于此时者也。饥者易为食，渴者易为饮。孔子曰：'德之流行，速于置邮而传命⑩。'当今之时，万乘之国行

---

① 显：显名。
② 由：通"犹"。反手：轻易。
③ 滋：益、更加。
④ 百年：朱子《集注》："文王九十七而崩，言百年，举成数也。"崩：天子去世。
⑤ 洽：融洽。
⑥ 当：敌、比、媲美。
⑦ 武丁：商代中兴之臣。
⑧ 作：兴起。
⑨ 镃（zī）基：锄头。
⑩ 置邮：驿站。古代乘马传递公文叫置，步行传递公文叫邮。

仁政,民之悦之,犹解倒悬也①。故事半古之人,功必倍之,惟此时为然。"

【解读】

公孙丑问道:"您如果在齐国当政,管仲、晏子的功业能复兴吗?"

孟子说:"你可真是一个齐国人,只知道管仲、晏子罢了。曾经有人问曾西:'你和子路相比,谁更贤明?'曾西惊讶地说:'他是先父所敬畏的人,(我不能和他相比)。'那人又问:'那么,你和管仲相比,谁更贤明?'曾西顿时有点生气,说:'你怎么能将我跟管仲相比呢? 管仲得到国君的信任是那样的专一,主持政务是那样的长久,而取得的功业却是那么微不足道。你怎么竟将我跟他相比呢?'"

紧接着,孟子又说:"管仲是曾西不愿效法的对象,你以为我愿意效仿他吗?"

公孙丑说:"管仲辅佐桓公称霸天下,晏子辅佐景公名扬诸侯,管仲、晏子难道不值得学习吗?"

孟子说:"以齐国的国力称王天下,可谓易如反掌。"

公孙丑说:"要是这样,我就更不明白了。像文王那样的德行,活了一百岁才去世,尚且未能将德政推行于天下。武王、周公继承了他的事业,然后才大规模地推行王道。现在您把称王天下说得那样轻而易举,难道文王也不值得效法了吗?"

孟子说:"怎么可以与周文王相比呢? 从商汤到武丁,贤明的君主出现了六七个,天下民众归服殷商已经很久了,时间一久便难以变动。武丁命令诸侯来朝觐,治理天下就像把它放在自己的掌心运转一样容易。纣王的年代上距武丁并不遥远,原有的勋旧世家遗留的习俗,以及当时流行的良好风气和仁惠的善政还有存留,又有微子、微仲、王子比干、箕子、胶鬲等贤德之人共同辅助他,所以过了很长时间才失掉天下。

---

① 倒悬:倒挂,朱子《集注》:"喻困苦也。"

当时没有一尺土地不属于纣王所有，没有一位老百姓不是纣王的臣仆。然而文王还能凭借方圆百里的国土兴起，所以说文王的事业来之不易。齐人有句俗话：'纵有智慧，还得趁形势；纵有好锄头，还得待农时。'现在的时机容易称王天下。夏、商、周兴盛之时，国土没有超过千里的，现在齐国却有这么广阔的土地；鸡鸣狗叫的声音处处都听得见，一直延展到四方边境，齐国有这么多的百姓。国土不必再开拓，人口也不必再增加，只要实行仁政来统一天下，就没有人能够阻止。况且仁义之王不出现，没有比现在相隔得更久长的了；老百姓所遭受的暴政苦难，没有比现在更严酷的了。饥饿的人不挑别食物，干渴的人不选择水浆。孔子说：'德政的流行，比驿站传达政令还要迅速。'现在拥有万辆兵车的大国如果实行仁政，老百姓就会满心喜悦，奔走相告。所以，用古人一半的力量，将取得二倍于古人的功效，如今正是好时候呀！"

3.2　公孙丑问曰："夫子加齐之卿相①，得行道焉，虽由此霸王不异矣②。如此，则动心否乎③？"

孟子曰："否。我四十不动心。"

曰："若是，则夫子过孟贲远矣④。"

曰："是不难。告子先我不动心⑤。"

曰："不动心有道乎？"

曰："有。北宫黝之养勇也⑥，不肤挠⑦，不目逃⑧。思以

---

① 加：居、担任。
② 异：认为……奇异。
③ 动心：赵岐《注》诠释为"畏难"。朱子《集注》："任大责重如此，亦有所恐惧疑惑而动其心乎？"
④ 孟贲(bēn)：卫国人，勇士，膂力过人。
⑤ 告子：根据《墨子·公孟篇》记载，告子是墨子弟子，年长于孟子，告子或许当过稷下先生。
⑥ 北宫黝(yǒu)：根据高诱考证，此人是齐国的勇士。
⑦ 挠：阮元校刻本、焦循本皆作"桡"，退却、屈服。
⑧ 目逃：因眼睛被刺而逃避。

一豪挫于人①,若挞之于市朝②。不受于褐宽博③,亦不受于万乘之君。视刺万乘之君④,若刺褐夫。无严诸侯⑤。恶声至,必反之。孟施舍之所养勇也⑥,曰:'视不胜犹胜也。量敌而后进,虑胜而后会⑦,是畏三军者也⑧。舍岂能为必胜哉?能无惧而已矣。'孟施舍似曾子,北宫黝似子夏。夫二子之勇,未知其孰贤,然而孟施舍守约也⑨。昔者曾子谓子襄曰⑩:'子好勇乎?吾尝闻大勇于夫子矣:自反而不缩⑪,虽褐宽博,吾不惴焉⑫;自反而缩,虽千万人,吾往矣。'孟施舍之守气,又不如曾子之守约也。"

曰:"敢问夫子之不动心,与告子之不动心,可得闻与?"

"告子曰:'不得于言⑬,勿求于心。不得于心,勿求于气。'不得于心,勿求于气,可;不得于言,勿求于心,不可。夫志,气之帅也;气,体之充也。夫志至焉,气次焉。故曰:'持其志⑭,无暴其气⑮。'"

---

① 挫:欺辱。
② 挞:打。市朝:闹市。
③ 褐宽博:譬喻地位低贱之人。褐,粗布。
④ 刺:刺杀。
⑤ 严:畏。
⑥ 孟施舍:人名,其人其事已无可考。
⑦ 会:交锋。
⑧ 三军:根据周礼,大诸侯国设"三军"。《周礼·夏官司马》说:"凡制军,万有二千五百人为军,王六军、大国三军,次国二军,小国一军。""三军"原指三万七千五百人,后来泛指人数众多的军队。
⑨ 约:要、要领。
⑩ 子襄:曾子弟子。
⑪ 缩:直、正义。
⑫ 惴:使……惊惧。对于"不"字的解释,阎若璩指出,"岂不也。犹经传中'敢'为'不敢','如'为'不如'之类。"他认为不应把"吾不惴焉"当作否定句看待,此处的"不"相当于"岂不"。
⑬ 得:合、当、中。
⑭ 持:守。
⑮ 暴:乱。

"既曰'志至焉；气次焉①'，又曰'持其志，无暴其气'者，何也？"

曰："志壹则动气，气壹则动志也。今夫蹶者趋者②，是气也，而反动其心。"

"敢问夫子恶乎长？"

曰："我知言，我善养吾浩然之气③。"

"敢问何谓浩然之气？"

曰："难言也。其为气也，至大至刚，以直养而无害，则塞于天地之间。其为气也，配义与道；无是，馁也。是集义所生者④，非义袭而取之也⑤。行有不慊于心⑥，则馁矣。我故曰，告子未尝知义，以其外之也⑦。必有事焉而勿正⑧，心勿忘，勿助长也。无若宋人然。宋人有闵其苗之不长而揠之者⑨，芒芒然归⑩，谓其人曰：'今日病矣⑪，予助苗长矣。'其子趋而往

---

① 次：舍止。毛奇龄《逸诗笺》，释"次"为舍止。将此句译为"志之所至，气即随之而止。"

② 蹶(jué)：摔倒。趋：奔跑。

③ 浩然：盛大流行。朱子《集注》："盛大流行之貌。"

④ 集：积聚、培植。王阳明《传习录》云：九川问："自省念虑或涉邪妄，或预料理天下事，思到极处，井井有味，便缱绻难屏。觉得早则易，觉迟则难，用力克治，愈觉扦格。惟稍迁念他事，则随两忘。如此廓清，亦似无害。"先生曰："何须如此！只要在良知上着功夫。"九川曰："正谓那一时不知。"先生曰："我这里自有功夫，何缘得他来？只为尔功夫断了，便蔽其知。既断了则继续旧功便是，何必如此。"九川曰："直是难鏖，虽知，丢他不去。"先生曰："须是勇。用功久，自有勇。故曰是集义所生者，胜得容易，便是大贤。"

⑤ 袭：掩取。

⑥ 慊(qiè)：足、满足、惬意。

⑦ 外之：告子主张"仁内义外"，与孟子"仁义内在"有别。

⑧ 正：预期。古今注家对"正"的解释不一，赵岐《注》解"正"是为"止"，陈器之支持这种观点；朱熹解"正"为"预期"，今从朱子之说。

⑨ 闵：忧。揠：拔。

⑩ 芒芒然：疲惫不堪的样子。

⑪ 病：疲倦。

视之，苗则槁矣。天下之不助苗长者寡矣。以为无益而舍之者，不耘苗者也。助之长者，揠苗者也，非徒无益，而又害之。"

"何谓知言？"曰："诐辞知其所蔽①，淫辞知其所陷②，邪辞知其所离③，遁辞知其所穷④。生于其心，害于其政；发于其政，害于其事。圣人复起，必从吾言矣。"

"宰我、子贡⑤，善为说辞。冉牛、闵子、颜渊⑥，善言德行。孔子兼之，曰：'我于辞命，则不能也。'然则夫子既圣⑦矣乎？"

曰："恶⑧！是何言也！昔者子贡问于孔子，曰：'夫子圣矣乎？'孔子曰：'圣则吾不能，我学不厌而教不倦也。'子贡曰：'学不厌，智⑨也；教不倦，仁也。仁且智，夫子既圣矣。'夫圣，孔子不居。——是何言也？"

---

① 诐（bì）：偏颇不正。蔽：遮蔽、片面。
② 淫：过度。陷：沉溺。
③ 邪：邪僻。离：偏离正道。
④ 遁：躲闪。穷：理屈词穷。朱子《集注》："人之有言，皆本于心。其心明乎正理而无蔽，然后其言平正通达而无病。苟为不然，则必有是四者之病矣。"
⑤ 宰我、子贡：皆是孔子"言语科"著名弟子。
⑥ 冉牛、闵子、颜渊：皆是孔子"德行科"著名弟子。
⑦ 圣：郭店楚简《唐虞之道》云："夫圣人上事天，教民有尊也；下事地，教民有亲也；时事山川，教民有敬也；亲事祖庙，教民孝也；太学之中，天子亲齿，教民弟也；先圣与后圣，考后而归先，教民大顺之道也。"
⑧ 恶（wū）：感叹辞。
⑨ 智：道德理性。朱熹说："仁包四端，而智居四端之末者，盖冬者藏也，所以始万物而终万物者也。智有藏之义焉，有终始之义焉，则恻隐、羞恶、恭敬三者皆有可为之事，而智则无事可为，但分别其为是非尔，是以谓之藏也。又恻隐、羞恶、恭敬皆是一面底道理，而是非则有两面。既别其所是，又别其所非，是终始万物之象。故仁为四端之首，而智则能成始、能成终。犹元气虽四德之长，然元不生于元而生于贞，盖由天地之化，不翕聚则不能发散，理固然也。仁智交际之间，乃万化之机轴，此理循环不穷，吻合无间。程子所谓动静无端、阴阳无始者，此也。"（朱杰人等主编：《晦庵先生朱文公文集》，《朱子全书》第23册，第2780页。）

"昔者窃闻之：子夏、子游、子张①，皆有圣人之一体②，冉牛、闵子、颜渊则具体而微③。敢问所安。"

曰："姑舍是④。"

曰："伯夷、伊尹何如⑤?"

曰："不同道。非其君不事，非其民不使；治则进，乱则退，伯夷也。何事非君，何使非民；治亦进，乱亦进，伊尹也。可以仕则仕，可以止则止⑥，可以久则久，可以速则速，孔子也。皆古圣人也，吾未能有行焉。乃所愿，则学孔子也。"

"伯夷、伊尹于孔子，若是班乎⑦?"

曰："否。自有生民以来，未有孔子也。"

曰："然则有同与?"

曰："有。得百里之地而君之⑧，皆能以朝诸侯、有天下。行一不义、杀一不辜而得天下，皆不为也。是则同。"

曰："敢问其所以异?"

曰："宰我、子贡、有若智足以知圣人⑨。汙不至阿其所好⑩。宰我曰：'以予观于夫子⑪，贤于尧、舜远矣。'子贡曰：'见其礼而知其政，闻其乐而知其德，由百世之后，等百世之王，莫之能违也。自生民以来，未有夫子也。'有若曰：'岂惟民

---

① 子夏、子游、子张：三人皆是孔子弟子。
② 皆有圣人之一体：譬喻三人都只领悟孔子思想某一方面，而未得其全体。
③ 具体而微：领悟整体但不够精深。微：小、暗。
④ 姑：暂且。舍：舍弃。是：代词。
⑤ 伯夷：孤竹君之长子，古代著名隐士。伊尹：商汤之相，曾辅佐商汤灭夏。
⑥ 止：退隐。
⑦ 班：等齐。
⑧ 君：推选为君王，名词动用。
⑨ 有若：孔子弟子，小孔子十三岁。
⑩ 汙：下、卑劣。
⑪ 予：宰我之名。

哉！麒麟之于走兽,凤凰之于飞鸟,太山之于丘垤①,河海之于行潦②,类也。圣人之于民,亦类也。出于其类,拔乎其萃③。自生民以来,未有盛于孔子也。'"

【解读】

公孙丑问孟子说:"您如果被任命为齐国的卿相,得以推行仁政,有朝一日称王称霸,也不足为奇。如果这样,您是否会动心呢?"

孟子说:"不会! 我到了四十岁就不再动心。"

公孙丑说:"这么看来,老师比孟贲强多了。"

孟子说:"这事并不难,告子比我不动心还早。"

公孙丑说:"不动心有什么方法吗?"

孟子说:"有。北宫黝培养勇气的方法是:肌肤被刺不退缩,双目被戳不转睛;他认为受一点点挫折,就好像在大庭广众之中被人鞭打了一般;既不能忍受平民百姓的羞辱,也不能忍受大国君主的侮辱;他认为刺杀大国的君主,就像刺杀一位卑贱的匹夫;对诸侯毫不畏惧,听到攻讦的话语就立刻回击。孟施舍培养勇气的方式有所不同,据他说:'把无法战胜的对手看成能战胜一样;如果先估量敌人的力量再前进,先考虑胜败才交锋,这种人若碰到数量众多的敌军一定会畏惧。我哪能一定会打胜仗呢? 不过是无所畏惧罢了。'孟施舍像曾子,北宫黝像子夏。这两个人的勇气,我不知谁更胜一筹,但孟施舍培养勇气的方法比较简易可行。从前曾子对子襄说:'你喜欢勇敢吗? 我曾经听夫子讲过什么是'大勇':反躬自问觉得理亏,对方纵是卑贱的匹夫,我也不去恐吓他;反躬自问觉得理直,对方纵是千军万马,我也勇往直前。'孟施舍培养勇气的方法,不如曾子这一方法简易可行。"

公孙丑说:"冒昧地问先生,您的不动心和告子的不动心,可以讲给

---

① 垤(dié):小土堆。
② 行潦(lǎo):路上的积水。
③ 萃:聚、聚集。

我听听吗?"

孟子说:"告子说:'言语不能表达清楚之处,不要求助于心来印证。心尚未思考透彻,就不可求助于意气情感来协助。'心不能虑及的不要求之于意气,这是对的;言语不能表达清晰之处,不要求之于心,是不对的。(因为)心是气的统帅,气则充盈于体内。心志关注到哪里,意气也就在哪里表现出来。所以说'要坚定自己的心志,不可任意宣泄自己的意气'。"

公孙丑说:"您既然说'心志关注到哪里,意气也就在哪里表现出来',但是您又说'要坚定自己的心志,不可任意宣泄自己的意气',这是为什么呢?"

孟子说:"心志专一,便会影响意气情感;意气情感专一,心志也会受到影响。譬如跌倒和奔跑,是意气支配造成的,反过来也使心志受到触动。"

公孙丑问道:"请问先生擅长什么?"

孟子说:"我善于辨明别人的言辞,也善于培养自己的浩然之气。"

公孙丑又问:"请问浩然之气是什么?"

孟子说:"这很难说清楚。它作为一种气,最浩大,最刚强,用正义养护它而不加伤害,就会充盈天地之间。这种气要用义和道滋养,否则它就会萎缩无力。这种气,是由正义的不断积累而产生,不是依赖偶尔的正义行为所取得。如果行为于心有愧,这种气就会变得软弱无力。我之所以说告子不懂义,是因为他把义看成心外之物。(对浩然之气)一定要培养它,不能停止下来;时刻牢记它,但也不能学宋国人那样违背规律帮助它生长。从前有个宋国人担心禾苗不长高而将其拔高,十分疲倦地回到家里,对家里人说:'今天累坏了! 我帮助禾苗长高了!'他儿子赶快跑到地里查看,禾苗都已经干枯了。天下不拔苗助长的人很少。以为(培养浩然之气)没有益处而放弃的人,就像种庄稼而不去锄草的懒汉;违背规律帮助它生长,就像拔苗助长的人。这种助长的行为不但没有益处,反而会伤害它。"

公孙丑问:"什么叫能辨明别人的言辞?"

孟子说:"偏颇的言辞,我知道它片面性之所在;过激的言辞,我知道它失误之所在;邪僻的言辞,我知道它离经叛道之所在;躲闪的言辞,我知道它理屈之所在。这些言辞从心里产生出来,会对社会政治产生危害;如果把它们发用于社会政治之上,一定会危害各种事务。如果圣人重现人间,一定会赞同我所说的话。"

公孙丑说:"宰我、子贡善于辞令,冉牛、闵子、颜渊善于阐述德行,孔子则兼而有之,却说'我不太擅长辞令。'(先生您既善于辨明别人的言辞,又善于养浩然之气,言语道德兼而有之,)那么,您已经是圣人了吧?"

孟子说:"哎! 这是什么话! 从前子贡问孔子说:'老师是圣人吗?'孔子说:'圣人,我还达不到这境界。我只能做到学习不知厌倦、教人不知疲倦而已。'子贡说:'学习不知厌倦,这是智;教人不嫌疲劳,这是仁。既仁且智,老师已经称得上是圣人了。'圣人,连孔子都不敢自居,(你却加在我的头上,)这是什么话呢!"

公孙丑说:"过去我曾听说过,子夏、子游、子张都分别具备了孔子的部分品德与才华;冉牛、闵子、颜渊大体具备了圣人的品德与才华,却不如他博大精深。请问先生,您属于哪一类呢?"

孟子说:"暂且不谈这个问题。"

公孙丑又问:"伯夷和伊尹怎么样?"

孟子答道:"他们不是同道之人。不是他理想的君主,他不去侍奉;不是他理想的老百姓,他不去使唤;天下太平就出来做官,世道昏乱就退而隐居,这是伯夷的为人。什么样的君主都可以侍奉,什么样的老百姓都可以使唤;天下太平出来做官,天下动乱也做官,这是伊尹的为人。应该做官就做官,应该隐退就隐退,能长久在位就继续工作,应该迅速辞职就迅速辞职,这是孔子的为人处世之道。他们都是历史上的圣人,我达不到他们的境界。我毕生的愿望,就是以孔子为师。"

公孙丑问:"伯夷、伊尹与孔子都是一样的人吗?"

孟子答道："不是！自从有人类以来，没有人能比得上孔子。"

公孙丑又问："那么，他们也有相同之处吗？"

孟子答道："有。如果他们能得到方圆百里的土地而成为君王，都能够使诸侯来朝，统一天下。做一件不义之事、杀一个无辜之人而得到天下，他们都不做。这是他们相同之处。"

公孙丑说："请问他们不同之处在哪里？"

孟子说："宰我、子贡、有若三人的智慧足以了解圣人，即使有所夸大，也不至于阿谀奉承他们所尊敬的人。宰我说：'以我看夫子，比尧舜强多了。'子贡说：'看见一国的礼仪，就能了解它的政治；听到一国的音乐，就能知道它的德教。即使百代以后，出现百世的君王，任何一位君王都不能违离孔子之道。自从有人类以来，没有人能比得上孔子。'有若说：'岂止是人类有这样的不同？麒麟对于走兽，凤凰对于飞鸟，泰山对于土堆，河海对于小溪，何尝不是同类？圣人对于百姓，亦是同类。但圣人高出了同类，超出了同群。自从有人类以来，没有出现比孔子更伟大的人。'"

3.3　孟子曰："以力假仁者霸①，霸必有大国。以德行仁者王②，王不待大，汤以七十里，文王以百里。以力服人者，非心服也，力不赡也③。以德服人者，中心悦而诚服也，如七十子之服孔子也④。《诗》云⑤：'自西自东，自南自北，无思⑥不服。'此之谓也。"

---

① 假：凭借。朱子《集注》："假仁者，本无是心，而借其事以为功者也。"
② 王：为王，读去声。
③ 赡：足。
④ 七十子：《史记·孔子世家》："孔子以诗书礼乐教弟子，盖三千焉，身通六艺者七十有二人。"七十子为通称。
⑤ 《诗》云：引自《诗经·大雅·文王有声》。
⑥ 思：语助词。

【解读】

孟子说:"仗恃武力、假借仁义者可以称霸诸侯,称霸一定要凭借国力的强大;依靠道德来推行仁义者可以称王天下,这样做不必以国土面积为基础。商汤凭借方圆七十里的土地,文王凭借方圆百里的土地(推行仁政,称王天下)。仗恃武力征服他人,自古以来无法让人心服,因为只是被征服者本身实力不够的缘故;依靠仁义道德使人归服的,别人才心悦诚服,如同七十二位弟子崇拜孔子一样。《诗》说:'从西从东,从南从北,无不心悦而诚服。'说的正是这种情况。"

3.4 孟子曰:"仁则荣①,不仁则辱。今恶辱而居不仁,是犹恶湿而居下也。如恶之,莫如贵德而尊士,贤者在位,能者在职。国家闲暇②,及是时明其政刑。虽大国,必畏之矣。《诗》云③:'迨天之未阴雨④,彻彼桑土⑤,绸缪牖户⑥。今此下民,或敢侮予?'孔子曰:'为此诗者,其知道乎?能治其国家,谁敢侮之!'今国家闲暇,及是时,般乐怠敖⑦,是自求祸也。祸福无不自己求之者。《诗》云⑧:'永言配命⑨,自求多福。'《太甲》曰⑩:'天作孽,犹可违。自作孽,不可活⑪。'此

① 则:杨树达《词诠》卷六指出,"则"为"承接连词,表因果关系。则字以上之文为原因,以下之文为结果。"
② 闲暇:无内忧外患。赵岐《注》云:"及无邻国之虞,以是闲暇之时,明修其政教,审其刑罚,虽天下大国,必来畏服。"焦循《正义》又云:"国家闲暇,谓不用兵戈。无论外患内乱,战攻则不得休息"。
③ 《诗》云:引自《诗·豳风·鸱鸮》。
④ 迨(dài):及、趁。
⑤ 彻:取。桑土(dù):桑树根皮。
⑥ 绸缪(móu):缠结、补葺。牖(yǒu):窗户。
⑦ 般(pán):大。赵岐注:"般,大也。"敖:遨游。
⑧ 《诗》云:引自《诗经·大雅·文王》。
⑨ 永:长。言:念。
⑩ 《太甲》:《尚书》篇名,已失传。今《尚书》中的《太甲》,系晋人伪作。
⑪ 活:《礼记·缁衣》"活"作"逭(huàn)",逃、避。

之谓也。"

【解读】

孟子说："实行仁政，就会有荣耀；不实行仁政，就会遭受耻辱。如今的人非常厌恶耻辱，但仍然行不仁之事，如同厌恶潮湿却又居住在低洼湿地一样。如果真的厌恶耻辱，就不如以德为贵而尊敬士人，让贤德之人居高位，让有才能的人任要职。国家太平安定，趁这个时候修明政教法典，纵使强大的国家也一定会畏惧你。《诗》说：'趁着天还未阴雨，剥取桑树根上皮，窗洞门户细修葺。如今天下的人们，还有谁敢把我欺！'孔子说：'做这首诗的人，懂得大道理呀！能够治理好他的国与家，谁还敢欺辱他呢？'如今国家没有内忧外患，只一味追求享乐，怠惰国政，这是自己招致祸害。祸与福，没有不是自己招来的。《诗》说：'永远与天命相配，自己寻求更多的幸福。'《太甲》也说：'天降的灾害，还可以躲避；自作的罪孽，无处可逃。'讲的就是这个道理。"

3.5　孟子曰："尊贤使能，俊杰在位①，则天下之士皆悦，而愿立于其朝矣。市廛而不征②，法而不廛，则天下之商皆悦，而愿藏于其市矣。关讥而不征③，则天下之旅皆悦，而愿出于其路矣。耕者助而不税④，则天下之农皆悦，而愿耕于其野矣。廛无夫里之布⑤，则天下之民皆悦，而愿为之氓矣⑥。信能行此五者，则邻国之民仰之若父母矣。率其子弟，攻其父

---

① 俊杰：朱子《集注》："才德之异于众者。"
② 廛(chán)：市宅、货栈。征：征税。郑玄注《礼记·王制》"市，廛而不税"云："廛，市物邸舍。税其舍，不税其物。"
③ 讥：稽查。
④ 助：助耕公田。朱子《集注》："但使出力以助耕公田，而不税其私田也。"
⑤ 廛：民宅。夫：一夫。里：里居。布：钱。
⑥ 氓(méng)：民。

56

母,自生民以来未有能济者也。如此,则无敌于天下。无敌于天下者,天吏也①。然而不王者,未之有也。"

【解读】

孟子说:"尊重贤才,任用能人,杰出的人物都有官位,那么天下的士人都会高兴,愿意在他的朝廷任职;市场提供场地以储藏货物,但不征税。滞销的货物依法予以征购,那么天下的商人都会高兴,愿意把货物存放在那个市场上;关卡只稽查而不征税,那么天下的旅客都会高兴,愿意去那些国家;耕田的人助耕公田,不征收私田的赋税,那么天下的农民都高兴,愿意在他的土地上种庄稼;人们居住的地方,没有额外的赋役和地税,那么天下的老百姓都高兴,愿意迁到这样的地方来居住。如果真能做到这五个方面,那么邻国的老百姓都像仰视父母一样尊重他了。(如果他国之君妄图发动战争,就好比)要人们率领子女攻打他们自己的父母,这种事情从有人类以来还没有成功过。像这样,就会无敌于天下。无敌于天下的人,叫做'天吏'。这样的人还不能称王天下,自古以来没有发生过。"

3.6　孟子曰:"人皆有不忍人之心②。先王有不忍人之心,斯有不忍人之政矣。以不忍人之心,行不忍人之政,治天下可运之掌上。所以谓'人皆有不忍人之心'者,今人乍见孺子将入于井③,皆有怵惕、恻隐之心④,非所以内交于孺子之父

---

① 天吏:奉行天命、遵循王道的官吏。朱子《集注》:"此章言能行王政,则寇戎为父子;不行王政,则赤子为仇雠。"
② 不忍人之心:同情、怜悯之心。唐君毅在《中国哲学原论·原道篇》认为,"孟子所说之恻隐羞恶之四端之表现,又初只是一人之心灵或生命,一种内在的不安、不忍、不屑之情"。
③ 乍:忽然。孺子:幼童。
④ 怵惕(chù tì):惊悚。恻隐:哀痛、怜悯。

母也①,非所以要誉于乡党朋友也②,非恶其声而然也。由是观之,无恻隐之心,非人也;无羞恶之心③,非人也;无辞让之心,非人也;无是非之心,非人也。恻隐之心,仁之端也④,羞恶之心,义之端也;辞让之心,礼之端也,是非之心,智之端也。人之有是四端也,犹其有四体也⑤。有是四端而自谓不能者,自贼者也⑥。谓其君不能者,贼其君者也。凡有四端于我者,知皆扩而充之矣,若火之始然⑦、泉之始达。苟能充之,足以保四海;苟不充之,不足以事父母。"

【解读】

孟子说:"每个人都有同情心。先王因为有不忍人之心,所以才有不忍人之政。用不忍人之心来实施不忍人之政,治理天下就易如反掌。之所以说每人都有不忍人之心,(根据在于,)假如现在有人忽然看到有一个小孩将要掉进水井,任何人都会有惊恐同情的心情。不是因为想

① 内(nà)交:结交,内通"纳"。
② 要(yāo)誉:谋求好的名声。要:求。
③ 羞恶之心:朱子《集注》:"羞,耻己之不善也。恶,憎人之不善也。"王阳明在《与黄宗贤》一封信中说:"《中庸》谓'知耻近乎勇',所谓知耻,只是耻其不能致得自己良知耳。今人多以言语不能屈服得人为耻,意气不能陵轧得人为耻,愤怒嗜欲不能直意任情得为耻,殊不知此数病者,皆是蔽塞自己良知之事,正君子之所宜深耻者。今乃反以不能蔽塞自己良知为耻,正是耻非其所当耻,而不知耻其所当耻也。可不大哀乎!耻有"耻非其所当耻"与"耻其所当耻"区别,君子以"蔽塞自己良知为耻"。
④ 端:绪、始。《说文》:"耑,物初生之题也。上象生形,下象其根也。"王阳明与朱熹对孟子"四心"、"四德"的理解有所不一。朱子认为恻隐、羞恶、辞让与是非属于已发之情,仁义礼智是未发之性,心有统摄情性的功能;王阳明则认为,恻隐、羞恶、辞让、是非之情与仁义礼智四性,统统是良知的"表德",不存在朱子所说的"未发之性"与"已发之情"的区分。"心之发也,遇父便谓之孝,遇君便谓之忠。"孝悌忠信皆直截了当由心发出,不必透过"已发"来表达"未发"。
⑤ 四体:四肢。
⑥ 贼:暴弃。
⑦ 然:同"燃",烧。

与这个小孩的父母攀结交情,不是为了在乡邻朋友中间博取名声,也不是厌恶小孩的哭声才这么做。由此看来,没有同情心的人,不能算是人;没有羞耻之心的人,不能算是人;没有谦让之心的人,不能算是人;没有是非之心的人,不能算是人。同情心是仁的端始,羞耻心是义的端始,谦让心是礼的端始,是非心是智的端始。人具有这四种端始,就好像他天生就有手足四肢一样。拥有这四端之心,却自认为不行的人,是自暴自弃;认为他的君主不行的人,便是陷害他的君主的人。凡是自身保有这四种善心起点的人,如果懂得扩充,就会像刚刚燃烧的烈火,刚刚涌出的泉水,不可遏止。所以,如果能够扩充它们,就足以安定天下;假如不能扩充善心,甚至连赡养父母都办不到。”

3.7　孟子曰:“矢人岂不仁于函人哉①? 矢人唯恐不伤人,函人唯恐伤人。巫、匠亦然②。故术不可不慎也。孔子曰:‘里仁为美③。择不处仁④,焉得智?’夫仁,天之尊爵也⑤,人之安宅也⑥。莫之御而不仁⑦,是不智也。不仁、不智、无礼、无义,人役也⑧。人役而耻为役,由弓人而耻为弓⑨,矢人而耻为矢也。如耻之,莫如为仁。仁者如射。射者正己而后发,发而不中,不怨胜己者,反求诸己而已矣。”

---

①　矢人:制造箭的人。函人:制造铠甲的人。

②　巫:为人祈祝求福者,古代往往巫、医不分。朱子《集注》:“巫者为人祈祝,利人之生。”匠:特指做棺材的木匠。

③　里:本借为“邻”。

④　择:本借为“宅”,住宅。

⑤　尊爵:上天所赋予的尊贵的爵位。在孟子思想中,专指仁义礼智四种德性。朱子《集注》:“仁、义、礼、智,皆天所与之良贵。而仁者天地生物之心,得之最先,而兼统四者,所谓‘元者善之长也’,故曰尊爵。”

⑥　安宅:安身立命之所。朱子《集注》:“在人则为本心全体之德,有天理自然之安,无人欲陷溺之危。人当常在其中,而不可须臾离者也,故曰安宅。”

⑦　御:阻挡。

⑧　人役:被别人所奴役者。

⑨　由:通“犹”,犹如。

孟子说:"造箭的人难道比造铠甲的人不仁吗?造箭的人唯恐箭不能射伤人,造铠甲的人却唯恐人被射伤。巫医和做棺材的木匠之间的关系也是如此。所以,选择职业不可不谨慎。孔子说:'与仁人相邻是美好的;选择不与仁人共处,怎能算是聪明人呢?'仁是上天最尊贵的爵位,是人最安逸的归宿。没有人来阻挡却不行仁,这是愚昧。不仁、不智,无礼、无义,这种人只能做别人的仆役。做了别人的仆役而自以为耻,就像造弓的人以造弓为耻,造箭的人以造箭为耻一样。所以,如果真以为耻,不如去行仁。行仁的人就像比赛射箭,射箭的人首先要端正自己的姿态,然后再放箭;如果没有射中,不埋怨那些胜过自己的人,而是反躬自问。"

3.8　孟子曰:"子路,人告之以有过则喜。禹闻善言,则拜。大舜有大焉①,善与人同②。舍己从人,乐取于人以为善。自耕、稼、陶、渔以至为帝,无非取于人者。取诸人以为善,是与人为善者也③,故君子莫大乎与人为善。"

【解读】

孟子说:"子路这个人,如果别人指出他的过错,他就高兴。禹听到有教益的活,他就拜谢。伟大的舜又超过了他们,他与人同善,抛弃自己的不足,学习别人的长处,乐于吸取别人的优点来行善。从他种庄稼、制陶器、做渔夫,直到成为天子,始终在学习别人的优点。学习别人的优点来行善,就是和别人一道行善。所以君子最高的德行,就是和天

---

① 有:通"又"。
② 善与人同:与人同善。
③ 与:偕同。历史上对"与人为善"有两种解释:一说偕同别人一起做善事。如焦循《正义》曰:"是取人为善,即是与人同为此善也。"一说助别人做善事。如朱子《集注》曰:"与,犹许也,助也。取彼之善而为之于我,则彼益劝于为善矣,是我助其为善也。"

下人一道行善。"

　　3.9　孟子曰："伯夷，非其君不事，非其友不友。不立于恶人之朝，不与恶人言。立于恶人之朝，与恶人言，如以朝衣朝冠坐于涂炭①。推恶恶之心②，思与乡人立，其冠不正，望望然去之③，若将浼焉④。是故诸侯虽有善其辞命而至者，不受也。不受也者，是亦不屑就已⑤。柳下惠⑥，不羞污君⑦，不卑小官⑧，进不隐贤，必以其道。遗佚而不怨⑨，阨穷而不悯⑩。故曰：'尔为尔，我为我。虽袒裼裸裎于我侧⑪，尔焉能浼我哉！'故由由然与之偕而不自失焉⑫，援而止之而止⑬。援而止之而止者，是亦不屑去已。"孟子曰："伯夷隘⑭，柳下惠不恭。隘与不恭，君子不由也⑮。"

【解读】

　　孟子说："伯夷这个人，不是他理想的君主就不去侍奉，不是他理想的朋友就不去结交。不在昏君的朝廷里任职，不同恶人交谈。他觉得

---

①　涂：污泥。炭：炭灰。比喻污秽不堪的现实社会。
②　恶恶：上一恶字读（wù），厌恶；下一恶字读（è），恶人。
③　望望然：因厌恶而决绝而去。朱子《集注》："去而不顾之貌。"
④　浼（měi）：污、污染。
⑤　屑：洁净。
⑥　柳下惠：姓展，名禽，春秋时鲁国贤大夫，《论语》四见。
⑦　羞：以……为羞耻。
⑧　卑：以……为卑下。
⑨　遗佚：佚通"逸"，指不被君王重用。
⑩　阨（è）：穷困。悯：怨恨。
⑪　袒裼（xī）裸裎（chéng）：赤身裸体。袒裼，无衣。
⑫　由由：怡然自得。不自失：不丧失为人之道。
⑬　援：求助。
⑭　隘：窄、小。
⑮　由：取、行、循。

在昏君的朝廷里为官、和恶人谈话就如同穿戴着朝服朝冠坐在污泥和黑炭之中一样。把这种厌恶恶人的心推扩出来,他就会想:如果同一个乡下人站在一起,那人帽子没有戴正,就应该愤然离开,好像自己会被玷污了一样。所以,诸侯即使有用动听的言辞来招致他的,他也不会接受。他之所以不接受,就是因为自己不屑于与那些人相处。柳下惠这人,不以侍奉污浊之君为耻,不以官职小为卑微;入朝为官不隐藏自己的才能,一定按照自己的原则行事;不被国君重用不怨恨,处身穷困也不忧愁。所以他说:'你是你,我是我,即使你赤身露体站在我身旁,又怎么能玷污我呢?'所以,他能怡然自得地与他人共处而不失做人的基本原则。叫他留下,他就留下。叫他别离开,他就留下,这是因为他不屑于离开而已。"

孟子又说:"伯夷器量小,柳下惠不恭。狭隘与不恭,都是君子所不取的。"

卷四　公孙丑章句下 凡十四章

　　4.1　　孟子曰："天时不如地利①，地利不如人和。三里之城②，七里之郭③，环而攻之而不胜④。夫环而攻之，必有得天时者矣；然而不胜者，是天时不如地利也。城非不高也，池非不深也，兵革非不坚利也，米粟非不多也；委而去之⑤，是地利不如人和也。故曰：域民不以封疆之界⑥，固国不以山溪之险，威天下不以兵革之利。得道者多助⑦，失道者寡助。寡助之至，亲戚畔之⑧。多助之至，天下顺之。以天下之所顺，攻亲戚之所畔；故君子有不战，战必胜矣。"

【解读】

　　孟子说："天时不如地利，地利不如人和。方圆三里的内城，纵横七里的外城，敌人包围起来攻打它，却不能取胜。包围起来攻打它，必定遇到了好时机；然而还不能取胜，这是因为天时不如地利。有的国家城墙不是不高，护城河不是不深，兵器和甲胄不是不锐利和坚固，粮食不是不多。但是，敌人一进攻，都弃城逃走，这是地利不如人和。所以说，

---

　　①　天时：天时这一概念，在先秦时期有不同含义。在《荀子》著作中，天时是指农时。《孟子·公孙丑章句》中的"天时"与战争有关。古代作战，往往以干支、五行、孤虚、王相相搭配，来预测胜败、吉凶，称为天数，天数即是天时。
　　②　城：内城。
　　③　郭：外城。
　　④　环：包围。
　　⑤　委：弃。
　　⑥　域：限制。
　　⑦　得道：得天下正道。
　　⑧　畔：通"叛"。

控制人民不可单纯依赖国家的疆界,保护国家不可单纯依靠山川的险阻,威慑天下不可单纯依靠兵器的锐利。得天下正道的人,获得的帮助就多;丧失天下正道的人,获得的帮助就少。帮助他的人少到达极点时,连亲戚都背叛他;得到的帮助到达极点时,全天下的人都顺从他。用全天下都顺从的力量去攻打连亲戚都会叛离的人,君子除非不战,战就必定取胜。"

4.2　孟子将朝王①。王使人来曰:"寡人如就见者也②,有寒疾,不可以风③。朝④将视朝⑤,不识可使寡人得见乎⑥?"

对曰:"不幸而有疾,不能造朝⑦。"

明日,出吊于东郭氏⑧。公孙丑曰:"昔者辞以病,今日吊,或者不可乎?"

曰:"昔者疾,今日愈,如之何不吊?"

王使人问疾,医来。孟仲子对曰⑨:"昔者有王命,有采薪之忧⑩,不能造朝。今病小愈,趋造于朝,我不识能至否乎?"

使数人要于路⑪,曰:"请必无归,而造于朝。"

不得已而之景丑氏宿焉⑫。景子曰:"内则父子,外则君臣,人之大伦也。父子主恩,君臣主敬。丑见王之敬子也,未

---

① 王:指齐王。
② 如:宜、应。
③ 风:受风。
④ 朝(zhāo):早晨。
⑤ 视朝:在朝廷处理政务。
⑥ 识:知道。
⑦ 造:到。
⑧ 东郭氏:齐国大夫。
⑨ 孟仲子:根据汉代学者赵岐考证,孟仲子是孟子的堂兄弟,曾学于孟子。
⑩ 采薪之忧:疾病的委婉表达。《礼记·曲礼下》云:"使士射,不能则辞以疾。言曰:某有负薪之忧。"
⑪ 要(yāo):拦阻。
⑫ 景丑氏:根据朱熹等人考证,景丑氏或许是齐国大夫。

见所以敬王也。"

曰:"恶①!是何言也!齐人无以仁义与王言者,岂以仁义为不美也?其心曰'是何足与言仁义也'云尔,则不敬莫大乎是。我非尧、舜之道,不敢以陈于王前,故齐人莫如我敬王也②。"

景子曰:"否,非此之谓也。《礼》曰:'父召③,无诺④。君命召,不俟驾⑤。'固将朝也,闻王命而遂不果⑥,宜与夫礼若不相似然⑦。"

曰:"岂谓是与?曾子曰:'晋、楚之富,不可及也。彼以其富,我以吾仁;彼以其爵,我以吾义,吾何慊乎哉⑧?'夫岂不义而曾子言之?是或一道也。天下有达尊三:爵一,齿⑨一,德一。朝廷莫如爵,乡党莫如齿,辅世长民莫如德。恶得有其一,以慢其二哉?故将大有为之君,必有所不召之臣。欲有谋焉,则就之。其尊德乐道,不如是不足与有为也。故汤之于伊尹,学焉而后臣之,故不劳而王。桓公之于管仲,学焉而后臣之,故不劳而霸。今天下地丑德齐⑩,莫能相尚⑪,无他,好臣其所教⑫,而不好臣其所受教。汤之于伊尹,桓公之于管仲,

① 恶:感叹词。
② 朱子《集注》:"景丑所言,敬之小者也。孟子所言,敬之大者也。"
③ 召:召唤。
④ 诺:慢条斯理地应答。急用唯,缓用诺。《礼记·曲礼》:"父召无诺,先生召无诺,唯而起。"郑玄《注》曰:"应辞'唯'恭于'诺'。"
⑤ 俟:等待。
⑥ 不果:中止。
⑦ 宜:大概、几乎。
⑧ 慊(qiǎn):少。
⑨ 齿:年龄。
⑩ 丑:相类、同。《方言》云:"丑,同也。东齐曰丑。"
⑪ 尚:过、超越。
⑫ 所教:听从于己。

则不敢召。管仲且犹不可召,而况不为管仲者乎①?"

【解读】

孟子准备去朝见齐王。齐王派人来说:"我本该来看望您的,但是受了风寒,怕风。明天早晨我将临朝听政,不知道可不可以见到您?"

孟子答道:"不幸我也生了病,不能到朝廷去。"

第二天,孟子出门到东郭大夫家吊唁。

公孙丑说:"昨天您推说有病谢绝齐王的召见,今天又去吊唁,这样做或许不合适吧?"

孟子说:"昨天生病,今天痊愈了,怎么不可以去吊唁?"

齐王派人来询问病情,并且带了医生过来。

孟仲子应付说:"昨天大王有命令,不巧先生身染小恙,不能上朝。今天病有好转,已经赶赴朝廷了,不知道现在到了没有?"

孟仲子随即派了几个人到路上拦截孟子,告诉他:"请您务必不要回家,赶快去朝廷!"

孟子迫不得已,到景丑氏家住了一宿。

景子说:"在家有父子,在外有君臣,这是最重要的伦常。父子之间以慈爱恩情为主,君臣之间以恭敬为主。我只看见齐王对您很尊敬,却没有看见您尊敬齐王。"

孟子说:"咳!这是什么话!齐国人没有一个拿仁义的道理向齐王进谏的,难道他们认为仁义不好吗?只是他们心里想:'这样的国君哪能值得和他谈仁义呢?'这才是最大的不敬。不是尧舜之道,我不敢在大王面前陈述,所以齐国人不如我更尊敬齐王。"

景子说:"不,我所说的不是这个。《礼》说:'父亲召唤,不能犹豫;君主召唤,不等车马就要立即前往。'您本来准备去朝见大王,可是一听到大王的召见就中止了,似乎与《礼》的规定不相合吧。"

---

① 朱子《集注》:"此章见宾师不以趋走承顺为恭,而以责难陈善为敬;人君不以崇高富贵为重,而以贵德尊士为贤,则上下交而德业成矣。"

孟子说:"原来你说的是这个!曾子说过:'晋国和楚国的财富,我们赶不上。但是,它们凭借财富,我凭借我的仁德;它们凭借爵位,我凭借我的道义。我又有什么欠缺呢?'如果没有道理,曾子难道会说这些话吗?这恐怕有些道理。天下普遍看重的东西有三样:爵位、年龄、道德。在朝廷上最尊重爵位,在乡里最尊重年龄,辅助君主、统治百姓最尊重德行。哪能凭着爵位来轻视年龄和德行呢?所以想要大有作为的君主,一定有他不能召唤的臣子。若有什么大事要商量,就亲自去拜访请教。如果他不能这样尊崇道德、乐行仁道,便不足以与他有所作为。因此,商汤对于伊尹,是向他学习了之后才以他为臣,所以不费力气就统一了天下;桓公对于管仲,也是先向他学习之后再以他为臣,所以不费力气称霸于诸侯。现今各国土地大小相差无几,德行也不相上下,彼此之间谁也不能高出一筹。之所以如此,没有别的原因,就是因为君主喜欢用听他话的人为臣,而不喜欢用能够教导他的人为臣。商汤对于伊尹,桓公对于管仲,就不敢随意召唤。管仲尚且不能随意召见,何况不屑于做管仲的人呢?"

4.3 陈臻问曰①:"前日于齐,王馈②兼金一百而不受③;于宋,馈七十镒而受;于薛④,馈五十镒而受。前日之不受是,则今日之受非也;今日之受是,则前日之不受非也。夫子必居一于此矣。"

孟子曰:"皆是也⑤。当在宋也,予将有远行。行者必以赆⑥,

---

① 陈臻:孟子弟子。

② 馈:赠送。

③ 兼金:好金。赵岐《注》云:"兼金,好金也。其价兼倍于常者,故谓之兼金。"一百:一百镒,一镒二十两。

④ 薛:齐国靖郭君田婴的封邑。此时的薛已非春秋时代的薛国,薛国已被齐国兼并。

⑤ 皆是:朱子《集注》:"皆适于义也。"

⑥ 赆(jìn):财货,临别时赠送的礼物。

辞曰'馈赆',予何为不受？当在薛也,予有戒心①。辞曰:'闻戒,故为兵馈之。'予何为不受？若于齐,则未有处也②。无处而馈之,是货之也③。焉有君子而可以货取乎④?"

【解读】

　　陈臻问道:"以前在齐国,齐王送您一百镒上等金,您不接受;后来在宋国,宋君送您七十镒,您接受了;在薛,薛君送您五十镒,您也接受了。如果以前不接受是对的,那么今天接受就错了;如果今天接受是对的,那么以前不接受便错了。您一定犯了其中的一个错误。"

　　孟子说:"其实都对。当年在宋国的时候,我将要远行,对远行的人一定要送些盘缠。宋王说:'送上一点盘缠给您。'我为什么不接受呢？当年在薛国的时候,我必须对路上可能发生的危险有所防备。薛君说:'听说路上需要戒备,送点钱给您买兵器。'我为什么不接受呢？至于在齐国,就没有什么理由接受了。没有理由却要送我金钱,这是贿赂收买我。哪有正人君子可以被人收买呢？"

　　4.4　孟子之平陆⑤,谓其大夫曰⑥:"子之持戟之士⑦,一日而三失伍⑧,则去之否乎⑨?"

　　曰:"不待三。"

---

　　①　戒心:戒备不测之心。赵岐《注》曰:"戒备不虞之心也。时有恶人欲害孟子,孟子戒备。"
　　②　处:定、常,引申为符合道理。
　　③　货:收买、贿赂。
　　④　取:致。
　　⑤　平陆:齐国边境邑名,在今山东省汶上县北。
　　⑥　大夫:战国时期邑宰也称大夫。
　　⑦　戟:长杆兵器。
　　⑧　失伍:擅自离开队伍。
　　⑨　去:杀。

"然则子之失伍也亦多矣。凶年饥岁，子之民，老羸转于沟壑①，壮者散而之四方者，几千人矣②。"

曰："此非距心之所得为也③。"

曰："今有受人之牛羊而为之牧之者④，则必为之求牧与刍矣⑤。求牧与刍而不得，则反诸其人乎⑥? 抑亦立而视其死与?"

曰："此则距心之罪也。"

他日，见于王曰："王之为都者⑦，臣知五人焉。知其罪者，惟孔距心。"为王诵之⑧。

王曰："此则寡人之罪也。"

【解读】

孟子到了平陆，对当地的大夫孔距心说："如果你的卫士一天三次擅自离开行伍，你会斥退他吗?"

孔距心答道："不必等到三次。"

孟子说："那么，你自己失职的地方也很多。灾荒年景，在你统辖的百姓当中，年老体弱的被抛尸露骨于沟壑之中，年轻力壮的四处逃亡，已近千人之多。"

孔距心答道："这不是距心的力量所能做到的事情。"

孟子说："譬如现在有一个人，接受了别人的牛羊而替他放牧，就必定要为牛羊寻找牧场和草料。如果牧场和草料都没找到，是把牛羊返

---

①　羸:瘦、弱。
②　几:接近。
③　距心:平陆邑宰之名。
④　牧:放牧。
⑤　刍:牧草。
⑥　反:通"返"，退还。
⑦　为都:治理都邑。
⑧　诵:复述。

还给原主呢？还是站在那里眼看着牛羊一个个饿死？"

孔距心答道："这是距心的罪过。"

改天，孟子朝见齐王，说："大王的地方长官，我所了解的有五个人。明白自己的罪过的，只有孔距心一人。"于是就把与孔距心的对话复述了一遍。

齐王说："这是我的罪过。"

4.5　孟子谓蚳蛙曰①："子之辞灵丘而请士师②，似也③，为其可以言也。今既数月矣，未可以言与？"

蚳蛙谏于王而不用，致为臣而去④。齐人曰："所以为蚳蛙，则善矣；所以自为，则吾不知也。"

公都子以告⑤。曰："吾闻之也：有官守者⑥，不得其职则去；有言责者⑦，不得其言则去。我无官守，我无言责也，则吾进退，岂不绰绰然有余裕哉⑧？"

【解读】

孟子对蚳蛙说："你辞去灵丘的长官而请求做治狱官，似乎很有道理，因为可以经常向齐王进言。现在已经做了几个月的士师，还不能向君王进言吗？"

于是蚳蛙向齐王进谏，但谏言未被采纳，因此辞官而去。

---

① 蚳(chí)蛙：齐国大夫。
② 灵丘：齐国边境邑名，江永认为在今山东省聊城市一带。士师：治狱官。
③ 似：所作所为近于义。
④ 致：还、辞去。《礼记·曲礼下》云："为人臣之礼，不显谏，三谏而不听，则逃之。"
⑤ 公都子：孟子弟子。
⑥ 官守：官职。朱子《集注》："以官为守者。"
⑦ 言责：朱子《集注》："以言为责者。"
⑧ 绰绰然：悠闲自如。裕：宽。朱子《集注》："孟子居宾师之位，未尝受禄，故其进退之际，宽裕如此。"

齐国有人议论说:"(孟子)替蚍蛙出的主意不错,但是他怎样为自己考量,我们就不知道了。"

公都子把这些话告诉了孟子。

孟子说:"我听说过:有官职的人,如果无法尽其职责,就应该辞职;有进言责任的官员,如果其言不被采纳,就应该辞职。我既没有官职,又没有进言的责任,那我的进退空间,岂不是绰绰有余?"

4.6　孟子为卿于齐,出吊于滕①。王使盖大夫王驩为辅行②。王驩朝暮见③,反齐、滕之路④,未尝与之言行事也。

公孙丑曰:"齐卿之位,不为小矣。齐、滕之路,不为近矣。反之而未尝与言行事,何也?"

曰:"夫既或治之,予何言哉?"

【解读】

孟子在齐国做卿,奉命到滕国去吊丧,齐王还派盖邑的大夫王驩作为副使同行。王驩同孟子朝夕相处,往返于齐、滕两国的路上,孟子却不曾同他谈过出使之事。

公孙丑问道:"齐国卿的官位不算小了,齐、滕之间的距离不算近了。往返的路上,您却不和王驩谈公事,这是为什么呢?"

孟子答道:"他既然独断专行,我还说什么呢?"

4.7　孟子自齐葬于鲁⑤。反于齐,止于嬴⑥。

---

① 吊:吊滕文公之丧。
② 盖(gě):齐国邑名,故城在今山东省沂水县西北。辅行:副使。
③ 见:通"现"。
④ 反:通"返"。
⑤ 孟子自齐葬于鲁:赵岐《注》云:"孟子仕于齐,丧母,归葬于鲁。"
⑥ 嬴(yíng):齐国邑名,故城在今山东省莱芜市一带。

充虞请曰①："前日不知虞之不肖,使虞敦匠事②。严③,虞不敢请。今愿窃有请也,木若以美然④。"

曰:"古者棺椁无度⑤。中古棺七寸⑥,椁称之⑦。自天子达于庶人。非直为观美也,然后尽于人心。不得,不可以为悦;无财,不可以为悦。得之为有财,古之人皆用之,吾何为独不然? 且比化者⑧,无使土亲肤,于人心独无恔乎⑨? 吾闻之君子:不以天下俭其亲。"

【解读】

孟子从齐国回鲁国安葬母亲。返回齐国时,在嬴地停留。

弟子充虞请教说:"前些日子承蒙您赏识,让我督办棺椁之事。当时事情急迫,我虽有疑问却不敢请教。现在想私下请问您:棺木似乎太华美了吧?"

孟子答道:"上古时候对于棺椁的尺寸,没有一定的规制;到了中古,规定棺木厚七寸,椁的厚度与之相称。从天子一直到老百姓,置办棺椁不仅仅是为了美观,主要是要尽孝子之心。得不到好的木料,就不会称心;缺少钱财,也不会称心。得到好的木料,又有钱财,古人都会使用好的棺椁。我为什么偏不这样做呢? 况且这样做,不过是为了不让泥土沾上死者的肌肤,这对于孝子之心岂不是一种慰藉吗? 我听说过,君子不因天下之事而俭省应该用在父母身上的钱财。"

---

① 充虞:孟子弟子。
② 敦:督办。匠事:指制作棺材之事。
③ 严:急迫。
④ 木:棺木。以美:太美。以,通"已"。
⑤ 度:厚薄尺寸。
⑥ 中古:商周时代。
⑦ 称:相称。
⑧ 比:为。化者:死者。
⑨ 恔(xiào):快、宽慰。

4.8　沈同以其私问曰①:"燕可伐与?"

孟子曰:"可。子哙不得与人燕,子之②不得受燕于子哙。有仕于此③,而子悦之,不告于王而私与之吾子之禄爵。夫士也,亦无王命而私受之于子,则可乎? 何以异于是?"

齐人伐燕。或问曰:"劝齐伐燕,有诸?"

曰:"未也。沈同问:'燕可伐与,'吾应之曰:'可',彼然而伐之也。彼如曰:'孰可以伐之?'则将应之曰:'为天吏④,则可以伐之。'今有杀人者,或问之曰:'人可杀与?'则将应之曰:'可'。彼如曰:'孰可以杀之?'则将应之曰:'为士师,则可以杀之。'今以燕伐燕⑤,何为劝之哉?"

【解读】

沈同以个人的名义问孟子:"燕国可以讨伐吗?"

孟子答道:"可以。燕王子哙不能把燕国交给别人,子之也不能够从子哙那里接受燕国。譬如,有这么一个人,你很喜欢他,不向君王禀告就自作主张把你的俸禄官位都让给他;他没有国王的任命,便从你那里接受了俸禄官位,这样可以吗? 子哙与子之私相授受的事,与这个例子有什么区别?"

齐国攻打燕国。

有人问孟子说:"您劝导齐国讨伐燕国,有这回事吗?"

孟子答道:"没有。沈同问我:'燕国可以讨伐吗?'我回答说:'可以。'他们认为这个说法正确,便去征讨燕国。他如果问:'谁可以去讨

---

① 沈同:齐国大臣。
② 子之:燕相国。接受燕国国君哙让国,成为燕国君王。齐人攻下燕国之后,子之逃亡。子之被齐人俘虏后,被人砍成肉酱。
③ 仕:通"士"。
④ 天吏:禀受天命而行的官吏。
⑤ 以燕伐燕:朱子《集注》:"言齐无道,与燕无异,如以燕伐燕也。"

伐燕国呢？'那我便会说：'只有天吏才可以去讨伐。'譬如有一个杀人犯，有人问我：'这犯人该杀吗？'那我会说：'该杀。'如果他再问：'谁可以杀他呢？'那我就会回答：'只有治狱官才可以杀他。'如今，让同燕国一样无道的齐国去讨伐燕国，我为什么要劝导他呢？"

4.9　燕人畔①。王曰："吾甚惭于孟子。"

陈贾曰②："王无患焉。王自以为与周公，孰仁且智？"

王曰："恶！是何言也！"

曰："周公使管叔监殷③，管叔以殷畔。知而使之，是不仁也；不知而使之，是不智也。仁智，周公未之尽也，而况于王乎？贾请见而解之。"

见孟子，问曰："周公何人也？"

曰："古圣人也④。"

曰："使管叔监殷，管叔以殷畔也，有诸？"

曰："然。"

曰："周公知其将畔而使之与？"

曰："不知也。"

"然则圣人且有过与？"

曰："周公，弟也；管叔，兄也。周公之过，不亦宜乎？且古之君子，过则改之；今之君子，过则顺之⑤。古之君子，其过

---

①　畔：通"叛"。根据《史记·燕世家》记载，齐破燕，燕王哙死，子之逃亡。次年，燕人共立太子平为王。
②　陈贾：齐国大夫。
③　管叔：周武王之弟，周公兄长。周武王胜商杀纣，立纣子武庚，派遣管叔、蔡叔、霍叔监其国。武王崩，成王幼，周公摄政。管叔与武庚谋叛，周公东征，平定天下。
④　圣人：《说文》云："圣，通也"。郑玄注《周礼·地官·大司徒》"一曰六德，智仁圣义忠和"之"圣"字云："通而先识。"
⑤　顺：顺遂。

74

也,如日月之食①,民皆见之;及其更也,民皆仰之。今之君子,岂徒顺之? 又从为之辞②。"

【解读】

　　燕人背叛了齐国。齐宣王说:"我对孟子感到非常惭愧。"

　　陈贾说:"大王不要忧虑。您认为自己与周公相比,谁更仁更智呢?"

　　齐王说:"咳! 这是什么话! 我哪敢跟周公相比?"

　　陈贾说:"周公派管叔监督殷遗民,管叔却率领殷人叛乱。如果周公早已预见此事,却仍然派管叔去监督,那他就是不仁;如果周公未曾预见此事,便是他不智。仁和智,周公都没有完全做到,何况大王您呢? 我请求去见孟子,向他作解释。"

　　陈贾见孟子,问道:"周公是一个怎样的人?"

　　孟子答道:"古代圣人。"

　　陈贾说:"他安排管叔监督殷遗民,管叔却率领殷人造反,有这回事吗?"

　　孟子说:"有。"

　　陈贾问道:"周公预见管叔会叛乱,却偏要派他去吗?"

　　孟子回答说:"周公未曾预见此事。"

　　陈贾说:"这样说来,圣人也会有过错吗?"

　　孟子答道:"周公是弟弟,管叔是哥哥,难道弟弟能疑心哥哥会背叛吗? 周公的过错,难道不也是情有可原吗? 况且古代的君子有了过错能随时改正,今天的君子有了过错竟然将错就错。古代的君子,他的过错好像日蚀月蚀一般,人民都看得到;等到他改正过错之后,人民都会敬仰他。今天所谓的君子,岂止是将错就错,而且还要为错误作辩解。"

----

　　① 食:通"蚀"。
　　② 辞:辩解。

4.10　孟子致为臣而归①。

王就见孟子，曰："前日愿见而不可得②，得侍，同朝甚喜③。今又弃寡人而归，不识可以继此而得见乎？"

对曰："不敢请耳，固所愿也。"

他日，王谓时子曰④："我欲中国而授孟子室⑤，养弟子以万钟⑥，使诸大夫国人皆有所矜式⑦，子盍为我言之？"

时子因陈子而以告孟子⑧。陈子以时子之言告孟子。

孟子曰："然。夫时子恶知其不可也？如使予欲富，辞十万而受万⑨，是为欲富乎？季孙曰：'异哉子叔疑⑩！使己为政，不用，则亦已矣，又使其子弟为卿。人亦孰不欲富贵？而独于富贵之中，有私龙断焉⑪。'古之为市也，以其所有易其所无者，有司者治之耳。有贱丈夫焉⑫，必求龙断而登之，以左右望而罔市利⑬。人皆以为贱，故从而征之。征商，自此贱丈夫始矣。"

【解读】

孟子辞去齐国的官职准备回乡。齐王亲自到孟子家中见他，跟他

---

① 致为臣而归：辞职返回家乡。致，归还。归，回到家乡。
② 前日：指孟子尚未来齐国时。
③ 同朝甚喜：孔广深《经学卮言》云："'得侍同朝'者谦词，言与孟子得为君臣而同朝也。'甚喜'，王自言甚喜也。俗读'得侍'绝句者，谬。"
④ 时子：齐国大臣。
⑤ 中国：在国都内。室：房屋。
⑥ 钟：六石四斗为一钟。古代一斗约合今二升，古代一升约合今 0.1937 升。
⑦ 矜式：效法。矜，敬。式，法。
⑧ 陈子：孟子弟子陈臻。
⑨ 十万：十万钟。据阎若璩考证，十万钟是指孟子在齐国多年俸禄的总数。
⑩ 子叔疑：孟子弟子，其人其事已不可考。
⑪ 龙断：垄断。龙，同"垄"。
⑫ 贱丈夫：唯利是图的男子。
⑬ 罔：同"网"，网罗、搜刮。

说:"以前想见您,却一直见不到;后来能够同在朝廷共事,我很高兴;现在您又将抛弃我返回故乡,不知道以后我们还能见面吗?"

孟子回答说:"我只是不敢请求罢了,这本来就是我的愿望。"

过了几天,齐王对时子说:"我想在国都送给孟子一幢房屋,再拨万钟粟养活他的弟子,使我国的官吏和国民都有所效法。你何不替我向孟子谈谈这件事呢?"

时子通过陈子把这话转告孟子,陈子把时子的话告诉了孟子。

孟子说:"是啊,时子怎么知道这件事做不得呢?假如我真贪图富贵,辞去十万钟的俸禄却接受一万钟的赏赐,这是贪图富贵吗?季孙氏说:'子叔疑这人真奇怪!自己想做官,不被任用也就罢了,却又让他的儿子、兄弟去做卿。人世间谁不想富贵呢?但有些人偏偏想独自垄断富贵。'古时候做买卖,以自己有余的东西来换取所没有的东西,有关的部门对此进行管理。有一个卑鄙之徒,一定要找一块高地登上去,左右张望,企图网罗市场之利。人们都觉得他卑鄙,因此要向他征税。对商人征税,就是从这个卑鄙之徒开始的。"

4.11 孟子去齐,宿于昼①。有欲为王留行者,坐而言②。不应,隐几而卧③。

客不悦,曰:"弟子斋宿而后敢言④,夫子卧而不听,请勿复敢见矣。"

曰:"坐⑤。我明语子⑥。昔者鲁缪公无人乎子思之侧,则

---

① 昼:齐国邑名,在齐国都城临淄西南。
② 坐:跪坐。两膝着地,腰与腿伸直。古人席地而坐,有两种坐法。一曰"危坐",即两膝着地,腰和大腿伸直;一曰"安坐",即两膝着地,臀部落在脚后跟上,坐姿比较舒服。
③ 隐:倚靠、凭借。几:小矮桌。
④ 斋宿:斋戒一日以示尊敬对方。朱子《集注》曰:"斋戒越宿也。"
⑤ 坐:安坐。两膝着地,屁股贴着脚跟。
⑥ 语:告诉。

不能安子思。泄柳、申详①,无人乎缪公之侧,则不能安其身。子为长者虑②,而不及子思。子绝长者乎③? 长者绝子乎?"

【解读】

孟子离开齐国,晚上在昼地住宿。有一个想替齐王挽留孟子的人,恭敬地坐着跟孟子说话。孟子却不加理会,伏在几案上休憩。

那人很不高兴,说道:"弟子提前一天进行斋戒,才敢向您进言。您却睡觉不听,今后再也不敢来见您了。"

孟子说:"坐下吧,我明确告诉你。从前,(鲁穆公是如何对待贤人呢?)鲁穆公如果没有留人在子思身边,就不能使子思安心;如果泄柳、申详没有在鲁穆公身边,也就不能使鲁穆公安心。你为长辈考虑,还不及鲁穆公对待子思,(你不去劝说齐王改变态度,却用空话劝我留下,)是你要跟长辈决绝呢? 还是我要跟你决绝呢?"

4.12　孟子去齐。

尹士语人曰④:"不识王之不可以为汤、武,则是不明也。识其不可,然且至,则是干泽也⑤。千里而见王,不遇故去。三宿而后出昼,是何濡滞也⑥? 士则兹不悦⑦。"

高子以告⑧。曰:"夫尹士恶知予哉? 千里而见王,是予所欲也。不遇故去,岂予所欲哉? 予不得已也。予三宿而出

① 泄柳:鲁缪公时贤人。申详:孔子弟子张的儿子、子游的女婿。
② 长者:孟子自称。赵岐《注》曰:"长者,老者也。孟子年老,故自称长者。"
③ 绝:断绝关系。
④ 尹士:齐国人。
⑤ 干:求。泽:禄。
⑥ 濡(rú)滞:迟滞。
⑦ 士则兹不悦:"兹"前省略了介词"于"字。兹,此。
⑧ 高子:齐国人,孟子弟子。

昼,于予心犹以为速,王庶几改之①! 王如改诸,则必反予。夫出昼而王不予追也,予然后浩然有归志。予虽然,岂舍王哉? 王由足用为善②。王如用予,则岂徒齐民安? 天下之民举安。王庶几改之,予日望之。予岂若是小丈夫然哉? 谏于其君而不受,则怒,悻悻然见于其面③,去则穷日之力而后宿哉④?"

尹士闻之,曰:"士诚小人也。"

【解读】

孟子离开齐国。

尹士对别人说:"不知道齐王不能够成为商汤、周武,那就是不明智;知道他不能,但还来齐国,那便是贪求富贵。不远千里来见齐王,得不到赏识就要离去。在昼地住了三宿才离开,为什么这样迟缓呢? 我对此很不高兴。"

高子把尹士的话告诉了孟子。

孟子说:"尹士哪能了解我呢? 不远千里地来见齐王,这是我的愿望;不被知遇而离去,难道也是我所希望的吗? 我只是不得已罢了。我在昼地住了三宿才离开,从我内心来说还觉得太快了。我心想齐王也许会改变态度,他如果改变态度,那一定会把我召回。我离开了昼地,齐王还没有追我,我才毅然决定回故乡。即使这样,我难道肯舍弃齐王吗? 齐王完全可以推行善政,他如果任用我,岂止齐国的百姓得到安宁,天下的百姓都可以得到安宁。大王也许会改变态度! 我每天盼望他能改变。我难道像那种气度狭小的人吗? 向君主进谏不被接受,便恼羞成怒,满脸愤愤不平,离开时非得精疲力竭走上一天才肯歇宿吗?"

---

① 庶几:或许、可能。
② 由:通"犹"。足用:足以。
③ 悻悻然:忿怒的样子。见:通"现"。
④ 穷:尽。

尹士听了孟子的一席话,说:"我真是个小人。"

4.13　孟子去齐,充虞路问曰①:"夫子若有不豫色然②。前日虞闻诸夫子曰:'君子不怨天,不尤人③。'"

曰:"彼一时,此一时也。五百年必有王者兴,其间必有名世者④。由周而来,七百有余岁矣。以其数,则过矣;以其时考之则可矣。夫天未欲平治天下也,如欲平治天下,当今之世,舍我其谁也? 吾何为不豫哉?"

【解读】

孟子离开齐国,弟子充虞在路上问:"您似乎有些不高兴。以前我听您说过'君子不埋怨天,不责怪人。'"

孟子说:"以前是以前,现在是现在。从历史上来看,每过五百年一定会有圣王兴起,其间还会有闻名于世的贤才出现。从周代以来,已经七百多年了。论年数,已经超过了五百;论时势,现在正是圣君贤臣出现的时候。上天还不想平治天下,如果想平治天下,在当今这个时代,除了我,还有谁能担当这个重任呢? 我为什么不愉快呢?"

4.14　孟子去齐,居休⑤。

公孙丑问曰:"仕而不受禄,古之道乎?"

曰:"非也。于崇⑥,吾得见王。退而有去志,不欲变,故

① 充虞:孟子弟子。路问:在路上问。
② 豫:悦、愉快。
③ 君子不怨天,不尤人:语见《论语·宪问》。
④ 名世:也作"命世"。赵岐《注》曰:"名世,次圣之才。物来能名,正一世者,生于圣人之间也。"朱子《集注》云:"名世,谓其人德业闻望可名于一世者。"
⑤ 休:地名,在今山东省滕州市北。
⑥ 崇:地名,不可考。

不受也。继而有师命①,不可以请。久于齐,非我志也。"

【解读】

孟子离开齐国,居于休邑。

公孙丑问道:"做官却不接受俸禄,这是古时的规矩吗?"

孟子说:"不是。在崇邑,我见到了齐王。退下来便有离开齐国的想法,我不想改变这个想法,所以就不接受俸禄。接着齐国有战事,我不便请辞。长时间留在齐国,不符合我的意愿。"

---

① 师命:师旅之命。

卷五 滕文公章句上 凡五章

5.1 滕文公为世子①,将之楚,过宋而见孟子。孟子道性善②,言必称尧、舜。

世子自楚反,复见孟子。

孟子曰:"世子疑吾言乎? 夫道一而已矣。成覸谓齐景公曰③:'彼丈夫也,我丈夫也,吾何畏彼哉?'颜渊曰:'舜何人也? 予何人也? 有为者亦若是!'公明仪曰④:'文王我师也⑤,周公岂欺我哉?'今滕,绝长补短⑥,将五十里也,犹可以为善国。《书》曰⑦:'若药不瞑眩,厥疾不瘳⑧。'"

【解读】

滕文公做太子的时候,将要去楚国。经过宋国,特意拜见当时住在宋国的孟子。孟子讲述性善的道理,开口必定称颂尧舜。

滕文公从楚国返回的路上,又拜见了孟子。孟子说:"太子难道怀疑我的话吗? 真理只有一个罢了。成覸对齐景公说:'他是个大丈夫,我也是个大丈夫,我为什么要怕他呢?'颜渊说:'舜是什么样的人,我就要做什么样的人,有作为的人就应该像他那样。'公明仪说:'文王是我

---

① 世子:太子。
② 道:言、宣讲。
③ 成覸(jiàn):齐国的勇士。
④ 公明仪:曾子弟子。
⑤ 文王我师也:朱子《集注》:"盖周公之言。公明仪亦以文王为必可师,故诵周公之言而叹其不我欺也。"
⑥ 绝:截。
⑦ 《书》曰:出自《尚书·商书·说命》。
⑧ 瞑眩(mián xuàn):晕眩、头晕眼花。瘳(chōu):痊愈。

的老师,周公这么说难道会欺骗我吗?'如今的滕国,截长补短折算下来将近方圆五十里,也可以治理为一个推行仁政的国家。《书》说:'如果药不使人晕眩,病就不会痊愈。'"

5.2　滕定公薨①。世子谓然友曰②:"昔者孟子尝与我言于宋,于心终不忘。今也不幸至于大故③,吾欲使子问于孟子,然后行事④。"

然友之邹,问于孟子。

孟子曰:"不亦善乎! 亲丧,固所自尽也⑤。曾子曰:'生,事之以礼;死,葬之以礼,祭之以礼,可谓孝矣⑥。'诸侯之礼,吾未之学也;虽然,吾尝闻之矣。三年之丧,齐疏之服⑦,飦粥之食⑧,自天子达于庶人,三代共之。"

然友反命,定为三年之丧。父兄百官皆不欲,曰:"吾宗国鲁先君莫之行⑨,吾先君亦莫之行也。至于子之身而反之,不可。且《志》曰⑩:'丧祭从先祖。'"曰:"'吾有所受之也。'"

谓然友曰:"吾他日未尝学问⑪,好驰马试剑。今也父兄百官不我足也,恐其不能尽于大事,子为我问孟子。"

---

① 滕定公:滕文公之父。薨(hōng):诸侯去世。
② 然友:滕文公之师。
③ 大故:指滕定公亡故。
④ 事:指丧礼。
⑤ 自尽:自致、尽其心力。
⑥ 曾子曰:曾子曰诸句出自《论语·为政》孔子语录,孟子于此认为出自曾子,不知何据。
⑦ 齐(zī)疏之服:用粗布并缝边裁制的丧服。齐,本作齌,齐是假借字。朱子《集注》:"齐,音资,衣下缝也。不缉曰斩衰,缉之曰齐衰。"疏,粗。
⑧ 飦(zhān):同"饘",粥。《礼记·檀弓》引孔颖达《疏》云:"厚曰饘,稀曰粥。"
⑨ 宗国:同宗之国。鲁国是周公封地,同姓兄弟之国宗之,所以滕称鲁为宗国。
⑩ 《志》:记,古代史官的记事之书。
⑪ 学问:研究学问。

然友复之邹问孟子。孟子曰："然，不可以他求者也。孔子曰：'君薨，听于冢宰①，歠粥②，面深墨③。即位而哭。百官有司，莫敢不哀，先之也。'上有好者，下必有甚焉者矣。'君子之德，风也；小人之德，草也。草尚之风必偃④。'是在世子。"

然友反命。世子曰："然，是诚在我。"五月居庐⑤，未有命戒⑥。百官族人可⑦，谓曰知。及至葬，四方来观之，颜色之戚，哭泣之哀，吊者大悦。

【解读】

滕定公去世了，太子对然友说："以前孟子曾在宋国与我交谈，我心里始终没有忘记。如今我遭遇不幸，失去了父亲，我想派你向孟子请教一下，然后再办理丧事。"

然友到邹国向孟子请教。孟子说："问得好啊！父母的丧事，本来就应该竭尽全力。曾子说：'父母在世的时候，要依礼侍奉；父母去世的时候，要依礼安葬，依礼祭祀，这才叫做孝。'诸侯的礼仪，我没有学过；不过，我曾经听说过。三年的丧期，穿缝边的粗麻布丧服，喝着稀饭薄粥，从天子到庶民，夏商周三代都是这样做的。"

然友向太子复命，太子决定施行三年的丧期。滕国的父老百姓都不愿意，他们说："我们宗国鲁国的历代君主没有实行过这种丧礼，我们历代的祖先也没有施行过。到了你这一代却改变了祖先的做法，这是不可以的。而且《志》上说：'丧葬、祭祀之礼需要依从祖宗的规矩'。又

---

① 冢宰：六卿之长。
② 歠（chuò）：饮。
③ 墨：黑。
④ 君子之德数句：出自《论语·颜渊》。尚，通"上"。偃，伏。
⑤ 五月居庐：根据周礼，诸侯死后五个月下葬。未葬之前，孝子住在用草堆临时搭建的倚庐。
⑥ 命戒：命令教戒。
⑦ 可：赞同。《说文》："可，肯也。"

说:'我们应该把这些传统继承下来。'"

太子于是对然友说:"以前我未曾研究过学问,只喜好骑马舞剑。如今父老兄长百官们对我不满,恐怕他们不能在丧事上尽心尽力,你替我再去问问孟子吧!"

然友再次到邹国请教孟子。

孟子说:"是的,不能勉强他人。孔子说:'君主去世,政务听命于冢宰,太子以薄粥充饥,面色深黑,每天在孝子之位哭泣。大小官员没有敢不悲哀的,这是太子以身作则的原因。'在上者有所喜好,在下者必定对此更加喜好。'君子的德行像风,小人的德行像草,小草遇上大风必定倒伏。'丧礼之事,取决于太子。"

然友返回向太子复命。

太子说:"是呀,这事的确应取决于我自己。"

于是太子守丧五个月,没有下过任何政令、指示,大小官员和宗族人等都很赞同,夸赞太子知礼明礼。等到下葬那天,四面八方的人都来观看葬礼。太子容颜悲戚,哭泣哀伤,令前来吊唁的人们非常感动。

5.3 　滕文公问为国。

孟子曰:"民事不可缓也①。《诗》云②:'昼尔于茅,宵尔索绹。亟其乘屋,其始播百谷。'民之为道也,有恒产者有恒心,无恒产者无恒心。苟无恒心,放辟邪侈,无不为已。及陷乎罪,然后从而刑之,是罔民也。焉有仁人在位,罔民而可为也?是故贤君必恭俭礼下,取于民有制。阳虎曰③:'为

---

① 　民事:农事。
② 　《诗》云:以下四句出自《诗经·豳风·七月》。昼,白天。尔,语助词。于,往。茅,取茅,名词动用。宵,晚上。索,搓。绹(táo),绳。亟,急。乘,治、修理。播,布。
③ 　阳虎:鲁国季孙氏家臣,一度操纵鲁国国政。

富不仁矣，为仁不富矣。'夏后氏五十而贡①，殷人七十而助②，周人百亩而彻③，其实皆什一也。彻者，彻也④；助者，藉也⑤。龙子曰⑥：'治地莫善于助，莫不善于贡。'贡者，校数岁之中以为常⑦。乐岁，粒米狼戾⑧，多取之而不为虐，则寡取之；凶年，粪其田而不足⑨，则必取盈焉。为民父母，使民盼盼然⑩，将终岁勤动，不得以养其父母，又称贷而益之⑪，使老稚转乎沟壑，恶在其为民父母也？夫世禄，滕固行之矣。《诗》云⑫：'雨我公田⑬，遂及我私。'惟助为有公田。由此观之，虽周亦助也。设为庠序学校以教之⑭：庠者，养也；校者，教也；序者，射也。夏曰校，殷曰序，周曰庠，学则三代共之，皆所以明人伦也⑮。人伦明于上，小民亲于下。有王者起，必来取法，是为王者师也⑯。《诗》云⑰：'周虽旧邦，其命维新⑱。'文王之谓也。子力行之，亦以新子之国。"

---

① 贡：贡纳。

② 助：以人力助耕公田。

③ 彻：周朝田赋制度，赵岐《注》云："耕百亩者，彻取十亩以为赋。"

④ 彻：通、均。

⑤ 藉：借。

⑥ 龙子：古代贤人，其人与事已不可详考。或谓《孔丛子·论书》、《尚书大传·甫刑》中的"子龙子"即此人，可备一说。

⑦ 校：计量、比较。四库本、汲古阁注疏本、焦循正义本"校"字俱作"挍"。

⑧ 狼戾：狼藉，形容数量多。

⑨ 粪：施肥。

⑩ 盼盼(xì)：怒视。

⑪ 称：举。益：补足。

⑫ 《诗》云：出自《诗经·小雅·大田》。

⑬ 雨：下雨。

⑭ 庠(xiáng)序学校：夏商周时期的乡学。

⑮ 人伦：朱子《集注》："伦，序也。父子有亲，君臣有义，夫妇有别，长幼有序，朋友有信，此人之大伦也。庠、序、学、校，皆以明此而已。"

⑯ 师：效法。

⑰ 《诗》云：出自《诗经·大雅·文王》。

⑱ 旧邦：周人自后稷开国，历经夏、商两代，所以称旧邦。命：天命。

使毕战问井地①。

孟子曰:"子之君将行仁政,选择而使子,子必勉之! 夫仁政,必自经界始②。经界不正,井地不钧③,谷禄不平④。是故暴君污吏必慢其经界⑤。经界既正,分田制禄可坐而定也。夫滕,壤地褊小⑥,将为君子焉⑦,将为野人焉⑧。无君子莫治野人,无野人莫养君子。请野九一而助,国中什一使自赋。卿以下必有圭田⑨,圭田五十亩。余夫二十五亩⑩。死徙无出乡,乡田同井,出入相友,守望相助,疾病相扶持,则百姓亲睦。方里而井,井九百亩,其中为公田。八家皆私百亩,同养公田。公事毕,然后敢治私事,所以别野人也。此其大略也。若夫润泽之⑪,则在君与子矣。"

【解读】

滕文公向孟子询问如何治国。

孟子说:"农事不可以怠慢。《诗》说:'白天割取茅草,晚上绞成绳

① 毕战:滕国大臣。井地:井田。
② 经界:赵岐《注》云:"经亦界也。"经界是同义复词。
③ 钧:通"均"。
④ 谷禄:俸禄。
⑤ 慢:轻慢。
⑥ 褊(biǎn):狭小。
⑦ 为:通"有"。
⑧ 野人:在先秦时期,野人是一与国人相对的概念。居住在城郭之内的叫"国人",享有一些政治权利;凡是居住在郊外都鄙之地的人叫"野人",与国人不存在宗法血缘关系。朱子《集注》:"野,郊外都鄙之地也。"
⑨ 圭田:供祭祀用的土地。圭,洁。
⑩ 余夫二十五亩:赵岐《注》云:"余夫者,一家一人受田,其余老小尚有余力者,受二十五亩,半于圭田,谓之余夫也。"程颐则认为,"一夫上父母、下妻子,以五口、八口为率,受田百亩。如有弟,是余夫也。年十六,别受田二十五亩,俟其壮而有室,然后更受百亩之田。"
⑪ 润泽:增补、调整。朱子《集注》:"润泽,谓因时制宜,使合于人情,宜于土俗,而不失乎先王之意也。"

索,房屋赶快修整好,来年庄稼种得早。'老百姓相信这样一条准则:有恒常产业的人就有长久稳定的善心,没有恒常产业的人就没有长久恒常的善心。一旦没有长久的善心,就会放荡恣肆,胡作非为。等到陷入罪网再惩罚他们,这等于陷害平民百姓。哪有仁人做了君主却做陷害老百姓的事呢?因此,贤德的君主必须恭敬俭朴,礼让臣下,向民众征收赋税要有一定的法度原则。阳虎说:'致力于发财致富便不能讲仁爱,致力于仁爱就不可能发财致富。'"

"夏代以五十亩地为单位实行贡法,商代以七十亩地为单位实行助法,周代以一百亩地为单位实行彻法,税率其实都是十分抽一。'彻'是通的意思,'助'是借助的意思。龙子说:'管理土地没有比助更好的,没有比贡更不好的。'贡法是比较并核定若干年的收成得出一个定数。丰收年成,谷物充盈,多收取些不算暴虐,却少收取;饥荒年成,给田施上肥料都办不到,收获的粮谷也不够吃,但是公家却要足额征收贡赋。国君作为老百姓的父母,却使百姓劳苦不堪,即使终年劳碌也不足以赡养自己的父母,还要靠借贷来凑足租税,致使老人和小孩抛尸露骨于山沟荒野,这哪里算得上是人民的父母?世代承袭俸禄的制度,滕国原本已经实行。《诗》说:'雨水浇灌我们的公田,然后再泽及私田。'只有实行助法才会有公田。由此可见,即使周代也施行助法。"

"要设置庠、序、学、校来教育民众。'庠'是教养的意思,'校'是教导的意思,'序'是习射的意思。夏代叫'校',商代叫'序',周代叫'庠','学'是三代都有。这些学校都是用来教人们懂得人与人之间的伦常关系。在上者懂得了人与人的伦常关系,在下的民众就会相互亲附和睦。若有圣王兴起,必定仿效取法,这样就成为圣王的老师了。"

"《诗》说:'周虽然是旧邦,但国运却充满新气象。'这是赞美文王的诗句。你努力施行仁政吧,你的国家必将气象一新。"

滕文公派毕战来询问井田制的问题。孟子说:"你的国君将施行仁政,选派你到我这里来,你一定要努力!仁义之政,一定要从划分、确定田界开始。田界划分不正当,井田的大小就不均匀,作为俸禄来分配的谷物就不公平。因此,暴君、贪官污吏必定不会重视田地的分界。如果田地分界已经划分好,那么分配田地、制定俸禄就轻而易举。"

"滕国虽然土地狭小,照样有执政的君子和普通的老百姓。没有执政的君主,就无法治理好百姓;没有普通百姓,就无法供养君主。希望滕国君主在郊野施行九分取一的助法,在都城中施行十分取一的贡法。公卿以下的官员必定要有用于祭祀的圭田,每家五十亩,余下的劳动力每户给田二十五亩。丧葬、迁居都不出乡,每个乡里同耕一块井田,出入劳作时要互相伴随,防守家园时要互相帮助,有病痛疾病时要互相扶持,这样老百姓就友爱和睦了。划分一里见方的土地作为一块井田,一块井田有九百亩,中间一块是公田。八家各以一百亩为私田,但要共同耕作公田,公田上的农事处理完毕之后,然后才去治理私田。这是使君主和农夫有所区别的办法。这就是井田制的大致情况,至于如何改进与完善,就要靠君王和你了。"

5.4 有为神农之言者许行[①],自楚之滕,踵门而告文公曰[②]:"远方之人闻君行仁政,愿受一廛而为氓[③]。"

文公与之处[④]。其徒数十人,皆衣褐,捆屦、织席以为食[⑤]。陈良之徒陈相与其弟辛[⑥],负耒耜而自宋之滕[⑦],曰:"闻君行圣人之政,是亦圣人也。愿为圣人氓。"陈相见许行而大悦,尽弃其学而学焉。

---

① 神农:古代传说中的人物,三皇之一。朱子《集注》:"神农,炎帝神农氏,始为耒耜、教民稼穑者也。"许行:诸子百家中有农家,许行应当是农家人物。朱熹《集注》:"为其言者,史迁所谓农家者流也。"
② 踵门:登门拜访。踵,至。
③ 廛(chán):住宅。氓:从外地迁徙来的平民百姓。
④ 处:住所。
⑤ 捆屦(kǔn jù)编织草鞋。捆,织。
⑥ 陈良:楚国的儒者。梁启超认为是"儒分为八"中的"仲良氏之儒",可备一说。
⑦ 耒耜(lěi sì):古代耕地的农具,形状像犁。

陈相见孟子,道许行之言曰:"滕君,则诚贤君也;虽然,未闻道也。贤者与民并耕而食,饔飧而治①。今也滕有仓廪府库,则是厉民而以自养也②,恶得贤?"

孟子曰:"许子必种粟而后食乎?"

曰:"然。"

"许子必织布而后衣乎?"

曰:"否。许子衣褐。"

"许子冠乎?"

曰:"冠。"

曰:"奚冠?"

曰:"冠素③。"

曰:"自织之与?"

曰:"否。以粟易之。"

曰:"许子奚为不自织?"

曰:"害于耕。"

曰:"许子以釜甑爨④,以铁耕乎?"

曰:"然。"

"自为之与?"

曰:"否。以粟易之⑤。"

"以粟易械器者,不为厉陶冶⑥? 陶冶亦以其械器易粟

---

① 饔飧(yōng sūn):熟食,引申为自己烧饭。赵岐《注》云:"朝曰饔,夕曰飧。"
② 厉民:剥削人民。厉,病、损害。
③ 素:未染色的丝织品。
④ 釜:锅。甑(zēng):古代用来蒸食物的陶土炊具。爨(cuàn):烧火煮饭。
⑤ 易:交换。
⑥ 陶冶:指制陶冶铁的工匠。

90

者,岂为厉农夫哉？且许子何不为陶冶,舍皆取诸其宫中而用之①？何为纷纷然与百工交易？何许子之不惮烦?"

曰:"百工之事,固不可耕且为也。"

"然则治天下独可耕且为与？有大人之事,有小人之事②。且一人之身,而百工之所为备,如必自为而后用之,是率天下而路也③。故曰:或劳心,或劳力。劳心者治人,劳力者治于人。治于人者食人④,治人者食于人,天下之通义也。"

"当尧之时,天下犹未平。洪水横流,汜滥于天下⑤,草木畅茂,禽兽繁殖,五谷不登⑥,禽兽偪人⑦,兽蹄鸟迹之道,交于中国⑧。尧独忧之,举舜而敷治焉⑨。舜使益掌火⑩,益烈山泽而焚之,禽兽逃匿。禹疏九河⑪,瀹济、漯⑫,而注诸海;决汝、汉⑬,排淮、泗,而注之江。然后中国可得而食也。当是时也,禹八年于外,三过其门而不入,虽欲耕,得乎？后稷教民稼穑⑭、树艺五谷,五谷熟而民人育。人之有道也,饱食、暖衣、

---

① 舍:通"啥",什么。
② 有大人之事,有小人之事:赵岐认为,大人之事指教化,小人之事指农工商。
③ 路:奔波。
④ 食:养活。
⑤ 汜滥:洪水横流。汜,同"泛"。
⑥ 五谷:稻、黍、稷、麦、菽。不登:歉收。
⑦ 偪:同"逼"。
⑧ 中国:中原(黄河流域一带)。
⑨ 敷(fǔ)治:分治。
⑩ 益:舜的大臣。火:火正。
⑪ 九河:朱子《集注》:"九河:曰徒骇,曰太史,曰马颊,曰覆釜,曰胡苏,曰简,曰洁,曰钩盘,曰鬲津。"
⑫ 瀹(yuè):疏通。济:水名,发源于河南省王屋山,与黄河平行,由西往东流向大海,今济水下游河道被黄河挤占。漯(tà):水名,在山东地区。
⑬ 决:疏导。
⑭ 后稷:尧时掌管农业生产的官职。稼穑(sè):泛指农业生产。稼:播种。穑:收获。

逸居而无教,则近于禽兽。圣人有忧之①,使契为司徒②,教以人伦:父子有亲,君臣有义,夫妇有别③,长幼有序④,朋友有信。放勋曰⑤:'劳之来之⑥,匡之直之⑦,辅之翼之⑧,使自得之,又从而振德之⑨。'圣人之忧民如此,而暇耕乎?尧以不得舜为己忧,舜以不得禹、皋陶为己忧⑩。夫以百亩之不易为己忧者⑪,农夫也。分人以财谓之惠,教人以善谓之忠,为天下得人者谓之仁。是故以天下与人易,为天下得人难。孔子曰⑫:'大哉尧之为君!惟天为大,惟尧则之⑬。荡荡乎民无能名焉⑭。君哉舜也!巍巍乎,有天下而不与焉⑮。'尧、舜之治天下,岂无所用其心哉?亦不用于耕耳。"

"吾闻用夏变夷者⑯,未闻变于夷者也⑰。陈良,楚产也⑱。悦周公、仲尼之道,北学于中国。北方之学者,未能或之先也。彼所谓豪杰之士也,子之兄弟事之数十年,师死而遂

---

① 有:同"又"。
② 契(xiè):殷商的祖先。司徒:官名。
③ 别:分工,不同的职责。
④ 序:齿序。
⑤ 放(fàng)勋:帝尧的名。
⑥ 劳之来(lài)之:劳,慰劳。来,勉励。
⑦ 匡之直之:匡、直:劝谏、纠正。
⑧ 辅之翼之:辅、翼:辅佐、协助。
⑨ 振德:施加恩德。
⑩ 皋陶(gāo yáo):虞舜时代的司法官。
⑪ 易:治。
⑫ 孔子曰:这段话出自《论语·泰伯》,文字稍有出入。
⑬ 则:法。
⑭ 无能名:无法形容。
⑮ 与:私有、独享。
⑯ 夏:古代文化发达的中原地区称为夏。夷:文化落后的部族与地区。
⑰ 变:同化。
⑱ 产:出生。

倍之①。昔者孔子没,三年之外②,门人治任将归③,入揖于子贡,相向而哭,皆失声,然后归。子贡反④,筑室于场⑤,独居三年,然后归。他日子夏、子张、子游以有若似圣人,欲以所事孔子事之,强曾子⑥。曾子曰:'不可。江汉以濯之⑦,秋阳以暴之⑧,皜皜乎不可尚已⑨!'今也南蛮鴃舌之人非先王之道⑩,子倍子之师而学之,亦异于曾子矣。吾闻出于幽谷迁于乔木者⑪,未闻下乔木而入于幽谷者。《鲁颂》曰⑫:'戎狄是膺⑬,荆舒是惩⑭。'周公方且膺之,子是之学,亦为不善变矣。"

"从许子之道,则市贾不贰⑮,国中无伪。虽使五尺之童适市⑯,莫之或欺。布帛长短同,则贾相若。麻缕丝絮轻重同,则贾相若。五谷多寡同,则贾相若。屦大小同,则贾相若。"

曰:"夫物之不齐,物之情也。或相倍蓰⑰,或相什伯⑱,或

---

① 倍:通"背",背叛。
② 三年之外:朱子《集注》:"古者为师心丧三年,若丧父而无服也。"
③ 任:担,行李。
④ 反:通"返"。
⑤ 场:朱子《集注》:"冢上之坛场也。"
⑥ 强:力劝。
⑦ 濯:洗。
⑧ 暴(pù):通"曝",曝晒。
⑨ 皜皜(hào):洁白。尚:上、加。
⑩ 鴃(jué):伯劳鸟。
⑪ 出于幽谷迁于乔木:语出《诗经·小雅·伐木》,幽谷比喻人品低下,乔木比喻人品高尚。
⑫ 《鲁颂》曰:出自《诗经·鲁颂·閟宫》。
⑬ 膺:攻打。
⑭ 荆:楚国。舒:附属于楚国的小国。惩:惩罚。
⑮ 贾:通"价"。
⑯ 尺:一周尺合今 19.91 公分。
⑰ 蓰(xǐ):五倍。
⑱ 伯:同"百"。

相千万,子比而同之,是乱天下也。巨屦小屦同贾,人岂为之哉?从许子之道,相率而为伪者也,恶能治国家?"

【解读】

有一位倡行神农氏学说的人叫许行,由楚国来到滕国,登门拜访滕文公,说:"我这个从远方来的人,听说君主要施行仁政,希望能得到一处住所,做您的子民。"

滕文公给了他一处住所。他的门徒有几十个,都穿着粗麻编织的衣服,以编草鞋、织席子为生。

陈良的门徒陈相和他的弟弟陈辛背着农具从宋国来到滕国,对文公说:"听说您推行圣人的仁政,说明您也是圣人了,我们愿意成为您的子民。"

陈相见了许行非常高兴,抛弃自己以前的学问,转而向许行学习。陈相见到了孟子,转述许行的话说:"滕君真是一位贤德的君主,然而还没懂得真正的治国之道。贤君应该与百姓一起耕作而获取食物,亲自下厨做饭的同时处理好政务。现在滕国有粮仓钱库,这是凭借剥夺平民百姓来奉养自己,怎么能叫贤君呢?"

孟子说:"许子一定要自己种粟米才吃饭吗?"

陈相说:"是的。"

孟子问:"许子一定要自己织布才穿衣服吗?"

陈相说:"不是,许子只穿粗麻织成的衣服。"

孟子问:"许子戴帽子吗?"

陈相说:"戴帽子。"

孟子问:"许子戴什么帽子呢?"

陈相说:"白绸帽子。"

孟子问:"是自己织出来的吗?"

陈相说:"不是,是用粟米换的。"

孟子问:"许子为什么不自己去编织呢?"

陈相说:"因为怕妨碍农活。"

孟子问:"许子用瓦罐做饭,用铁器耕田吗?"

陈相说:"是的。"

孟子问:"是自己制作的吗?"

陈相说:"不是,是用粟米换的。"

孟子说:"用粟米来换机械用具,不是盘剥陶工、铁匠;铁匠、陶工用他们制作的器械来换粟米,难道就是盘剥农夫吗? 许子为何不自己制陶冶铁,样样东西都能从自家屋里取用? 为什么还要一一与各种工匠相交换呢? 为什么许子如此不厌其烦呢?"

陈相说:"各种工匠的工作,本来就不能与耕种庄稼同时进行。"

孟子说:"那么治理天下就能够与耕种庄稼同时进行吗? 有君主的事务,也有老百姓的事务。况且一个人身上所需的用品要靠各种工匠为他制备,如果一定要亲自去制作然后再使用,这是率领天下人疲于奔命。所以说:有的人劳心,有的人劳力;劳心者管理他人,劳力者被他人管理。被他人治理的人供养别人,治理他人的人被别人供养,这是天下普遍的道理。"

"在尧的时候,天下还不太平,洪水泛滥成灾,草木茂盛,鸟兽大量繁殖,庄稼歉收,禽兽危害百姓,禽兽踪迹遍布中原各地。尧为此忧虑,选拔舜来进行全面治理。舜命令伯益掌管火政,益便用烈火焚烧山野沼泽地带的草木,使鸟兽四处逃匿。禹疏浚九河,治理济水、漯水并引流入海;开掘汝水、汉水,疏通淮水、泗水,导流入江。这样,中原百姓才得以安居生息。那个时候,大禹在外奔波八年,三次经过家门都没有进去,即使想要亲自耕种土地,但这可能吗?"

"后稷教百姓种庄稼,培植五谷,庄稼熟后才能养育民众。人类有其生存规律,即使吃饱、穿暖、住得安逸,如果没有后天道德教化也和禽兽差不多。圣人为此感到忧虑,便派契担任司徒,用人与人之间的道德伦理来教导民众:父子之间有慈孝,君臣之间有仁义,夫妻之间内外有别,长幼之间尊卑有序,朋友之间有诚信。尧说:'慰劳他们,纠正他们,帮助他们,使他们各遂本性,随后再提高他们的道德水平。'圣人为老百姓操心到如此的地步,哪里还有空闲去耕种土地呢?"

"尧因为自己没有得到舜这样的人才而忧虑,舜因为没有得到大禹、皋陶这样的人才而忧虑。为未能管理好百亩之田而担忧的,是农夫。把财物分给他人叫做惠,用善德教育他人叫做忠,为天下民众找到贤才叫做仁义。因此,把天下让给他人容易,替天下寻觅人才就很难。孔子说:'尧作为君主,多么伟大啊! 唯有天最高大,唯有尧能够效法天,浩瀚啊,民众也无法形容! 真正的君主,是舜呀! 崇高啊! 拥有天下却不享用它。'尧舜治理天下,难道没有用心吗? 只是不用在耕作上罢了。"

"我只听说用中土华夏的文明风俗来改变蛮夷之地风俗的,未曾听说过被蛮夷风俗改变的。陈良是楚人,喜好周公、仲尼的学说。到北方的中土来学习,北方的学者没有一个能超过他,可以称得上是豪杰之士。你们兄弟侍奉他数十年,他死后你们却背叛了他。以前孔子逝世,弟子守孝三年之后,收拾行李将要各自回家。大家进屋与子贡揖别,相对而哭,泣不成声,然后才离开。子贡又返回墓地,在祭坛边筑室独自居住了三年,然后才回去。后来的某一天,子夏、子张、子游因为有若长得有点像孔夫子,想用侍奉孔子的礼节来侍奉他,并强求曾子也接受这一做法。曾子说:'不可以! 如同在江汉之水中洗濯过,在六月骄阳下曝晒过,老师人格的高洁他人无法超越。'如今许行这种说话如鸟叫般难懂的南蛮之人诘难先王之道,你们却违背老师教导去向他学习,与曾子言行相比真是大相径庭。我听说过鸟儿从幽暗的山谷飞往高大的树木,还没有听说过从高大的树木飞到幽暗的山谷。《鲁颂》说:'抗击戎狄,惩罚荆舒。'周公正要痛击他们,你们却向他们学习,真是变得每况愈下了。"

陈相说:"如果听从许子的学说,市场上的物价就没有差异,国内就没有弄虚作假的行为;即使是五尺高的孩童去市场,也没有人欺骗他。布匹丝绸的长短相同,价钱就一样;麻线丝锦的分量相同,价钱就一样;粟米谷物的多少相等,价钱就一样;鞋履的大小相同,价钱就相同。"

孟子说:"物品之间千差万别,这是物品本身的特性。有的相差一倍五倍,有的相差十倍百倍,有的相差千倍万倍。你把它们等同看待,这是在扰乱天下。质量粗糙的鞋与质量精细的鞋是一样的价格,人们怎么会接受呢? 听从许子的学说,去引导天下的人行骗,怎么能治理好国家呢?"

5.5 墨者夷之,因徐辟而求见孟子①。

孟子曰:"吾固愿见。今吾尚病,病愈,我且往见②。夷子不来!"

他日,又求见孟子。孟子曰:"吾今则可以见矣。不直③,则道不见④;我且直之。吾闻夷子墨者,墨之治丧也,以薄为其道也。夷子思以易天下⑤,岂以为非是而不贵也;然而夷子葬其亲厚,则是以所贱事亲也。"

徐子以告夷子。夷子曰:"儒者之道,古之人'若保赤子⑥',此言何谓也? 之则以为爱无差等,施由亲始⑦。"

徐子以告孟子。孟子曰:"夫夷子,信以为人之亲其兄之子⑧,为若亲其邻之赤子乎? 彼有取尔也。赤子匍匐将入井,非赤子之罪也。且天之生物也,使之一本,而夷子二

---

① 墨者:信奉墨家学说的人。夷之:当时的一位墨者,其人与事已不可详考。徐辟:孟子弟子。
② 朱子《集注》:"孟子称疾,疑亦托辞以观其意之诚否。"
③ 直:坦诚相告。朱子《集注》:"尽言以相正也。"
④ 见:通"现"。
⑤ 易:改变。
⑥ 若保赤子:出自《尚书·康诰》。赤子:婴儿。
⑦ 施:推行。
⑧ 信:真。

本故也①。盖上世尝有不葬其亲者。其亲死,则举而委之于
壑②。他日过之,狐狸食之,蝇蚋姑嘬之③。其颡有泚④,睨而
不视⑤。夫泚也,非为人泚,中心达于面目。盖归反虆梩而掩
之⑥,掩之诚是也,则孝子仁人之掩其亲,亦必有道矣。"

　　徐子以告夷子。夷子怃然为间曰⑦:"命之矣⑧!"

【解读】

　　墨家信徒夷之通过徐辟求见孟子。

　　孟子说:"我本来愿意见你,不过我现在有病在身。等痊愈之后,我
再去见他,他今天不必来了!"

　　过了些日子,夷之又求见孟子。

　　孟子说:"我今天可以见他了。话不直截了当地说,便说不清楚,我
就直截了当说吧。我听说夷子是墨家的信徒,墨家办理丧事,以俭约薄
葬为主。夷子想用他来改变天下的习俗,难道以为不薄葬就不值得称
道吗? 但是夷子却厚葬自己的父母,这是用他所鄙夷的方式来侍奉
父母。"

　　徐辟把孟子的话告诉夷子。

───────────────

　　① 一本、二本:历代对"一本、二本"解释不一,笔者认为朱子《集注》的诠释
比较确当:"孟子言人之爱其兄子与邻之子,本有差等。《书》之取譬,本为小民无
知而犯法,如赤子无知而入井耳。且人物之生,必各本于父母而无二,乃自然之
理,若天使之然也。故其爱由此立,而推以及人,自有差等。今如夷子之言,则
是视其父母本无异于路人,但其施之之序,姑自此始耳,非二本而何哉? 然其于
先后之间,犹知所择,则又其本心之明有终不得而息者,此其所以卒能受命而自
觉其非也。"
　　② 委:弃。壑:沟壑。
　　③ 蚋(ruì):体形似蝇的昆虫,喜吸吮人畜血。姑:吸。嘬(chuài):咬、吃。
　　④ 颡(sǎng):额头。泚(cǐ):出汗。
　　⑤ 睨:斜视。
　　⑥ 虆(léi):土筐。梩(lì):锹。
　　⑦ 怃然:茫然若失的样子。有间:停了片刻。
　　⑧ 命:领教。朱子《集注》:"言孟子已教我矣。盖因其本心之明,以攻其所
学之蔽,是以吾之言易入,而彼之惑易解也。"

夷子说:"按照儒家的学说,古时候对待民众如同爱护婴儿一般,这句话是什么意思呢? 我认为爱没有差等,只是从父母开始实施。"

徐辟把这些话又告诉了孟子。

孟子说:"夷子真以为人们爱护自己的侄子如同爱护邻居的婴儿吗? 他是有一定依据的:孩童爬着将要掉进井里,并不是孩童的罪过。(在这样的危急时刻,人人都会伸以援手,夷之以为这就说明爱无差等。)况且上天生养万物,使他们只有一个本源,而夷子却在本源之外另寻本源。上古时代曾经有不安葬自己父母的人,父母死了,就抬走丢到山沟里去。后来此人经过那里,看见狐狸正在啮食父母的尸体,蚊蝇也在叮咬着尸体。他的额头直冒冷汗,斜着眼不敢正视。这种汗水并不是流给别人看的,而是内心的悔恨之情在面貌上流露了出来。于是他立即回家取筐和锹,把尸体掩埋好。如果说掩埋尸体的行为是对的,那么仁人孝子按照礼节埋葬他的父母也必定有道理。"

徐子把这些话告诉了夷子,夷子茫然无措。隔了一会儿才说道:"我受到了教诲。"

卷六　滕文公章句下 凡十章

6.1　陈代曰①："不见诸侯,宜若小然②。今一见之,大则以王,小则以霸。且《志》曰:'枉尺而直寻③',宜若可为也。"

孟子曰:"昔齐景公田④,招虞人以旌⑤,不至,将杀之。志士不忘在沟壑,勇士不忘丧其元⑥。孔子奚取焉?取非其招不往也。如不待其招而往,何哉?且夫枉尺而直寻者,以利言也。如以利,则枉寻直尺而利,亦可为与?昔者赵简子使王良与嬖奚乘⑦,终日而不获一禽。嬖奚反命曰:'天下之贱工也⑧。'或以告王良。良曰:'请复之。'强而后可,一朝而获十禽。嬖奚反命曰:'天下之良工也。'简子曰:'我使掌与女乘⑨。'谓王良,良不可,曰:'吾为之范我驰驱⑩,终日不获一;为之诡遇⑪,一朝而获十。《诗》云⑫:"不失其驰,舍矢如破⑬。"我不贯与小

---

① 陈代:孟子弟子。
② 宜:王引之《经传释词》卷五曰:"宜,犹'殆'也。"小:小节。
③ 枉:屈。寻:八尺。朱子《集注》:"枉尺直寻,犹屈已一见诸侯,而可以致王霸,所屈者小,所伸者大也。"
④ 田:狩猎。
⑤ 虞人:看守苑囿的小史。旌:用彩色羽毛装饰的旗子。根据礼仪,以旌召唤大夫,以弓召唤士,以皮冠召唤虞人。齐景公不懂礼仪,所以虞人不听从召唤。
⑥ 元:头颅。
⑦ 赵简子:晋国正卿赵鞅。王良:古代驾车高手。嬖(bì):宠幸之臣。
⑧ 贱工:水平拙劣的工匠。
⑨ 掌:执掌。
⑩ 范:法、法度,名词动用。
⑪ 诡遇:指不按照驾车正法赶着车子去与禽兽相遇。
⑫ 《诗》云:出自《诗经·小雅·车攻》。
⑬ 舍:放射。如:通"而"。破:杀伤。赵岐《注》云:"言御者不失其驰驱之法,则射者必中之。顺毛而入,顺毛而出,一发贯臧,应矢而死者如破矣,此君子之射也。"

100

人乘①,请辞。'御者且羞与射者比②,比而得禽兽,虽若丘陵,弗为也。如枉道而从彼,何也? 且子过矣,枉己者,未有能直人者也。"

【解读】

陈代说:"不去谒见诸侯,似乎气量小了些;现在如果去拜见,大则可以称王天下,小则可以称霸诸侯。而且《志》上说:'屈曲一尺而伸直八尺',因此见一见也无妨。"

孟子说:"从前齐景公打猎,用旌旗传唤虞人。虞人不去,景公要处死他。志士不怕弃尸山谷,勇士不怕丧失头颅。孔子赞赏他什么呢? 是赞赏虞人对不符合礼仪的传唤不应承。要是不待传唤就去应承,那算什么呢? 所谓'屈曲一尺而伸直八尺',是从利益的角度来讲的。要说利,如果屈曲八尺而伸直一尺有利,也可以去做吗? 从前赵简子派王良为他宠幸的小臣奚驾车去打猎,整日打不到一只鸟。奚向赵简子报告说:'王良是个拙劣的驾车人。'有人把这话告诉了王良,王良说:'让我再试一次。'经过强求之后才获允准,结果一个早上就捕到了十只鸟。奚向赵简子报告说:'王良是天下最优秀的驾车人。'简子说:'我安排他专门替你驾车。'此话也告诉了王良。王良不同意,说:'我为他依规矩驾车,整天打不着一只鸟;不按规矩驾车,一个早晨便打中了十只鸟。《诗》说:'不违反规矩驾车,箭一发出便能射中。'我不习惯给小人驾车,请允许我辞掉这个差使。驾车的人尚且羞于与这样的射手合作,即使合作所捕得的鸟兽堆得像山丘一样高,也不肯做。如果违背正道去迎合诸侯,那算什么呢? 而且你错了,自己不正直的人,无法使别人正直。"

---

① 贯:同"惯",习惯。
② 比:合、合作、同力。

6.2　景春曰①:"公孙衍、张仪岂不诚大丈夫哉②? 一怒而诸侯惧,安居而天下熄③。"

孟子曰:"是焉得为大丈夫乎? 子未学礼乎? 丈夫之冠也④,父命之⑤;女子之嫁也,母命之,往送之门,戒之曰:'往之女家⑥,必敬必戒,无违夫子!'以顺为正者,妾妇之道也。居天下之广居⑦,立天下之正位⑧,行天下之大道⑨。得志与民由之⑩,不得志独行其道。富贵不能淫⑪,贫贱不能移⑫,威武不能屈⑬。此之谓大丈夫。"

【解读】

景春说:"公孙衍、张仪难道不是真正的大丈夫吗? 他们愤怒的时候,诸侯都畏惧;安静的时候,天下便太平。"

孟子说:"这种人怎么能叫大丈夫呢? 你没有学过礼吗? 男子举行冠礼的时候,父亲给予训导。女子出嫁的时候,母亲给予训导。送她到门口,母亲告诫她说:'到了丈夫家,一定要恭顺,要小心谨慎,不要违背丈夫意志。'以顺从为最大原则,这是为妇之道。男子应该居住在天下

---

① 景春:战国时代纵横家。
② 公孙衍、张仪:战国时代著名纵横家,俩人皆是魏国人。
③ 熄:战火熄灭。
④ 冠(guàn):行冠礼,古时男子年二十行冠礼。据《礼记·冠义》记载:"古者冠礼,筮日筮宾,所以敬冠事。敬冠事所以重礼,重礼所以为国本也。故冠于阼,以著代也。醮于客位,三加弥尊,加有成也;已冠而字之,成人之道也。见于母,母拜之;见于兄弟,兄弟拜之,成人而与为礼也。"
⑤ 父命之:由父亲主持行冠礼。
⑥ 女:通"汝"。
⑦ 广居:大房子,此处比喻为仁。
⑧ 正位:比喻为礼。
⑨ 大道:比喻为义。
⑩ 与民由之:朱子《集注》:"推其所得于人也。"
⑪ 淫:无节制。赵岐《注》云:"淫,乱其心也。"朱子《集注》:"荡其心也。"
⑫ 移:变节。朱子《集注》:"变其节也。"
⑬ 屈:屈服。朱子《集注》:"挫其志也。"

最宽广的住宅里,站在天下最正确的位置,走在天下最光明的道路上。得志的时候,携同百姓循着大道前进;不得志的时候,也要独自走在这条正道上。富贵不能动摇他的心志,贫贱不能改变他的操守,威逼不能挫败他的品节,这才叫大丈夫。"

6.3　周霄问曰①:"古之君子仕乎?"孟子曰:"仕。《传》曰:'孔子三月无君,则皇皇如也②。出疆必载质③。'公明仪曰:'古之人三月无君则吊④。'"

"三月无君则吊,不以急乎?"

曰:"士之失位也,犹诸侯之失国家也。《礼》曰:'诸侯耕助,以供粢盛⑤。夫人蚕缫⑥,以为衣服。牺牲不成⑦,粢盛不洁,衣服不备,不敢以祭。惟士无田,则亦不祭。牲杀器皿、衣服不备,不敢以祭,则不敢以宴,亦不足吊乎?"

"出疆必载质,何也?"

曰:"士之仕也,犹农夫之耕也。农夫岂为出疆舍其耒耜哉?"

曰:"晋国亦仕国也⑧,未尝闻仕如此其急。仕如此其急也,君子之难仕,何也?"

曰:"丈夫生而愿为之有室,女子生而愿为之有家⑨。父

---

① 周霄:魏国人。
② 皇皇:惊惶不安。
③ 质:通"挚"、"贽",初次见面所带的礼物。赵岐《注》曰:"质,臣所执以见君者也。"
④ 吊:怜悯、伤痛。
⑤ 粢盛(zī chéng):盛于器皿中用来供神的谷物。
⑥ 蚕缫(sāo):养蚕抽茧出丝。
⑦ 牺牲:祭祀所杀的牛羊猪等牲畜,也叫"牲杀"。
⑧ 仕国:君子游宦之国。
⑨ 朱子《集注》:"男以女为室,女以男为家。"

母之心,人皆有之。不待父母之命、媒妁之言①,钻穴隙相窥,逾墙相从,则父母国人皆贱之。古之人未尝不欲仕也,又恶不由其道。不由其道而往者,与钻穴隙之类也。"

【解读】

周霄问:"古代的君子出仕吗?"

孟子说:"出仕。《传》说:'孔子如果三个月没有被君主任用,就会有所不安。所以,每离开一个国家,必定带着拜见另一个国家君主的礼物。'公明仪说:'古代的士人如果连续三个月没有被君主任用,就会得到他人的安慰。'"

周霄说:"三个月没有被君主任用就感到不安,是不是有点太性急了?"

孟子说:"士人失去职位犹如诸侯失去国家。《礼》说:'诸侯亲自耕作农田;他的夫人亲自养蚕,用以制作衣服。祭祀用的牛羊不肥壮,食品不洁净,礼服不完备,不敢用来祭祀。'士人(失掉了官位就)没有了田地,那也就不能祭祀。牺牲、祭器、祭服不完备,不敢去祭祀,也就不能举行宴会,难道不足以令人感到悲伤吗?"

周霄说:"每离开一个国家,必定带着拜见另一个国家君主的礼物,这是为什么呢?"

孟子说:"士人做官,犹如农夫耕田。农夫难道会因为离开一块土地而舍弃自己的农具吗?"

周霄说:"晋国也是一个可以出仕的国家,未曾听说过出仕如此性急的。君子出仕如此急迫,却又不轻易出仕,这又是为什么呢?"

---

① 媒妁之言:根据《礼记·昏义》的记载,比较完整规范的婚姻礼仪——"六礼"包含六个阶段:纳采、问名、纳吉、纳征、请期、亲迎。《诗经·齐风·南山》云:"娶妻如之何,必告父母。"《礼记·曲礼上》云:"男女非有行媒,不相知名。"《管子·形势解》又云:"妇人之求夫家也,必用媒,而后家事成。"《白虎通疏证·嫁娶》云:"男不自专娶,女不自专嫁,必由父母,须媒何? 远耻防淫佚也。"

孟子说:"男孩子一生下来,父母就希望为他找到妻室;女孩子一生下来,父母就希望为他找到夫家。做父母的,都有这种心思。但是,如果不等父母的同意,没有媒人的介绍,自己便钻墙洞扒门缝互相偷窥,甚至翻墙私会,那么父母和其他人都会蔑视他们。古代的士人没有不想做官的,但是又厌恶不通过正道来做官。不通过正道出仕的行径,如同男女钻洞翻墙一样。"

6.4　彭更问曰①:"后车数十乘②,从者数百人,以传食于诸侯③,不以泰乎④?"

孟子曰:"非其道,则一箪食不可受于人。如其道,则舜受尧之天下,不以为泰。子以为泰乎?"

曰:"否。士无事而食⑤,不可也。"

曰:"子不通功易事⑥,以羡补不足⑦,则农有余粟,女有余布。子如通之,则梓匠轮舆皆得食于子⑧。于此有人焉,入则孝,出则悌,守先王之道,以待后之学者,而不得食于子。子何尊梓匠轮舆而轻为仁义者哉?"

曰:"梓匠轮舆,其志将以求食也;君子之为道也,其志亦将以求食与?"

曰:"子何以其志为哉? 其有功于子,可食而食之矣。且子食志乎⑨? 食功乎?"

---

①　彭更:孟子弟子。
②　后车:跟从的车子。
③　传食:转食,连续住在诸侯国客馆并接受他们的款待。
④　泰:侈、奢侈。
⑤　事:事功。
⑥　通功易事:社会不同行业之间交换产品。
⑦　羡:多余。
⑧　梓匠:木工。轮舆:制车之工。
⑨　志:动机。《墨子·鲁问》提出"合其志功而观焉"的"志功统一"说,认为动机和效果不可偏废。

曰:"食志。"

曰:"有人于此,毁瓦画墁①,其志将以求食也,则子食之乎?"

曰:"否。"

曰:"然则子非食志也,食功也。"

【解读】

彭更问:"后面跟着几十辆车,身边跟随着几百个人,从这一国到那一国,不也太过分了吗?"

孟子答道:"如果不合乎正道,连一碗饭都不能受之于人;合乎正道,即便舜接受了尧的天下,都不算过分。你觉得过分吗?"

彭更说:"不,我只是觉得士人无所事事,却又接受别人的食禄,这是不对的。"

孟子说:"如果你不互通各人的劳动成果,不交换各行各业的产品,不用多余的来弥补不足的,就会使农民有多余的粮食,女子有多余的布匹;如果互通有无,那么木匠、车工就能够从你那里获得食物。现在有这么一种人,在家孝顺,出外友爱,恪守祖先的规矩,并以此扶持奖掖后辈,却不能从你这里得到食物。你为什么看重工匠却轻视施行仁义的人呢?"

彭更说:"木工车匠,他们的动机就是求食。君子践行仁义之道,他们的动机也是混口饭吃吗?"

孟子说:"你为什么要谈论动机呢?他们对你有功绩,能够给他们吃的,便给他们。再说你是根据动机给他们饭吃呢?还是论功劳给他们饭吃呢?"

彭更说:"根据动机。"

---

① 画墁(màn):毁坏新粉饰的墙壁。画,通"划"。墁:本义为粉饰墙壁的工具。

孟子说:"如果有个匠人,他把屋瓦打碎,在刚刚粉刷的墙壁上乱抹乱涂,但他的动机是求取食物,那么你会给他食物吗?"

彭更说:"不给。"

孟子说:"既然这样,你就不是根据动机,而是依据功绩给人饭吃。"

6.5　万章问曰①:"宋,小国也,今将行王政,齐、楚恶而伐之②,则如之何?"

孟子曰:"汤居亳③,与葛为邻④,葛伯放而不祀⑤。汤使人问之曰:'何为不祀?',曰:'无以供牺牲也。'汤使遗之牛羊。葛伯食之,又不以祀。汤又使人问之曰:'何为不祀?'曰:'无以供粢盛也。'汤使亳众往为之耕,老弱馈食⑥。葛伯率其民,要其有酒食黍稻者夺之⑦,不授者杀之。有童子以黍肉饷⑧,杀而夺之。《书》曰:'葛伯仇饷⑨。'此之谓也。为其杀是童子而征之,四海之内皆曰:'非富天下也⑩,为匹夫匹妇复仇也。''汤始征,自葛载⑪。'十一征而无敌于天下。东面而征,西夷

---

①　万章:孟子弟子。

②　恶:憎恨。据《史记·宋微子世家》记载,"君偃十一年,自立为王。东败齐,取五城;南败楚,取地三百里;西败魏军。乃与齐、魏为敌国。盛血以韦囊,县而射之,命曰'射天'。淫于酒、妇人。群臣谏者辄射之。于是诸侯皆曰'桀宋'。宋其复为纣所为,不可不诛'。告齐伐宋。王偃立四十七年,齐湣王与魏、楚伐宋,杀王偃,遂灭宋而三分其地。"根据史料记载,宋并非亡于行仁政,而是宋攻打齐、楚而亡。因此,万章的提问仅仅是一假设,并非对史实的描述。

③　亳(bó):在今河南省商丘一带。

④　葛:古国名,嬴姓,古城在今河南省宁陵县境内。朱子《集注》曰:"葛,国名。伯,爵也。放而不祀,放纵无道,不祀先祖也。"

⑤　放:放纵、放纵无道。

⑥　馈:送。

⑦　要:拦截。

⑧　饷:送的食物。

⑨　仇饷:与送饭者为仇。

⑩　非富天下也:不是因为贪图天下的财富。

⑪　载:开始。

怨。南面而征，北狄怨，曰：'奚为后我？'民之望之，若大旱之望雨也。归市者弗止，芸者不变，诛其君，吊其民，如时雨降。民大悦。《书》曰：'徯我后，后来其无罚！''有攸不惟臣①，东征，绥厥士女②。匪厥玄黄③，绍我周王见休④，惟臣附于大邑周⑤。'其君子实玄黄于匪以迎其君子，其小人箪食壶浆以迎其小人。救民于水火之中，取其残而已矣⑥。《太誓》曰⑦：'我武惟扬，侵于之疆⑧，则取于残，杀伐用张⑨，于汤有光⑩。'不行王政云尔；苟行王政，四海之内皆举首而望之，欲以为君。齐、楚虽大，何畏焉？"

【解读】

万章问："宋国是个小国，如今将要施行王政。齐、楚两个国家因为憎恨宋国行王政，准备出兵攻打宋国。该如何是好呢？"

孟子说："从前汤居住在亳地，同葛国是邻国。葛伯放肆不守礼法，而且不祭祀鬼神。汤派人去问：'为什么不祭祀？'葛伯答道：'没有祭祀用的牛羊'。汤于是派人送给他牛羊，葛伯把牛羊吃了，还是不祭祀。汤又派人问他：'为什么不祭祀？'葛伯答道：'没有祭祀用的谷物。'汤于是派亳地的民众去为他耕田，年老体弱的人给他们送饭。葛伯率领他的百姓，抢夺那些送饭的人的酒与稻米，不服从的就杀了他们。有个小

---

① 攸：古国名。
② 绥：安抚。厥：其，人称代词。士女：男女（平民百姓）。
③ 匪：同"篚"，竹筐。玄黄：黑色和黄色的丝织品。
④ 绍：继承。休：美好。
⑤ 大邑周：对周的尊称。
⑥ 残：残害。
⑦ 《太誓》：《泰誓》是古文《尚书》篇名，现已佚失。梅赜伪古文《尚书》将这几句话采入《泰誓》中。
⑧ 于：通"越"，越过。另一说"于"通"邘"，古国名。
⑨ 张：开、设。
⑩ 光：荣光。

孩子带着米饭与肉，葛伯竟然杀害他并抢走了饭和肉。《书》说：'葛伯仇视送饭者。'说的就是这件事。成汤因为葛伯杀害送饭的孩童而讨伐他，普天下的人都说：'汤伐葛不是贪图天下财物，而是为老百姓复仇。'成汤的征讨从葛国开始，征战十一次而无敌于天下。向东征讨，西方的老百姓就埋怨；向南征讨，北方的狄人就埋怨，都说：'为什么把我落在后面？'老百姓对他的盼望犹如大旱盼望下雨一样。汤所到之处，赶集的不停止买卖，种田的不改变耕作。诛杀了残暴的君主，抚慰那里的百姓，如同及时降下的甘霖一样，老百姓非常高兴。《书》说：'等待我们的圣王，他来了我们便不用受罪了！'又说：'攸国助纣为虐不肯服从，周王向东征讨它，安抚那里的百姓。人们用竹筐装着黑色、黄色的丝帛迎接周王，愿意侍奉周王并享受他的恩泽，称臣归附于大周。'那里的官员用黑色、黄色的丝帛装满竹筐迎接周王，那里的老百姓用筐装着饭与酒来迎接周王的战士。周王把那里的民众从水深火热之中拯救出来，除掉了残暴的君主。《太誓》说：'把我军的威武发扬起来，攻入他们的国土，除掉残暴的君主，杀伐的功绩传扬四方，比成汤的功业还要辉煌。'不施行王政便罢了，倘若一旦施行王政，四海之内的老百姓都翘首企盼，想让他成为君王。齐国、楚国虽然强大，又有什么可怕的呢？"

6.6　孟子谓戴不胜曰①："子欲子之王之善与？我明告子。有楚大夫于此，欲其子之齐语也②，则使齐人傅诸③？使楚人傅诸？"

曰："使齐人傅之。"

曰："一齐人傅之，众楚人咻之④，虽日挞而求其齐也⑤，不

①　戴不胜：宋国的大臣。
②　之齐语：学说齐国话。
③　傅：教。
④　咻(xiū)：喧哗干扰。
⑤　挞：抽打。

可得矣。引而置之庄、岳之间数年①,虽日挞而求其楚,亦不可得矣。子谓薛居州②,善士也,使之居于王所。在于王所者,长幼卑尊,皆薛居州也,王谁与为不善? 在王所者,长幼卑尊,皆非薛居州也,王谁与为善? 一薛居州,独如宋王何③?"

【解读】

孟子对戴不胜说:"你希望你的君王向善吗? 我明确告诉你。假如这里有一位楚国的大夫,想要他的儿子学习齐国的语言。那么他应该选择齐国人教他呢? 还是让楚国人教他?"

戴不胜答:"让齐国人教他。"

孟子说:"如果一个齐国人教他,却有众多的楚国人在旁边喧哗。纵使每天鞭打他,逼迫他说齐国的语言,也是做不到的。假如带他到临淄的闹市里住上几年,即使每天责打他,强求他说楚国的语言,也是做不到的。你说薛居州是个好人,让他住在王宫中陪伴君王。如果住在王宫里的人,不论年纪大小、地位高低,都像薛居州那样仁善,那么君王能和谁一起做坏事呢? 如果住在王宫里的人,不论年纪大小、地位高低,都不像薛居州那样仁善,那么君王又能和谁一起做好事呢? 单单一个薛居州,能把宋王怎么样呢?"

6.7 公孙丑问曰:"不见诸侯何义?"

孟子曰:"古者不为臣不见。段干木逾垣而辟之④,泄柳闭门而不内⑤,是皆已甚⑥。迫,斯可以见矣。阳货欲见孔子

---

① 庄、岳:齐国街、里名。
② 薛居州:宋国的大臣。
③ 独:将。朱子《集注》:"言小人众而君子独,无以成正君之功。"
④ 段干木:古代隐逸之士。辟:同"避",躲避。
⑤ 泄柳:古代隐逸之士。内:一作"纳",义同。
⑥ 已甚:过分。

而恶无礼,大夫有赐于士,不得受于其家,则往拜其门。阳货瞰孔子之亡也①,而馈孔子蒸豚。孔子亦瞰其亡也,而往拜之。当是时,阳货先,岂得不见②? 曾子曰:'胁肩谄笑③,病于夏畦④。'子路曰:'未同而言,观其色赧赧然⑤,非由之所知也⑥。'由是观之,则君子之所养可知已矣。"

【解读】

公孙丑问道:"不主动去见诸侯,这是什么道理?"

孟子说:"古时候,如果不是臣属,便不去拜见国君。段干木越墙躲避魏文侯的来访,泄柳关门拒绝鲁穆公,这些做法都太过分了。如果对方求见很迫切,是可以见的。从前阳货想见孔子,又厌恶别人说他无礼。按照礼的规定,大夫对士有所赏赐,士因故不能在家接受礼物,事后就应该亲自去大夫家拜谢。于是,阳货趁孔子不在家的时候,送给孔子一只蒸乳猪。孔子也趁阳货不在家的时候,前去拜谢。那时,如果阳货先去拜访,孔子怎么会不见他呢? 曾子说:'耸肩做出讨好的笑脸,这比夏天在菜地里劳作还要累。'子路说:'道不同,还要勉强与他人交谈,脸上显出羞惭之色,我不理解这一套做法。'由此可见,君子应该知道如何修养品德了。"

6.8　戴盈之曰⑦:"什一,去关市之征⑧,今兹未能⑨。请

---

① 瞰:窥探。事见《论语·阳货》篇。
② 岂得不见:朱子《集注》:"阳货于鲁为大夫,孔子为士。故以此物及其不在而馈之,欲其来拜而见之也。"
③ 胁肩:耸肩。谄笑:媚悦之颜。"胁肩谄笑"都是小人献媚之态。
④ 病:辛苦。夏畦:酷夏时节耕田种地。
⑤ 赧赧(nán):因羞愧而脸红。
⑥ 由:子路之名。朱子《集注》:"言非己所知,甚恶之之辞也。"
⑦ 戴盈之:宋国大夫。
⑧ 去:免除。
⑨ 兹:则,借字。

111

轻之,以待来年,然后已①,何如?"

孟子曰:"今有人日攘其邻之鸡者②,或告之曰:'是非君子之道。'曰:'请损之③,月攘一鸡,以待来年,然后已。'如知其非义,斯速已矣,何待来年?"

【解读】

戴盈之说:"税率十分抽一,免除关卡、市场的征税,今年还办不到。先减轻一部分,等到来年再彻底施行,怎么样?"

孟子说:"假如有个人每天偷他邻居家的鸡,有人告诉他说:'这不是君子的行为!'那人说:'我先少偷些,每月偷一只,等到明年再完全改正。'如果知道这样做不符合正道,就应该赶快改正,为什么还要等到明年呢?"

6.9 公都子曰④:"外人皆称夫子好辩,敢问何也?"

孟子曰:"予岂好辩哉!予不得已也。天下之生久矣,一治一乱。当尧之时,水逆行,泛滥于中国。蛇龙居之,民无所定。下者为巢,上者为营窟⑤。《书》曰⑥:'洚水警余⑦。'洚水者,洪水也。使禹治之,禹掘地而注之海,驱蛇龙而放之菹⑧。水由地中行,江、淮、河、汉是也。险阻既远,鸟兽之害人者消,然后人得平土而居之。

---

① 已:止、停止。
② 攘:偷窃。
③ 损:减少。
④ 公都子:孟子弟子。
⑤ 营窟:在悬崖上开凿洞窟。
⑥ 《书》曰:《尚书》逸篇,伪古文《尚书》将其采入《大禹谟》。
⑦ 洚水:洪水。洚:河流冲出河道。《说文》云:"洚,水不遵道。"警:告诫、谴告。
⑧ 菹(jù):水草丰茂的沼泽地。

"尧、舜既没，圣人之道衰，暴君代作①，坏宫室以为污池②，民无所安息。弃田以为园囿，使民不得衣食。邪说暴行又作，园囿、污池、沛泽多而禽兽至③。及纣之身，天下又大乱。周公相武王④，诛纣伐奄⑤，三年讨其君，驱飞廉于海隅而戮之⑥。灭国者五十，驱虎、豹、犀、象而远之。天下大悦。《书》曰⑦：'丕显哉⑧，文王谟⑨！丕承哉⑩，武王烈⑪！佑启我后人⑫，咸以正无缺⑬。'世衰道微，邪说暴行有作，臣弑其君者有之，子弑其父者有之。孔子惧，作《春秋》。《春秋》，天子之事也⑭。是故孔子曰：'知我者，其惟《春秋》乎！罪我者，其惟《春秋》乎！'

"圣王不作，诸侯放恣⑮，处士横议⑯，杨朱⑰、墨翟之言盈天下。天下之言，不归杨，则归墨。杨氏为我，是无君也；墨氏兼爱，是无父也。无父无君，是禽兽也⑱。公明仪曰：'庖有肥

---

① 代作：代有兴起。
② 污池：深池。
③ 沛泽：草木丛生的沼泽。
④ 相：辅佐。
⑤ 奄：殷商的附属国，故地在今山东省曲阜市。
⑥ 飞廉：也作"蜚廉"，商纣王的佞臣。海隅：海滨。
⑦ 《书》曰：《尚书》逸篇，伪古文《尚书》将其采入《君牙》。
⑧ 丕：大。显：明。
⑨ 谟：谋略。
⑩ 承：继承。
⑪ 烈：功绩。
⑫ 佑：保佑。启：开创。
⑬ 咸：都。正无缺：正确无差错。
⑭ 天子之事：《春秋》倡导尊王攘夷，故谓该书所记为"天子之事"。
⑮ 恣：纵、放纵无礼。
⑯ 处士：未出仕的士人。横议：自由散漫地议论。焦循《正义》云："按纵则顺，横则逆，故政之不顺者为横政，行之不顺者为横行，则议之不顺者为横议。"
⑰ 杨朱：战国初期思想家，主张为我、贵生、重己。
⑱ 无父无君，是禽兽也：朱子《集注》："杨朱但知爱身，而不复知有致身之义，故无君。墨子爱无差等，而视其至亲无异众人，故无父。无父无君，则人道灭绝，是亦禽兽而已。"

肉,厩有肥马,民有饥色,野有饿莩,此率兽而食人也。'杨、墨之道不息,孔子之道不著,是邪说诬民,充塞仁义也。仁义充塞,则率兽食人,人将相食。吾为此惧,闲先圣之道①,距杨、墨②,放淫辞③,邪说者不得作。作于其心,害于其事;作于其事,害于其政。圣人复起,不易吾言矣。

"昔者禹抑洪水而天下平,周公兼夷狄、驱猛兽而百姓宁,孔子成《春秋》而乱臣贼子惧。《诗》云④:'戎狄是膺⑤,荆、舒是惩。则莫我敢承⑥。'无父无君,是周公所膺也。我亦欲正人心,息邪说,距诐行⑦,放淫辞,以承三圣者⑧。岂好辩哉?予不得已也。能言距杨、墨者,圣人之徒也。"

【解读】

公都子说:"别人都说先生喜好辩论,请问这是为什么呢?"

孟子说:"我好辩吗?我是不得已而为之。人类诞生很久了,时而太平,时而混乱。在尧帝的时候,洪水泛滥,大地成了蛇与龙的居所,人们无处安身。住在低处的人在树上筑巢,住在高处的人挖洞穴而居。《书》说:'洚水警示我们。'洚水,就是洪水。尧派禹去治理洪水。大禹开挖河道,引水入海,把蛇龙驱赶到沼泽地。水沿着地上的河道流动,

---

① 闲:木栅栏,引申为捍卫。历来对"闲"之训释多有疑义,赵岐训为"习也。"焦循赞同赵岐观点,并进一步指出,"孟子与杨墨辨,必原本于习先圣之道;习先圣之道,即讲习《六经》,不空凭心悟也。赵氏训闲为习,其义精矣。""习"之本意是小鸟屡次拍着翅膀练习飞翔,可引申为践行、张扬、宣讲。朱子《集注》则认为:"闲,卫也"。
② 距:通"拒",排斥。
③ 放:驳斥。
④ 《诗》云:此处诗句引自《诗经·鲁颂·闷宫》。
⑤ 膺:征伐。
⑥ 承:抵御。
⑦ 诐(bì)行:邪僻的言行。
⑧ 三圣:大禹、周公、孔子。

形成了长江、淮河、黄河、汉水。水患消除后,鸟兽不再危害人类,人们才得以在陆地上安居。"

"尧、舜去世后,圣人之道逐渐衰微。暴君接连出现,他们毁坏民宅来做深池,使百姓们无处安身;破坏农田来做园林,使百姓们得不到衣服和食物。荒谬的学说、残暴的行为又横行于世,园林、沼泽也多了起来,各种飞禽走兽纷纷而至。等到商纣王的时候,天下再次大乱。周公帮助武王诛杀纣王,讨伐奄国;用了三年时间来讨伐暴君,把飞廉驱赶到大海的一角并且处死他;灭掉的国家有五十个,把虎、豹、犀、象驱赶到远方,天下的民众都兴高采烈。《书》说:'多么辉煌伟大啊,文王的谋略! 后继有人啊,武王的功烈! 为后代开创了伟大的事业,让我们走上正道而没有丝毫的偏差。'"

"世道衰微,荒谬的学说和残暴的行为就会产生,有臣子杀害他们的君主的,也有儿子杀害他们的父亲的。孔子对此感到忧惧,于是编写了《春秋》。《春秋》记载的是君王的事情,因此孔子说:'了解我的就因《春秋》这部书吧! 责备我的也因《春秋》这部书吧'。"

"圣王不再出现,诸侯不守礼义,士人横加议论,杨朱、墨翟的言论遍及天下。天下的言论不归属于杨朱一派,便归属于墨家一派。杨朱主张为我,这是目无君上;墨家主张兼爱,这是心无父兄。目无君上,心无父兄,那就和禽兽没有区别。公明仪说:'厨房里有肥肉,马厩里有良马,老百姓脸上却有饥色,野外躺着饿死的尸体,这等同于率领禽兽来吃人。'杨墨的学说不止息,孔子的学说不发扬光大,这会使荒谬的学说不断欺骗百姓,阻塞仁义之路。仁义的道路被阻塞,也就等于率领禽兽来吃人,人们也将互相残杀。我对此深感忧虑,于是挺身而出捍卫圣人的思想,抵制杨墨的学说,驳斥错误的言论,使发表荒谬议论的人不得放肆。那些荒谬的学说从心里产生出来,便会危害他们的事业;危害了事业,就会危害国政。即使圣人再度出现,也不会反对我的言论。"

"大禹治服了洪水,天下得以太平;周公兼并了夷狄、驱走了猛兽,百姓得以安宁;孔子编写了《春秋》,叛乱之臣、不孝之子有所畏惧。

《诗》说:'痛击戎狄,严惩荆舒,就没有人敢抗拒我了。'目无父兄、君主,这是周公所要痛击的。我也想端正人心,熄灭邪说,抵制偏激的行为,驳斥荒谬的言论,以此来继承三位圣人的事业。这难道是喜欢辩论吗? 我是不得已而为之。能够抵制杨、墨学说的人,就是圣人的门徒。"

6.10　匡章曰①:"陈仲子岂不诚廉士哉②? 居於陵③,三日不食,耳无闻,目无见也。井上有李,蟠食实者过半矣④。匍匐往将食之⑤,三咽然后耳有闻,目有见。"

孟子曰:"于齐国之士,吾必以仲子为巨擘焉⑥。虽然,仲子恶能廉? 充仲子之操⑦,则蚓而后可者也。夫蚓,上食槁壤⑧,下饮黄泉。仲子所居之室,伯夷之所筑与? 抑亦盗跖之所筑与⑨? 所食之粟,伯夷之所树与? 抑亦盗跖之所树与? 是未可知也。"

曰:"是何伤哉? 彼身织屦,妻辟纑⑩,以易之也。"

曰:"仲子,齐之世家也。兄戴,盖禄万钟⑪。以兄之禄为不义之禄而不食也,以兄之室为不义之室而不居也,辟兄离

---

① 匡章:齐国人,在齐威王和宣王时代担任过将军,事见《战国策》和《吕氏春秋》。
② 陈仲子:也称"田仲",齐国人。刘向《说苑·说丛》释"廉士":"义士不欺心,廉士不妄取"。
③ 於(wū)陵:地名,在今山东省邹平市境内。
④ 蟠:金龟子的幼虫。
⑤ 将:取。
⑥ 巨擘(bò):大拇指,引申为杰出人士。
⑦ 充:完全做到。
⑧ 槁壤:干土。
⑨ 盗跖:春秋时期有名的大盗。
⑩ 辟:绩麻。纑(lú):练麻,漂洗麻线。
⑪ 盖:陈仲子的采邑,故地在今山东省沂水县一带。

母①,处于於陵。他日归,则有馈其兄生鹅者,己频顣曰②:'恶用是鶂鶂者为哉③?'他日,其母杀是鹅也,与之食之。其兄自外至,曰:'是鶂鶂之肉也。'出而哇之④。以母则不食,以妻则食之;以兄之室则弗居,以於陵则居之。是尚为能充其类也乎?若仲子者,蚓而后充其操者也。"

【解读】

匡章说:"陈仲子难道不是真正的廉洁之士吗? 他居住在於陵,三天没有吃东西,耳朵听不见了,眼睛也看不见了。井边有颗李子,被金龟子吃去了大半个,他爬过去,拿起来吃了三口,耳朵才能听得见声音,眼睛才能看得见东西。"

孟子说:"在齐国士人中间,我把仲子看作是首屈一指的人物。即使如此,仲子怎么能算是廉洁之人呢? 要完全达到仲子的节操,恐怕只有把人变成蚯蚓才能做到。蚯蚓吞食地面上的黄土,饮用地下的泉水。仲子居住的房屋,是伯夷建造的? 还是盗跖建造的呢? 他吃的粮食,是伯夷种植的? 还是盗跖种植的呢? 这就无法得知了。"

匡章说:"这有什么关系呢? 他亲自编草鞋,他的妻子纺麻线,用这些换取所需的房子和食物。"

孟子说:"仲子是齐国的世家大族,他的兄长陈戴从盖邑获取的俸禄多达万钟。仲子认为兄长的俸禄是不义之财而不肯用,认为兄长的房子不合道义而拒绝居住。他避开了兄长,离开了母亲,自己躲到於陵居住。有一天回家,有人送给他哥哥一只活鹅,他皱着眉头说:'要这种嘎嘎叫的东西做什么?'过了几天,他母亲杀了这只鹅给他吃。他兄长刚好从外面回来,对他说:'这就是那只嘎嘎叫的东西的肉。'他便跑了

---

① 辟:通"避",躲避。
② 频顣:同"颦蹙",愁眉不展。
③ 鶂鶂(yì):鹅的叫声。
④ 哇:呕吐。

出去,把吃进肚子里的鹅肉又吐了出来。母亲做的食物不吃,妻子做的食物才吃;兄长的房屋不住,於陵就可以住。这是可以效法的廉洁典范吗?要像仲子这样生活,只有将人变成蚯蚓才能完全做到。"

卷七　离娄章句上　凡二十八章

7.1　孟子曰:"离娄之明①,公输子之巧②,不以规矩③,不能成方员;师旷之聪④,不以六律⑤,不能正五音⑥;尧、舜之道,不以仁政,不能平治天下。今有仁心仁闻而民不被其泽⑦,不可法于后世者,不行先王之道也。故曰,徒善不足以为政⑧,徒法不能以自行。《诗》云⑨:'不愆不忘⑩,率由旧章⑪。'遵先王之法而过者,未之有也。圣人既竭目力焉,继之以规矩准绳,以为方员平直,不可胜用也;既竭耳力焉,继之以六律,正五音,不可胜用也;既竭心思焉,继之以不忍人之政,而仁覆天下矣⑫。故曰,为高必因丘陵⑬,为下必因川泽。为政不因先王之道,可谓智乎? 是以惟仁者宜在高位。不仁而在高位,是播其恶于众也。上无道揆也⑭,下无法守

---

① 离娄:亦称"离朱",传说是黄帝时代的人,能在百米之外察见秋毫之末。
② 公输子:名班,鲁国人,故俗称鲁班,春秋时代著名巧匠。
③ 规:圆规,画圆的工具。矩:曲尺,画方的工具。
④ 师旷:春秋时期晋国的著名乐师。
⑤ 六律:古代定音律管。一套律管共有十二个,单数六管"黄钟、太簇、姑洗、蕤宾、夷则、无射"为"阳律",简称"律";双数六管"大吕、夹钟、仲吕、林钟、南吕、应钟"为"阴吕",简称"吕"。
⑥ 五音:古代以宫、商、角、徵、羽为五个音阶,称五音或五声。
⑦ 闻:声闻、声誉。
⑧ 徒:仅有。善:仁义之心。
⑨ 《诗》云:此处诗句引自《诗·大雅·假乐》。
⑩ 愆(qiān):过失、偏离正道。
⑪ 率:因循。
⑫ 覆:遍布。
⑬ 因:凭借。
⑭ 道揆(kuí):以道义为标准度量。

也,朝不信道①,工不信度,君子犯义,小人犯刑,国之所存者幸也②。故曰:城郭不完③,兵甲不多,非国之灾也;田野不辟④,货财不聚,非国之害也。上无礼,下无学,贼民兴,丧无日矣。《诗》曰⑤:'天之方蹶⑥,无然泄泄⑦。'泄泄,犹沓沓也⑧。事君无义,进退无礼,言则非先王之道者⑨,犹沓沓也。故曰:责难于君谓之恭,陈善闭邪谓之敬⑩。吾君不能谓之贼。"

【解读】

孟子说:"即使有离娄那样出色的眼力、公输子那样熟练的技巧,不使用圆规和矩尺也不能画出标准的圆形和方形;即便有像师旷一样出色的耳力,不遵循六律也不能校正音调;即便有尧舜一样的治国之道,不行仁政也不能平定和治理好天下。现在的王侯,虽有仁慈的心肠和良好的声誉,但人民感受不到他的仁爱,后世也不以他们为榜样,这是因为他们不施行先王的仁政之道。所以说,只有善心不足以治理国政;只有好的法度,它自己也不能自行实施。《诗》说:'不要偏离,也不要忘记,任何事情都要遵循传统的章法。'遵循先王的章法而犯错的,从来没有过。圣人既然竭尽了目力,又使用了圆规、矩尺和准绳,如此画方、圆、平、直就游刃有余了;既然圣人已经竭尽了耳力,又使用了六律,如此校正五音就游刃有余了;既然圣人已经竭

---

① 朝:朝廷。
② 幸:侥幸。
③ 完:坚固。
④ 辟:开辟。
⑤ 《诗》曰:此处诗句引自《诗·大雅·板》。
⑥ 蹶:动、颠覆。
⑦ 泄泄(yì):喋喋多言。《说文解字》"泄泄"又作"呭呭"或"詍詍"。
⑧ 沓沓:同"泄泄",多言而重复。
⑨ 非:诋毁。
⑩ 闭:通"辟",排斥、抵制。

尽了心力,又施行了仁政,那么仁义便可以遍布天下。所以说,建造高楼一定要借助山势,挖掘深池一定要凭借川泽;为政却不依凭先王之道,能说是明智吗? 所以,只有仁者才合适位居崇高的地位。不仁之人处在高位,就会向社会大众散播他的恶言恶行。身居高位者缺乏道德规范,臣下就会没有规则可以遵循。在朝廷居高位的不讲信义,工匠不遵循尺度;官员违背义理,百姓触犯刑法,这种国家如果还没有灭亡,那真是侥幸! 所以说,城墙不坚固,军备不充足,不算是国家的灾难;田地没开垦,钱财无积蓄,也不算是国家的祸害。如果统治者背弃礼义,臣民百姓得不到教育,违法乱纪的人兴起,国家也就快灭亡了。《诗》说:'上天正要颠覆他,群臣不要多言。'多言就是啰嗦的意思。不以义对待君主,进退不讲礼,开口就诋毁先王之道的人,就是啰嗦的人。因此,当君主违背先王之道时,劝谏并责难他叫'恭',颂扬君王的善心而抑制他的邪恶叫'敬'。如果认为君王不能行善政,这便是'贼'。"

7.2 孟子曰:"规矩,方员之至也①;圣人②,人伦之至也。欲为君尽君道,欲为臣尽臣道,二者皆法尧、舜而已矣。不以舜之所以事尧事君,不敬其君者也。不以尧之所以治民治民,贼其民者也。孔子曰:'道二,仁与不仁而已矣。'暴其民甚,则身弑国亡;不甚,则身危国削。名之曰'幽、厉③',虽孝子慈孙,百世不能改也。《诗》云④:'殷鉴不远⑤,在夏后之世。'此之谓也。"

---

① 员:同"圆"。至:极,尽头。
② 圣人:郭店楚简《唐虞之道》云:"夫圣人上事天,教民有尊也;下事地,教民有亲也;时事山川,教民有敬也;亲事祖庙,教民孝也;太学之中,天子亲齿,教民弟也;先圣与后圣,考后而归先,教民大顺之道也。"
③ 幽、厉:周代两位暴君的谥号。周幽王信用佞臣,后被犬戎所杀。周厉王暴虐昏乱,被逐。
④ 《诗》云:此处诗句引自《诗经·大雅·荡》。
⑤ 鉴:铜镜,引申为教训。

【解读】

孟子说:"圆规和矩尺是圆形和方形的最高标准,圣人是为人的最高境界。想要当君王,就必须按照君王的标准行事;想要做臣子,就要按照臣下的标准做事。君王和臣下的标准各是什么样的,只要看看尧和舜的行为就知道了。不按照舜对待尧的方式对待自己君主的臣子,就是不尊敬自己君主的臣子;不按照尧治理民众的方式治理臣民的君主,就是祸害臣民的君主。孔子说:'治理国家的方式只有两种,行仁政和不行仁政而已。'年复一年祸害平民的君王,终有一天自身会被人杀害,国家也会灭亡;即使不太严重,自身也会陷于危难之中,国力也将被削弱。如果君主死后被加上'幽'、'厉'的谥号,即使后代仁孝慈爱,一百代也无法更改了。《诗》说:'殷商灭亡的前车之鉴不远,就在前一代的夏朝。'讲的就是这个道理。"

7.3　孟子曰:"三代之得天下也以仁①,其失天下也以不仁。国之所以废兴存亡者亦然。天子不仁,不保四海;诸侯不仁,不保社稷②;卿大夫不仁,不保宗庙;士庶人不仁,不保四体③。今恶死亡而乐不仁,是犹恶醉而强酒。"

【解读】

孟子说:"夏、商、周三代,由于施行仁政而得到天下,由于不仁而失去天下。一个国家的兴亡,也是因为仁与不仁。天子不仁,保不住他的天下;诸侯不仁,保不住他的国家;卿大夫不仁,保不住他的宗庙;士人和平民百姓不仁,保全不了自身。现在的人们害怕死亡,却又乐于做不仁不义之事,就好像怕醉酒却又强行喝酒一样。"

---

① 三代:夏、商、周。
② 社稷:土地神和谷神,诸侯国家的象征。
③ 四体:四肢。

7.4　孟子曰:"爱人不亲反其仁①。治人不治反其智②,礼人不答反其敬。行有不得者,皆反求诸己③,其身正而天下归之。《诗》云④:'永言配命⑤,自求多福。'"

【解读】

孟子说:"爱别人,别人却不亲近,就要反省自己仁爱是否真诚？管理一方百姓,却没有管理好,就应该反省自己的执政智慧;对别人有礼貌,但却没有得到有礼貌的回应,那就反省一下自己恭敬的程度。任何行为如果没有得到预想的效果,就应该反省自己。自身行为端正了,天下的人自然就会归附。《诗》说:'永远遵循天命,自己努力才会多福。'"

7.5　孟子曰:"人有恒言⑥,皆曰'天下国家'。天下之本在国,国之本在家,家之本在身。"

【解读】

孟子说:"人们有句老话,都说:'天下国家。'天下的根本在国,国的根本在家,而家的根本在个人。"

7.6　孟子曰:"为政不难,不得罪于巨室⑦。巨室之所慕,一国慕之;一国之所慕,天下慕之,故沛然德教溢乎四海⑧。"

① 反:反省。

② 智:董仲舒《春秋繁露·必仁且智》说:"仁而不智,则爱而不别也;智而不仁,则知而不为也。故仁者所以爱人类也,智者所以除其害也。"

③ 诸:"之于"合音。

④ 《诗》云:此处诗句引自《诗经·大雅·文王》。

⑤ 配:遵循。

⑥ 恒:常。

⑦ 巨室:世家大族。赵岐《注》曰:"巨室,大家也。谓贤卿大夫之家"。朱子《集注》解为:"世臣大家也。"

⑧ 沛然:盛大流行之貌。

【解读】

　　孟子说:"管理国家并不难,只要不得罪那些世家大族就行了。世家大族所尊敬仰慕的,一国的人都会敬慕;一国人所敬慕的,天下都敬慕。因此,道德教化就会浩浩荡荡充溢天下。"

　　7.7　孟子曰:"天下有道,小德役大德①,小贤役大贤。天下无道,小役大,弱役强。斯二者天也,顺天者存,逆天者亡。齐景公曰:'既不能令,又不受命,是绝物也②。'涕出而女于吴③。今也小国师大国而耻受命焉,是犹弟子而耻受命于先师也。如耻之,莫若师文王。师文王,大国五年,小国七年,必为政于天下矣。《诗》云④:'商之孙子,其丽不亿⑤。上帝既命,侯于周服⑥。侯服于周,天命靡常。殷士肤敏⑦,祼将于京⑧。'孔子曰:'仁不可为众也⑨。夫国君好仁,天下无敌。'今也欲无敌于天下而不以仁,是犹执热而不以濯也。《诗》云⑩:'谁能执热,逝不以濯⑪?'"

【解读】

　　孟子说:"天下有道之时,道德修养低的人听命于道德高尚之人,小

----

　　①　役:后省略了"于",役于,听从。
　　②　绝物:自绝于人。物:人。朱子《集注》:"物,犹人也。"
　　③　女(nǚ):出嫁。
　　④　《诗》云:此处诗句引自《诗经·大雅·文王》。
　　⑤　丽:数。亿:古人以十万为亿。
　　⑥　侯于周服:向周朝臣服。侯:语助词。
　　⑦　殷士:殷商的臣子。肤敏:壮美而又聪慧。
　　⑧　祼(guàn):亦作"灌",古代祭祀的一种仪式,将酒洒在地上以引接鬼神。将:助祭。京:镐京。
　　⑨　仁不可为众:赵岐《注》曰:"行仁者,天下之众不能当也。"
　　⑩　《诗》云:此处诗句引自《诗经·大雅·桑柔》。
　　⑪　逝:语助词。濯:洗。

贤之人听命于大贤之人；天下无道之时，力量小的被力量大的所役使，弱者被强者所役使。这两种情况，都是天所决定的。顺应天道的就能生存，违抗天道的则会灭亡。齐景公说：'既不能命令别人，又不接受别人的命令，就是绝路一条了。'于是，齐景公流着泪把女儿嫁到吴国。现在小国处处师法大国，却耻于接受大国的命令，这就好像弟子耻于接受老师的教诲一样。如果真觉得羞耻，不如师法文王。如果师法文王，强大的国家需要五年，弱小的国家也只需要七年，就一定可以治理天下。《诗》说：'商朝的后代，人数不下十万。上天既然授命于文王，他们都变成周朝的臣民。成为周朝的臣民，可见天命无常。商朝的臣民虽然美丽聪明，如今也只得在京城协助祭祀。'孔子说：'仁的力量与人数多少无关。只要国君行仁政，就能天下无敌。'如今的诸侯希望天下无敌，却不行仁政。就好比拿了烫手的东西，却不肯用凉水冲洗一样。《诗》说：'谁能烫了手，不用凉水冲洗呢？'"

7.8　孟子曰："不仁者可与言哉？安其危而利其菑①，乐其所以亡者②。不仁而可与言，则何亡国败家之有？有孺子歌曰：'沧浪之水清兮③，可以濯我缨④；沧浪之水浊兮，可以濯我足。'孔子曰：'小子听之！清斯濯缨，浊斯濯足矣。自取之也。'夫人必自侮，然后人侮之；家必自毁，而后人毁之；国必自伐，而后人伐之。《太甲》曰⑤：'天作孽，犹可违。自作孽。不可活。'此之谓也。"

【解读】

　　孟子说："难道可以与不仁的人相处吗？他们面临危险时却自以为

---

　　①　菑：灾难。
　　②　乐：沉迷。
　　③　沧浪：清澈、碧清。卢文弨《钟山札记》卷四云："仓浪，青色。在竹曰苍筤，在水曰沧浪。"
　　④　缨：帽子的丝带。
　　⑤　《太甲》曰：所引数句已见于《公孙丑章句上》一章。

安全,灾难临头还自以为得利,乐于做导致自身灭亡的事情。要是可以与不仁的人讲道理,那么国家灭亡、家族破败的事情也就不会发生了。有首童谣唱到:'清澈的河水啊,可以用来洗我的帽缨;浑浊的河水啊,可以用来洗我的双脚。'孔子说:'学生们听好了! 清水洗丝带,浑水就洗脚。这都是由水自身造成的。'所以,一个人必定先有自取其辱的行为,别人才会侮辱他;一个家族必定先有自己毁坏自家的事情,别人才会毁坏它;一个国家也必然先有招致讨伐的原因,别国才会讨伐它。《尚书·太甲》说:'上天降灾还可逃避,自己作孽别想再活。'说的就是这个意思。"

7.9　孟子曰:"桀纣之失天下也,失其民也。失其民者,失其心也。得天下有道:得其民,斯得天下矣①。得其民有道:得其心,斯得民矣。得其心有道:所欲与之聚之②,所恶勿施尔也③。民之归仁也,犹水之就下、兽之走圹也④。故为渊敺鱼者⑤,獭也;为丛敺爵者⑥,鹯也⑦;为汤、武敺民者,桀与纣也。今天下之君有好仁者,则诸侯皆为之敺矣。虽欲无王,不可得已。今之欲王者,犹七年之病求三年之艾也⑧。苟为不畜⑨,终身不得。苟不志于仁,终身忧辱,以陷于死亡。《诗》云⑩:'其何能淑⑪? 载

---

① 斯:则,这样。
② 与:为、替。赵岐《注》曰:"聚其所欲而与之"。
③ 尔:同"耳",如此而已。朱子《集注》:"民之所恶,则勿施于民。"
④ 圹:旷野。
⑤ 敺:同"驱",驱赶。
⑥ 爵:通"雀"。
⑦ 鹯(zhān):食雀的猛禽。
⑧ 三年之艾:晾干了三年的艾草。朱子《集注》:"艾,草名,所以灸者,干久益善。夫病已深而求干久之艾,固难卒办,然自今畜之;则犹或可及。不然,则病日益深,死日益迫,而艾终不可得矣。"
⑨ 畜:积累。
⑩ 《诗》云:此处诗句引自《诗经·大雅·桑柔》。
⑪ 淑:善。

胥及溺①。'此之谓也。"

【解读】

孟子说："桀、纣失去天下,是因为失去了老百姓的支持;之所以失去了老百姓的支持,是因为丧失了民心。得天下有正确的办法:获得老百姓的支持,就能得到天下;得到老百姓的支持有办法:获得民心,就能得到老百姓的支持;得到民心有办法:人民想得到的,就为他们积聚起来。人民所厌恶的,就不要强加给他们。老百姓归向仁德的君主,就好像水向下流、野兽向荒野聚集一样自然。所以,把鱼都赶到深水里的是水獭,把鸟雀赶进森林的是老鹰,把平民百姓都赶到商汤、周武那里的,是夏桀和商纣。如果现在有一位仁德的君王,那么诸侯们都会把平民百姓赶到他那里去。就算他不想做君王,也不可能。如今想做君王的人,就好像患了七年的病需要求取三年的陈艾一样。如果平常不注意累积,一辈子都得不到。如果无心于仁爱,就会终生忧患受辱,直到死亡。《诗》说:'他们怎么会以善相处?只会相互拉扯着溺亡。'说的就是这个意思。"

7.10 孟子曰:"自暴者②,不可与有言也③;自弃者,不可与有为也④。言非礼义⑤,谓之自暴也;吾身不能居仁由义⑥,谓之自弃也。仁,人之安宅也;义,人之正路也。旷安宅而弗居⑦,舍正路而不由,哀哉⑧!"

① 载:则。胥:相。
② 暴:伤害。
③ 有言:有善言。
④ 有为:亦作"有行",有善行。
⑤ 非:诋毁。
⑥ 由:遵循。
⑦ 旷:空置。
⑧ 朱子《集注》:"此章言道本固有而人自绝之,是可哀也。此圣贤之深戒,学者所当猛省也。"

【解读】

孟子说："自暴之人,不可期盼他能说出什么善言;自弃之人,也无法跟他一起有所作为。张口就诋毁礼义的人,就是自己伤害自己;行为处事不符合仁义,就是自己抛弃自己。仁,是人最舒适的住宅;义,是人最正确的道路。舒适的住宅闲置不住,正确的道路不走,真可悲啊!"

7.11　孟子曰:"道在尔而求诸远[①],事在易而求之难。人人亲其亲、长其长而天下平。"

【解读】

孟子说:"道就在身边,却到远处去寻求。事情本来很容易,却从难处着手。其实,人人只要爱自己的父母,恭敬自己的长辈,那么天下就太平了。"

7.12　孟子曰:"居下位而不获于上[②],民不可得而治也。获于上有道:不信于友[③],弗获于上矣。信于友有道:事亲弗悦,弗信于友矣。悦亲有道:反身不诚,不悦于亲矣。诚身有道:不明乎善,不诚其身矣。是故诚者,天之道也;思诚者,人

---

① 尔:通"迩",近。此句当是对《中庸》"道不远人。人之为道而远人,不可以为道"继承和发展。朱子《集注》曰:"道者,率性而已,固众人之所能知能行者也,故常不远于人。若为道者,厌其卑近以为不足为,而反务为高远难行之事,则非所以为道矣。"

② 不获于上:不能得到上级的信任。

③ 信:在先秦时期,"诚"和"信"是不同的概念,不可并提。《中庸》云:"诚者,自成也","诚"就是自己成就自己,不涉及人与人之间的关系。"信"则与他人有关,如《论语·学而》:"与朋友交,言而有信"。战国以后,"诚"和"信"的含义开始合一,《管子》一书首次出现"诚信"复合词。在《说文解字》中,"信"与"诚"互相定义。"诚,信也,从言成声。"

之道也①。至诚而不动者,未之有也。不诚,未有能动者也。"

【解读】

孟子说:"在下位的官员得不到上级的信任,老百姓就无法治理好。要获得上级的信任,是有办法的:无法获得朋友的信任,也就无法获得上级的信任。获得朋友的信任也有办法:无法把父母侍奉好,也就无法获得朋友的信任。把父母侍奉好也有办法:反身自问一下,侍奉父母之心是否真诚? 如果不真诚,就不能把父母侍奉好。要使孝心出于真诚也有办法:不明白什么是善,也就不可能真诚。所以,诚是上天运行的准则;反思诚本在我心,进而追求诚之境界,是人之所以为人的准则。以诚待人,别人还不感动,此事从来没有发生过;不真诚,没有人会被感动。"

7.13 孟子曰:"伯夷辟纣②,居北海之滨③,闻文王作④兴,曰:'盍归乎来⑤! 吾闻西伯善养老者⑥。'太公辟纣⑦,居东海之滨⑧,闻文王作兴,曰:'盍归乎来! 吾闻西伯善养老者。'二老者,天下之大老也,而归之,是天下之父归之也。天下之父归之,其子焉往? 诸侯有行文王之政者,七年之内⑨,必为政于天下矣。"

---

① 诚:真实无妄。朱子《集注》:"诚者,理之在我者皆实而无伪,天道之本然也。思诚者,欲此理之在我者皆实而无伪,人道之当然也。"
② 辟:通"避",躲避。
③ 北海之滨:在今河北省昌黎县西北。
④ 作:兴、兴起。
⑤ 盍:何不。来:语助词。
⑥ 西伯:周文王。
⑦ 太公:姜姓,吕氏,名尚。
⑧ 东海之滨:在今山东省莒县以东。
⑨ 七年之内:七年指小国而言,孟子认为大国只需五年。

【解读】

孟子说:"伯夷躲避纣王,隐居在北海之滨,听说文王事功兴盛,就说:'何不投奔他呢!我听说文王善于敬养老者。'姜太公躲避纣王,隐居在东海之滨,听说文王事功兴盛,就说:'何不投奔他呢!我听说文王善于敬养老者。'这两位老者,是天下声望卓著的老人。他们归附文王,等于天下做父亲的人都归附文王。天下做父亲的都归附文王,他们的儿子还能到哪里去呢?如今的诸侯,如果能施行文王之政,不到七年,一定能一统天下。"

7.14 孟子曰:"求也为季氏宰①,无能改于其德,而赋粟倍他日②。孔子曰:'求非我徒也,小子鸣鼓而攻之可也③。'由此观之,君不行仁政而富之,皆弃于孔子者也。况于为之强战?争地以战,杀人盈野;争城以战,杀人盈城。此所谓率土地而食人肉,罪不容于死。故善战者服上刑④,连诸侯者次之⑤,辟草莱⑥、任土地者次之⑦。"

【解读】

孟子说:"冉求做季康子的总管,不能改善季康子的行为,反而把赋税增加了一倍。孔子说:'冉求不再是我的学生,你们都可以大张旗鼓攻击他。'由此看来,帮助一个不施仁政的君主搜刮财富,是孔子所厌弃的行为,更何况那些帮助不推行仁政的君主发动战争的人呢?通过战

---

① 求:孔子弟子冉求。季氏:鲁国贵族之一,世代为卿,这里是指季康子。宰:家臣。
② 赋粟:征收平民百姓的粟。
③ 小子:古时老师对学生的称呼。鸣鼓:大张旗鼓。攻:谴责。朱子《集注》:"鸣鼓而攻之,声其罪而责之也。"
④ 上刑:重刑。
⑤ 连:合纵连横。
⑥ 辟:开垦。
⑦ 任土地:分土授民。

争来争夺土地，尸体漫山遍野；通过战争来争夺城池，尸体满城都是。这就是所谓席卷着土地来吃人，犯下的罪孽死都赎不尽。所以，嗜好战争的人应该受最重的刑罚，其次是合纵连横诸侯的人，再次是为了增加赋税而驱使人民开荒种地的人。"

7.15　孟子曰："存乎人者①，莫良于眸子②。眸子不能掩其恶。胸中正，则眸于瞭焉③；胸中不正，则眸子眊焉④。听其言也，观其眸子，人焉廋哉⑤？"

【解读】

孟子说："观察一个人，最好的办法莫过于观察他的眼睛。因为眼神无法掩藏一个人丑恶的灵魂。心胸端正的人，眼神就明亮；心胸不正的人，眼神昏暗无光。听一个人说话的时候，同时观察他的眼睛，他的心迹还能往哪隐藏呢？"

7.16　孟子曰："恭者不侮人，俭者不夺人。侮夺人之君，惟恐不顺焉，恶得为恭俭⑥？恭俭岂可以声音笑貌为哉？"

【解读】

孟子说："谦恭者不会侮辱他人，节俭的人不会掠夺他人。侮辱他人、掠夺他人的君主，唯恐他人不顺从自己，怎么可能做到恭敬和节俭呢？恭敬和节俭这些美德，仅凭声音和满脸堆笑就能做到吗？"

---

① 存：察、观察。
② 眸(móu)子：瞳仁，泛指眼睛。《韩诗外传》卷四云："目者，心之符也。"
③ 瞭(liáo)：明亮。
④ 眊(mào)：朦胧不清。
⑤ 廋(sōu)：躲藏、隐匿。
⑥ 恶：怎么。

7.17　淳于髡曰①:"男女授受不亲②,礼与?"

孟子曰:"礼也。"

曰:"嫂溺,则援之以手乎③?"

曰:"嫂溺不援,是豺狼也。男女授受不亲,礼也。嫂溺,援之以手者,权也④。"

曰:"今天下溺矣,夫子之不援,何也?"

曰:"天下溺,援之以道。嫂溺,援之以手。子欲手援天下乎⑤?"

【解读】

淳于髡说:"男女之间不亲手传递东西,是礼的规定吗?"

孟子说:"是的。"

淳于髡说:"那么,如果嫂子溺水了,小叔子可以伸手去救她吗?"

孟子说:"嫂子溺水却不去救,那简直是豺狼。男女之间不亲手传递东西,是礼;嫂子溺水,伸手去救,是礼的变通。"

淳于髡说:"现如今天下的人就像掉进深渊了,您却不肯伸手救援,这是为什么?"

孟子说:"天下的人都溺水了,要用道去救;嫂子溺水了,要用手去救。你难道想仅凭双手救天下吗?"

① 淳于髡(kūn):齐国著名的辩士。曾仕于齐威王、宣王和梁惠王之朝。
② 授:给予。受:取。男女授受不亲,朱子《集注》:"古礼:男女不亲授受,以远别也。"
③ 援:牵持、拉扯。
④ 权:权衡、变通。唐代冯用之《权论》云:"夫权者,适一时之变,非悠久之用。然则适变于一时,利在于悠久者也。圣人知道德有不可为之时、礼义有不可施之时、刑名有不可威之时,由是济之以权。"
⑤ 朱子《集注》:"言天下溺,惟道可以救之,非若嫂溺可手援也。今子欲援天下,乃欲使我枉道求合,则先失其所以援之之具矣,是欲使我以手援天下乎? 此章言直己守道,所以济时;枉道徇人,徒为失己。"

7.18　公孙丑曰:"君子之不教子,何也?"

孟子曰:"势不行也。教者必以正①;以正不行,继之以怒;继之以怒,则反夷矣②。'夫子教我以正,夫子未出于正也。'则是父子相夷也。父子相夷,则恶矣。古者易子而教之,父子之间不责善③。责善则离,离则不祥莫大焉。"

【解读】

公孙丑说:"君子不亲自教育自己的子女,这是为什么呢?"

孟子说:"因为情理上行不通。教育子女必定要用正道。用正道行不通,接着便会发怒。一旦发怒,就会伤害父子之间的感情。'您用正道教我,但您自己却不能始终遵循正道而行。'这样一来,父子之间就伤了感情。父子之间伤了感情,就不好了。古代的君子相互交换子女来教育,父子之间就不会因为向善而求全责备了。因为向善而导致父子离心,是最大的不祥。"

7.19　孟子曰:"事孰为大? 事亲为大。守孰为大? 守身为大。不失其身而能事其亲者,吾闻之矣;失其身而能事其亲者,吾未之闻也。孰不为事? 事亲,事之本也;孰不为守? 守身,守之本也。曾子养曾皙④,必有酒肉。将彻⑤,必请所与。问:'有馀?'必曰:'有。'曾皙死,曾元养曾子⑥,必有酒肉。将彻,不请'所与'。问:'有馀?'曰:'亡矣。'将以复进也。此所

① 正:道义。
② 夷:伤、伤害。朱子《集注》曰:"夷,伤也。教子者,本为爱其子也,继之以怒,则反伤其子矣。"
③ 父子之间不责善:朱子《集注》云:"责善,朋友之道也。"郭店楚简《六德》云:"门内之治恩掩义,门外之治义斩恩。"
④ 曾皙(xī):曾参之父,孔子弟子。
⑤ 彻:撤席。
⑥ 曾元:曾参之子。

133

谓养口体者也。若曾子,则可谓养志也。事亲若曾子者,
可也。"

【解读】

　　孟子说:"侍奉谁最重要?侍奉父母最重要。守护什么最重要?守护自身的善性最重要。不丧失自身善性又能侍奉好父母的人,我听说过;丧失了自身的善性,却还能侍奉好父母的人,我没有听说过。谁不去做侍奉的事情?侍奉父母是一切侍奉的根本。谁不去做守护的事情?守护自身的善性是守护一切的根本。曾子侍奉父亲曾皙,每餐必定有酒肉;要撤除餐饭的时候,必定会请示剩下的酒肉给谁;若父亲问是否有剩余,必定说:'还有'。曾皙去世后,曾元侍奉曾子,每餐也必定有酒肉;但撤除的时候,不再请示剩下的酒肉给谁;父亲询问有没有剩余,他就说没有了,因为想着剩下的东西还可以再拿给父亲吃。这就叫做养口体之孝。像曾子那样,可以称为养志之孝。像曾子那样孝敬父母,才算明白了孝的道理。"

　　7.20　孟子曰:"人不足与适也①,政不足间也②。惟大人为能格君心之非③。君仁莫不仁,君义莫不义,君正莫不正。一正君而国定矣。"

【解读】

　　孟子说:"如果国君本人不值得谴责,他的国政也就不值得批评了。只有大德之人才能纠正君王内心的错误。君主仁爱,臣民就没有不仁爱的;君主崇尚义,臣民也就没有不信义的;君主身心端正,臣民没有不

---

　　①　适(zhé):通"谪",指责、谴责。
　　②　间(jiàn):批评、非议。
　　③　格:正、纠正。

端正的。一旦匡正了君主言行,国家也就安定太平了。"

7.21　孟子曰:"有不虞之誉①,有求全之毁。"

【解读】

孟子说:"有预料不到的赞誉,也有吹毛求疵的诋毁。"

7.22　孟子曰:"人之易其言也②,无责耳矣。"

【解读】

孟子说:"一个人说话太随便,是因为他不必为此负责罢了。"

7.23　孟子曰:"人之患,在好为人师。"

【解读】

孟子说:"人的祸患,就在于总是喜好充当别人的老师。"

7.24　乐正子从于子敖之齐③。乐正子见孟子。

孟子曰:"子亦来见我乎?"

曰:"先生何为出此言也?"

曰:"子来几日矣?"

曰:"昔者④。"

---

　　①　虞:度、料想。赵岐《注》曰:"虞,度也。言人之行,有不度其将有名誉而得者,若尾生本与妇人期于梁下,不度水之卒至,遂至没溺,而获守信之誉。"
　　②　易:轻率。
　　③　乐正子:名克,孟子弟子。子敖:王驩,齐国贵臣,子敖是他的字。孟子不喜欢与子敖这种人交往。
　　④　昔者:昨天。

曰:"'昔者',则我出此言也,不亦宜乎?"

曰:"舍馆未定①。"

曰:"子闻之也,舍馆定,然后求见长者乎?"

曰:"克有罪。"

【解读】

乐正子跟随子敖到了齐国。

乐正子拜见孟子。孟子说:"你也会来看望我吗?"

乐正子说:"先生为什么这样问呢?"

孟子说:"你来几天了?"

乐正子答:"昨天来的。"

孟子说:"既然昨天就来了,那我说这话,不是很恰当吗?"

乐正子说:"因为住处还没找到。"

孟子说:"你听说过,要住所找好了才来拜见长者吗?"

乐正子说:"我错了。"

7.25 孟子谓乐正子曰:"子之从于子敖来,徒餔啜也②。我不意子学古之道,而以餔啜也!"

【解读】

孟子对乐正子说:"你跟随子敖来到这里,只不过为了吃喝罢了。我没想到,你学习古人治国之道,居然只是为了吃喝。"

7.26 孟子曰:"不孝有三,无后为大③。舜不告而娶,为

---

① 舍馆:旅舍。

② 餔(bū):吃。啜(chuò):喝。

③ 不孝有三,无后为大:根据赵岐《注》记载,对父母不孝的事有三种:其一,阿意曲从,陷亲不义;其二,家贫亲老,不为禄仕;其三,不娶无子,绝先祖祀。

无后也,君子以为犹告也。"

【解读】

孟子说:"不孝的事情有三种,其中没有子嗣是最严重的。舜不禀告父母就娶妻,就是害怕没有子嗣。这种孝心,在君子看来就相当于已经禀告父母了。"

7.27　孟子曰:"仁之实,事亲是也。义之实,从兄是也。智之实,知斯二者弗去是也①;礼之实,节文斯二者是也②;乐之实,乐斯二者,乐则生矣。生则恶可已也③? 恶可已,则不知足之蹈之、手之舞之。"

【解读】

孟子说:"仁爱的实际内容是孝敬双亲;义的实际内容是顺从兄长;智的实际内容是懂得仁、义的含义并且不放弃;礼的实质是对仁、义加以调节和修饰;乐的实质是从仁、义中获取快乐,快乐由此产生。快乐一旦产生,如何能遏止呢? 快乐无法遏止,人们就不知不觉地手舞足蹈起来。"

7.28　孟子曰:"天下大悦而将归己。视天下悦而归己,犹草芥也,惟舜为然。不得乎亲,不可以为人;不顺乎亲,不可以为子。舜尽事亲之道,而瞽瞍厎豫④。瞽瞍厎豫而天下化,瞽瞍厎豫而天下之为父子者定,此之谓大孝。"

---

① 斯二者:指事亲、从兄之事。
② 节:调节。文:修饰。
③ 已:停止。
④ 瞽瞍:舜的父亲。厎(zhǐ):致,朱子集注本、焦循本作、四部丛刊本作"厎",监本、毛本作"底"。豫:快乐。

【解读】

　　孟子说:"天下人都很开心地将归附自己,而又视天下的归附如同草芥一般,只有舜能做到。不能使父母快乐,也就没有尽到做子女的责任;不能顺从父母的心意,也就没有资格做子女。舜尽心尽力地侍奉双亲,让父亲瞽瞍非常开心。瞽瞍开心了,天下的人也因此受到感化;瞽瞍高兴了,天下父子的伦常也就确定了,这就是大孝。"

卷八　离娄章句下　凡三十三章

8.1　孟子曰："舜生于诸冯①,迁于负夏,卒于鸣条,东夷之人也。文王生于歧周②,卒于毕郢③,西夷之人也。地之相去也,千有余里;世之相后也,千有余岁。得志行乎中国④,若合符节⑤。先圣后圣,其揆一也⑥。"

【解读】

孟子说:"舜出生在诸冯,迁居到负夏,死在鸣条,是东方夷人。文王出生在歧周,死在毕郢,是西方边远地区的人。两地相距千里,时代也相差千年。他们都在中原地区实现自己的志向,仿佛符节一般吻合。前代的圣人与后代的圣人,他们所遵循的法度是一致的。"

8.2　子产听郑国之政⑦,以其乘舆济人于溱、洧⑧。

孟子曰:"惠而不知为政⑨。岁十一月徒杠成⑩,十二

---

① 诸冯:舜之生平事迹已难确考,诸冯、负夏、鸣条都是地名,大概在今天山东地区。朱子《集注》:"诸冯、负夏、鸣条,皆地名,在东方夷服之地。"
② 歧周:指歧山一带周人的旧邑,在今陕西省岐山一带。
③ 毕郢:地名,在今陕西省咸阳市一带。朱子《集注》:"毕郢,近丰镐。今有文王墓。"
④ 中国:根据于省吾先生考证,"中国这一伟大的名称,以周初何尊铭文和《书·梓材》相验证,其起源于武王时期是没有疑问的。"
⑤ 符节:符与节都是古代信物。朱子《集注》:"彼此各藏其半,有故则左右相合以为信也。若合符节,言其同也。"
⑥ 揆(kuí):度、度量,准则。
⑦ 子产:春秋时期郑国著名政治家,为相四十多年,深得孔子称许。听郑国之政:赵岐《注》曰:"为政,听讼也。"
⑧ 溱、洧:皆水名,在今河南省西部。
⑨ 惠:私恩小利。
⑩ 岁十一月:周十一月,即夏九月。徒杠:独木桥。

月舆梁成①,民未病涉也。君子平其政,行辟人可也②,焉得人人而济之? 故为政者,每人而悦之,日亦不足矣。"

【解读】

子产主持郑国的政事,曾经用自己的专车帮助平民百姓渡过溱水和洧水。

孟子说:"他很懂得施行小恩小惠,却并不懂得如何治国理政。如果十一月修好行人的桥,十二月修好行车的桥,老百姓就不会为渡河发愁了。君子只要治理好政事,出行时让行人回避都是可以理解的,哪用得着一个个帮人渡河呢? 所以治国理政的人,想一个一个地讨人欢心,时间哪里够用呢?"

8.3 孟子告齐宣王曰:"君之视臣如手足③,则臣视君如腹心。君之视臣如犬马,则臣视君如国人④。君之视臣如土芥⑤,则臣视君如寇雠。"

王曰:"礼⑥,为旧君有服⑦。何如斯可为服矣?"

曰:"谏行言听⑧,膏泽下于民;有故而去,则君使人导之出疆⑨,又先于其所往;去三年不反,然后收其田里⑩。此之谓三有礼焉。如此,则为之服矣。今也为臣,谏则不行,言则不

---

① 舆梁:可以通车马的桥梁。
② 辟:躲避。
③ 视:看待。
④ 国人:路人、陌生人。朱子《集注》曰:"犹言路人,言无怨无德也。"
⑤ 土:尘土。芥:小草。
⑥ 礼:指《仪礼》。
⑦ 旧君:曾经奉事过的君主。服:穿丧服。根据《仪礼·丧服传》记载,"为旧君者孰谓也? 仕焉而已者也。""为旧君有服"是对离职官员为曾经服侍过的君主服丧之规定。
⑧ 谏:劝谏。
⑨ 导之出疆:朱子《集注》:"导之出疆,防剽掠也。"
⑩ 田里:土地和住宅。

听,膏泽不下于民;有故而去,则君搏执之①,又极之于其所往②;去之日,遂收其田里。此之谓寇雠。寇雠何服之有?"

【解读】

孟子对齐宣王说:"君主把臣下视为自己的手足,臣下就会把君主看做自己的心与腹;君主把臣下视为犬马,臣下就会把君主看做陌生人;君主把臣下视为泥土草芥,臣下就会把君主看做仇人。"

齐宣王说:"礼制中有规定,原来的君主死时,已经离职的旧臣也要为他服丧。君主要怎么做,臣下才会为君主服丧呢?"

孟子说:"对于臣下,接纳他的劝谏,听从他的建议,让人民感受到君主的恩泽;如果臣子有原因而离职,君主就派人引导他离开国境,并让人先到他的目的地安排好;离职三年后还不返回,才收回他的封地和住所。这就是所谓的'三有礼'。如果这样做了,臣下自然会为君主服丧。如今的臣下,君主不接纳他的劝谏,不听从他的建议;人民也感受不到君主的恩泽;臣下因故离职,君主就把他抓起来,派人到他所要去的地方刁难他;离开的当天,就收回他的封地和住所。这就叫仇敌。哪有人会为仇敌服丧呢?"

8.4　孟子曰:"无罪而杀士,则大夫可以去;无罪而戮民③,则士可以徙。"

【解读】

孟子说:"如果有无辜的士人被杀,大夫就可以离开了;有无辜的平民百姓被羞辱或被杀害,士人就可以迁居了。"

---

① 搏执:扣押、逮捕。
② 极:穷、使之穷困,使动用法。
③ 戮民:侮辱与杀戮民众。

8.5　孟子曰:"君仁,莫不仁。君义,莫不义。"

【解读】

孟子说:"君主存心仁爱,就没有人会不奉行仁爱;君主信义,就没有人会不信义。"

8.6　孟子曰:"非礼之礼,非义之义,大人弗为。"

【解读】

孟子说:"不符合礼法的礼,不符合正义的义,真正有德行的人不会践行。"

8.7　孟子曰:"中也养不中①,才也养不才②,故人乐有贤父兄也。如中也弃不中,才也弃不才,则贤不肖之相去,其间不能以寸③。"

【解读】

孟子说:"有德行之人教育没有德行的人,有才华之人熏陶没有才华的人,所以人们都以有贤德的父亲和兄长为乐。如果有德行的人不去教育没有德行的人,有才华的人嫌弃没有才华的人,那么贤明和不贤明之间的差距,也就微乎其微了。"

---

① 中:中和之人。《白虎通·五行篇》云:"中,和也。中和居六德之首。"赵岐《注》曰:"中者,履中和之气所生,谓之贤。"朱子认为,"无过不及之谓中。"养:朱子《集注》:"谓涵育熏陶,俟其自化也。"
② 才:赵岐《注》曰:"才者,谓人之有俊才者。"朱子《集注》:"足以有为之谓才。"
③ 以寸:以寸丈量,这句话后面省略了动词"量"。

8.8　孟子曰:"人有不为也,而后可以有为①。"

【解读】

　　孟子说:"人要有所不为,然后才能有所为。"

8.9　孟子曰:"言人之不善,当如后患何②!"

【解读】

　　孟子说:"专爱说别人的坏话,由此带来后患怎么办呢?"

8.10　孟子曰:"仲尼不为已甚者③。"

【解读】

　　孟子说:"仲尼不做太过分的事。"

8.11　孟子曰:"大人者,言不必信④,行不必果,惟义所在⑤。"

---

　　①　焦循:《孟子正义》认为,"有不为"和"可以有为"取舍的标准是"义可为乃为之,义所不可为则不为"。
　　②　陆象山指出,"盖孟子道性善,故言人无有不善。今若言人之不善,彼将甘为不善,而以不善向汝,汝将何以待之? 故曰:'当如后患何?'"(陆九渊著,钟哲点校:《陆九渊集》卷三十四《语录上》,北京:中华书局,1980 年,第 410 页。)
　　③　已:太。
　　④　必:期、期许。
　　⑤　朱子《集注》:"大人言、行,不先期于信、果。但义之所在,则必从之,卒亦未尝不信果也。"《荀子·不苟》云:"君子崇人之德,扬人之美,非谄谀也;正义直指,举人之过,非毁疵也;言己之光美,拟于舜禹,参于天地,非夸诞也;与时屈伸,柔从若蒲苇,非慑怯也;刚强猛毅,靡所不信,非骄暴也;以义变应,知当曲直故也。《诗》曰:'左之左之,君子宜之;右之右之,君子有之。'此言君子能以义屈信变应故也。"

【解读】

孟子说:"有德行的君子,说话不一定应句句守信,做事也不一定非要有结果。一切跟随义的指引,义在哪,就往哪前进。"

8.12 孟子曰:"大人者,不失其赤子之心者也①。"

【解读】

孟子说:"有德行的君子,不会丧失婴儿般纯真的心灵。"

8.13 孟子曰:"养生者不足以当大事②,惟送死可以当大事。"

【解读】

孟子说:"仅仅做到奉养父母,还不足以承担国家重任。能做到慎终追远,才足以承担国家大事。"

8.14 孟子曰:"君子深造之以道,欲其自得之也。自得之,则居之安。居之安,则资之深③。资之深,则取之左右逢其原④。故君子欲其自得之也。"

【解读】

孟子说:"君子用道来深造,就是希望自己内心能有所领悟。自己

---

① 赤子之心:纯一无伪之良心。赵岐《注》云:"赤子,婴儿也。少小之心,专一未变化,人能不失其赤子时心,则为贞正大人也。"

② 大事:国家大事。

③ 资:积蓄。段玉裁《说文解字注》说:"资者,积也。旱则资舟,水则资车,夏则资皮,冬则资絺绤,皆居积之谓。"

④ 原:同"源"。

144

内心领悟,就能扎实地掌握它;扎实地掌握了它,就能更积蓄深广、涵蕴深厚;积蓄深广,应用起来就能随心所欲、左右逢源。因此君子冀望自己对大道有所心得。"

8.15　孟子曰:"博学而详说之,将以反说约也①。"

【解读】

孟子说:"广博地学习,详细地解说,才能深入浅出、简明扼要地讲述其中要义。"

8.16　孟子曰:"以善服人者②,未有能服人者也。以善养人③,然后能服天下。天下不心服而王者,未之有也。"

【解读】

孟子说:"强行用善德来让人信服并遵守,没有能使人信服的;引导人们用善来自我熏陶、自我涵养德性,才能让天下人从心里折服。不使天下的人从心里信服,却能够称王于天下的人,自古以来没有出现过。"

8.17　孟子曰:"言无实不祥。不祥之实④,蔽贤者当之。"

【解读】

孟子说:"言而无当不吉祥。言而无当造成的后果,将由埋没贤才的人来承担。"

---

①　约:简约。朱子《集注》:"言所以博学于文,而详说其理者,非欲以夸多而斗靡也;欲其融会贯通,有以反而说到至约之地耳。"
②　善:仁义礼智四端之心。
③　养:熏陶。
④　实:结果。

8.18　徐子曰①:"仲尼亟称于水②,曰:'水哉,水哉!'何取于水也?"

孟子曰:"原泉混混③,不舍昼夜。盈科而后进④,放乎四海。有本者如是,是之取尔。苟为无本,七、八月之间雨集,沟浍皆盈⑤,其涸也,可立而待也。故声闻过情⑥,君子耻之。"

【解读】

徐子说:"孔子多次赞叹水,说:'水啊! 水啊!'对于水,孔子称赞它哪一点呢?"

孟子说:"有源头的江河水喷涌而出,昼夜不停。总是填满低洼的地方,又继续前进,一直奔流入大海。有源头的江河都是这样,孔子称许的就是这一点。如果是没有源头的江河水,就会像七、八月间的磅礴雨水,虽然很快可以灌满沟渠,但干涸也是立等可待。所以,君子以名过其实为耻。"

8.19　孟子曰:"人之所以异于禽兽者几希⑦,庶民去之,君子存之。舜明于庶物⑧,察于人伦;由仁义行,非行仁义也⑨。"

---

①　徐子:徐辟,孟子弟子。
②　亟(qì):多次。称:赞颂。
③　原:同"源",有的版本作"源"。混混:读为"滚滚",河水浩荡、奔流不息。
④　盈科:注满坎洼之地。科,坎。
⑤　浍(kuài):田间小渠。
⑥　声闻(wén):声誉、名望。情:情实。
⑦　几希:少。朱熹训为"少。"王夫之《四书笺解》卷八的训释基本上与朱子相似,"言几于无也。"
⑧　庶物:万物,各种事物。
⑨　朱子《集注》:"由仁义行,非行仁义,则仁义已根于心,而所行皆从此出。非以仁义为美,而后勉强行之,所谓安而行之也。此则圣人之事,不待存之,而无不存矣。"

146

【解读】

孟子说:"人不同于禽兽之处很少。许多人把四端之心丢弃了,君子护守着四端之心。舜通晓万物的原理,明察人伦的道理。遵循内在固有的仁义之心行事,而不是简单地向外灌输仁义道德。"

8.20　孟子曰:"禹恶旨酒而好善言①。汤执中②,立贤无方③。文王视民如伤,望道而未之见④。武王不泄迩⑤,不忘远。周公思兼三王⑥,以施四事⑦。其有不合者,仰而思之,夜以继日;幸而得之,坐以待旦。"

【解读】

孟子说:"禹厌恶美酒却喜好进德修业的善言。汤秉执中正之道,不拘一格地选拔人才。文王爱护百姓,仿佛他们都受了委屈,总是同情安慰;虽秉执正道,仿佛从未见过一样,仍然不懈追求。武王既不过分亲近近臣,也不怠慢远臣。周公以三代圣王为榜样,推行四位明君的功业;一旦有与圣王之道不符合的地方,就抬着头日夜思考;一旦想通了,就坐着等待天亮去实行。"

8.21　孟子曰:"王者之迹熄而《诗》亡⑧,《诗》亡然后《春

---

① 旨:甘甜。
② 执中:持守中正之道。
③ 方:常,《礼记·檀弓》说:"左右就养无方",《礼记·内则》又说:"博学无方",郑玄《注》云:"方,常也。"
④ 而:通"如"。
⑤ 泄:狎,亲近。迩:近。
⑥ 三王:夏商周三代君王。
⑦ 四事:禹、汤、周文王和周武王四人的事迹。
⑧ 王者之迹熄而《诗》亡:迹,是"迹"(jì)字的误写。"迹"是古代君王派出的采诗官(遒人)。许慎《说文解字》曰:"遒,古之遒人以木铎记诗言。"程树德在《说文稽古篇》也认为:"考《左传》引夏书曰:'遒人以木铎徇于路。'杜注:'遒人,行人之官也。木铎,木舌金铃。徇于路,求歌谣之言。'"

秋》作。晋之《乘》，楚之《梼杌》，鲁之《春秋》①，一也。'其事则齐桓、晋文，其文则史。'孔子曰：'其义则丘窃取之矣②。'"

【解读】

孟子说："圣王采集民间歌谣的制度绝迹了，新《诗》也就消亡了。《诗》亡佚之后，孔子便创作了《春秋》。晋国的《乘》、楚国的《梼杌》、鲁国的《春秋》，性质都是一样的。它们记载齐桓公、晋文公之类的事迹，用的都是史书的笔法。孔子说：'《诗》褒善贬恶的微言大义，都被我私下采用了。'"

8.22　孟子曰："君子之泽③，五世而斩④。小人之泽，五世而斩。予未得为孔子徒也，予私淑诸人也⑤。"

【解读】

孟子说："君子的流风余韵只能绵延五代。平民百姓留给后代子孙的恩泽，也只能延续五代。我没能有机会成为孔子的门徒，我只是私下向他的门人学习而已。"

8.23　孟子曰："可以取，可以无取，取伤廉⑥。可以与，可

---

① 《乘》(shèng)、《梼杌》(táo wù)、《春秋》：分别是晋国、楚国和鲁国史官所记的史书的书名。朱子《集注》："古者列国皆有史官，掌记时事。此三者，皆其所记册书之名也。"

② 窃：私下。

③ 泽：恩泽。

④ 五世：朱子《集注》："父子相继为一世，三十年亦为一世。"斩：断绝。

⑤ 私淑：赵岐《注》云："私善之于贤人。"淑：通"叔"，取。许慎《说文解字》曰："叔，取也"。

⑥ 廉：廉正、公平。许慎《说文解字》云："廉，仄也，从广，兼声。"从词源学的角度分析，"廉"字的本义与建筑物相关联。《仪礼·乡饮酒礼》"设席于堂廉，东上"。郑玄注之曰："侧边曰'廉'。"堂廉之石平正而又棱角峭利，据此人们多用"廉"来比喻人有"清正"、"洁净"品行。段玉裁《说文解字注》又云："廉，隅也；又曰廉，棱也。引申之为清也、俭也、严利也。"《韩非子·五蠹》篇云："今兄弟被侵，必攻者，廉也；知友被辱，随仇者，贞也。廉贞之行成，而君上之法犯矣。"

148

以无与，与伤惠。可以死，可以无死，死伤勇①。"

【解读】

　　孟子说："当可以取、也可以不取之时，如果取便有损廉正；当可以给、也可以不给之时，如果给了便有损惠爱；当可以死，也可以不死之时，如果死便有损勇之精神。"

　　8.24　逄蒙学射于羿②，尽羿之道，思天下惟羿为愈己③，于是杀羿。

　　孟子曰："是亦羿有罪焉。"

　　公明仪曰："宜若无罪焉。"

　　曰："薄乎云尔④，恶得无罪？郑人使子濯孺子侵卫⑤，卫使庾公之斯追之⑥。子濯孺子曰：'今日我疾作⑦，不可以执弓。吾死矣夫！'问其仆曰⑧：'追我者谁也？'其仆曰：'庾公之斯也。'曰：'吾生矣！'其仆曰：'庾公之斯，卫之善射者也。夫子曰"吾生"，何谓也？'曰：'庾公之斯学射于尹公之他，尹公之他学射于我。夫尹公之他，端人也⑨，其取友必端矣。'庾公之斯至，曰：'夫子何为不执弓？'曰：'今日我疾作，不可以执弓。'

---

　　①　朱子《集注》："过取固害于廉，然过与亦反害其惠，过死亦反害其勇，盖过犹不及之意也。"林氏曰："公西华受五秉之粟，是伤廉也。冉子与之，是伤惠也。子路之死于卫，是伤勇也。"
　　②　逄(páng)蒙：后羿的学生。羿：有穷国国君，羿善射。
　　③　愈：通"逾"，超过。
　　④　薄：轻。
　　⑤　子濯孺子：郑国将军。
　　⑥　庾公之斯：卫国将军。
　　⑦　疾作：旧疾突发。
　　⑧　仆：御、车夫。
　　⑨　端：正，品行端正。

曰:'小人学射于尹公之他,尹公之他学射于夫子。我不忍以夫子之道反害夫子。虽然,今日之事,君事也,我不敢废。'抽矢,扣轮,去其金①,发乘矢②,而后反。"

【解读】

逢蒙向后羿学习射箭,完全掌握了后羿的射术。他心想天下只有后羿箭术超过自己,于是就杀死了后羿。

孟子听了这个故事后,说:"这件事后羿也有罪过。"

公明仪说:"后羿应该没有什么罪过吧。"

孟子说:"罪过不重而已,怎么能说没有罪过呢?郑国曾派子濯孺子领军侵犯卫国,卫国派庚公之斯追击他。子濯孺子说:'今天我患重病,拿不动弓箭,我要死在这里了!'问给他驾车他的仆人:'追赶我的人是谁?'仆人说:'庚公之斯。'子濯孺子说:'那我死不了。'仆人问:'庚公之斯是卫国出名的射手,您说不会死,是什么缘故呢?'子濯孺子说:'庚公之斯向尹公之他学习射箭,尹公之他则向我学习射术。尹公之他是个心地端正的人,他选择的学生必定也很正派。'庚公之斯追了上来,问:'您为什么不拿弓箭?'子濯孺子说:'今天有病在身,拿不动弓箭。'庚公之斯说:'尹公之他是我的老师,您是尹公之他的老师。我不忍心拿从您那里学来的技艺害您。即便如此,今日之事是君王交付的国事,我不能就此罢手。'于是他抽出箭,向车轮猛敲。去掉了箭头,射了四箭就回去了。"

8.25　孟子曰:"西子蒙不洁③,则人皆掩鼻而过之。虽有恶人④,齐戒沐浴⑤,则可以祀上帝。"

---

① 金:镞、箭头。
② 乘(shèng)矢:四支箭。
③ 西子:西施。蒙:受、沾。
④ 恶人:相貌丑陋之人。
⑤ 齐:通"斋"。

【解读】

孟子说:"美丽如西施,如果身上沾满了污垢,别人走过时也会掩着鼻子;相貌丑陋之人,只要斋戒沐浴了,也可以祭神。"

8.26　孟子曰:"天下之言性也,则故而已矣①,故者以利为本②。所恶于智者,为其凿也③。如智者若禹之行水也,则无恶于智矣。禹之行水也,行其所无事也。如智者亦行其所无事,则智亦大矣。天之高也,星辰之远也,苟求其故,千岁之日至④,可坐而致也。"

【解读】

孟子说:"天下人所谈论的人性,只不过涉及人的积习而已。万物之性,我们首先应当顺应,这才是根本。人们厌恶所谓的智者,是因为他们穿凿附会、违背自然之理。如果智者都像禹疏导洪水一样,人们也就不会厌恶他们的小聪明了。禹疏导洪水,不过是因势利导罢了。如果智者的行为也是因势利导、顺其自然,那么也就会更加聪明了。天如此之高、星辰如此遥远,如果推求它们的本原,那么千年以后的夏至、冬至,坐在家里也可以推算出来。"

8.27　公行子有子之丧⑤,右师往吊⑥。入门,有进而与右师言者,有就右师之位而与右师言者。

---

① 故:积习、习惯。《庄子·达生》篇云:"吾生于陵而安于陵,故也;长于水而安于水,性也;不知所以然而然,命也。"赵岐《注》云:"言天下万物之情性,常顺其故,则利之也。改庚其性,则失其利矣。若以杞柳为杯棬,非杞柳之性也。"
② 利:顺应。
③ 凿:穿凿附会。
④ 日至:夏至和冬至。
⑤ 公行子:齐国大夫。
⑥ 右师:一种官职。在此指前文已提及的王骥王子敖。

孟子不与右师言，右师不悦，曰："诸君子皆与驩言，孟子独不与驩言，是简驩也①。"孟子闻之，曰："礼：朝廷不历位而相与言②，不逾阶而相揖也。我欲行礼，子敖以我为简，不亦异乎？"

【解读】

公行子的儿子死了，右师前去吊唁。一进门，就有人走向右师跟他说话，坐下后又有人靠近他的座席跟他说话。孟子却不与右师说话，右师很不高兴，说："各位都和我说话，只有孟子不和我说话，这是怠慢我啊。"

孟子听到后，说："礼制规定：在朝廷上，不可跨越位次交谈，也不可跨过台阶作揖。我按照礼制行事，子敖却认为我怠慢了他，这不是很奇怪吗？"

8.28　孟子曰："君子所以异于人者，以其存心也③。君子以仁存心，以礼存心。仁者爱人，有礼者敬人。爱人者，人恒爱之。敬人者，人恒敬之。有人于此，其待我以横逆④，则君子必自反也⑤：'我必不仁也，必无礼也，此物奚宜至哉⑥？'其自反而仁矣，自反而有礼矣，其横逆由是也⑦，君子必自反也：'我必不忠。'自反而忠矣，其横逆由是也，君子曰：'此亦妄人

---

① 简：怠慢。
② 历位：越位。
③ 心：仁义礼智四端之心。
④ 横逆：强暴不讲理。
⑤ 自反：自我反省。
⑥ 物：事。奚宜：为什么。
⑦ 由：通"犹"。

也已矣。如此则与禽兽奚择哉①? 于禽兽又何难焉②?'是故君于有终身之忧,无一朝之患也。乃若所忧则有之:舜,人也;我,亦人也。舜为法于天下,可传于后世,我由未免为乡人也,是则可忧也。忧之如何? 如舜而已矣。若夫君子所患③,则亡矣。非仁无为也,非礼无行也。如有一朝之患,则君子不患矣。"

【解读】

　　孟子说:"君子不同于一般人的地方,就是他们居心不同。君子心里存在仁爱和礼义。仁人爱护别人,守礼的人恭敬他人。爱别人的人,别人也总是爱他;恭敬别人的人,别人也总是尊敬他。假设这里有个人,他对我蛮横粗暴,那么君子就会自我反省:我一定有不仁或者无礼的行为,不然对方怎么会出现这种态度呢? 自省之后,自己更加关爱他人,更加守礼。但对方的无礼仍旧不改,君子必定再一次反省:我一定在某件事上还不够忠诚。自省之后,待人更忠敬了,但对方的无礼依旧不改。君子就会说:'这个人不过是个狂妄之徒罢了! 既然如此,此人和禽兽又有什么区别呢? 你又能责备禽兽什么呢?'所以君子有终身的、长远的忧患,却没有一时的担心。终身的忧患是有的:舜是人,我也是人。舜作为天下人的楷模,德泽流传后世,我却免不了是一个普通人。这才是值得长远忧虑的事。忧虑了又能怎么样呢? 像舜那样去做罢了。至于别的担忧,君子就没有了。不仁爱的事不做,不合礼义的事不做。就算有一时的祸患,君子也认为不值得忧愁。"

　　8.29　禹、稷当平世④,三过其门而不入,孔子贤之。颜子

---

① 奚择:有何区别。
② 难:责难、计较。
③ 若夫:至于。
④ 平世:太平之世。

当乱世,居于陋巷。一箪食,一瓢饮。人不堪其忧,颜子不改其乐,孔子贤之。

孟子曰:"禹、稷、颜回同道①。禹思天下有溺者,由己溺之也②。稷思天下有饥者,由己饥之也,是以如是其急也。禹、稷、颜子,易地则皆然。今有同室之人斗者,救之,虽被发缨冠而救之③,可也。乡邻有斗者,被髪缨冠而往救之,则惑也,虽闭户可也。"

【解读】

禹、稷生活在太平时代,三次经过自己的家门都不进入,孔子认为他们有圣贤之德。颜回生活在乱世,居住在简陋的巷子里。一筐饭、一瓢水,别人都忍受不了这种清苦的生活,颜回却乐在其中,孔子称赞他是贤人。

孟子说:"禹、稷、颜回遵循同样的治世之道。禹一想到天下有溺水的人,就好像是自己使他们溺水一样;稷一想到天下有饥饿的人,就好像是自己使他们挨饿一样,因此才如此急切。如果禹、稷和颜子交换了位置,也会像对方一样行事。如果有同屋的人在相互厮打,为了去救他们,即使披散着头发,匆匆忙忙戴上帽子去解救,也是可以理解的。如果乡里的邻居在斗殴,也披散着头发、胡乱戴上帽子去救,那就有些糊涂冒失了;对于这种事,即使关门闭户不去管它,也是讲得通的。"

8.30 公都子④曰:"匡章⑤,通国皆称不孝焉。夫子与之

---

① 同道:朱子《集注》云:"圣贤之道,进则救民,退则修己,其心一而已矣。"
② 由:通"犹"。
③ 被:同"披"。缨:系帽绳。
④ 公都子:孟子弟子。
⑤ 匡章:齐国将领。

游,又从而礼貌之①,敢问何也?"

孟子曰:"世俗所谓不孝者五:惰其四支②,不顾父母之养,一不孝也;博弈好饮酒③,不顾父母之养,二不孝也;好货财,私妻子,不顾父母之养,三不孝也;从耳目之欲④,以为父母戮⑤,四不孝也;好勇斗很⑥,以危父母,五不孝也。章子有一于是乎?夫章子,子父责善而不相遇也⑦。责善,朋友之道也。父子责善,贼恩之大者⑧。夫章子,岂不欲有夫妻子母之属哉?为得罪于父,不得近。出妻屏子⑨,终身不养焉。其设心以为不若是,是则罪之大者,是则章子已矣⑩。"

【解读】

公都子说:"匡章这人,全国上下都说他不孝。您却跟他来往,还以礼相待,这是为什么呢?"

孟子说:"人们所说的不孝有五种:四体不勤,不赡养父母,这是一种;喜欢喝酒赌博,不奉养父母,这是第二种;贪图钱财,偏爱妻子儿女,不体贴父母,这是第三种;放纵于声色犬马,让父母蒙羞,这是第四种;逞强斗勇,让父母处于危险的境地,这是第五种。匡章有过这五种不孝

---

① 礼貌:敬,以礼相待。
② 四支:四肢。
③ 博弈:棋类游戏。焦循认为,"按谓博与弈异是也。博盖即今之双陆,弈为围棋,今仍此名矣。……赵氏以《论语》博、弈连言,故以博释弈,其实弈为围之专名,与博同类而异事也。"
④ 从:同"纵",放纵。
⑤ 戮:羞辱。
⑥ 很:通"狠",凶狠。
⑦ 遇:合。
⑧ 贼:害。
⑨ 屏(bǐng):退,疏远。
⑩ 朱子《集注》:"言章子非不欲身有夫妻之配、子有子母之属,但为身不得近于父,故不敢受妻子之养,以自责罚。其心以为不如此,则其罪益大也。此章之旨,于众所恶而必察焉,可以见圣贤至公至仁之心矣。"

行为中的任何一种吗？他不过是和父亲以善相责，结果把关系弄僵了而已。以善相责，是朋友相处之道；父子之间以善相责，容易伤害感情。匡章难道不希望与父母妻子团聚吗？只是因为得罪了父亲，不能亲近他，就把妻室儿女都赶走，终身不要他们侍奉。他认为如果他不这么自我责罚，那罪过就更大了，这就是匡章的为人之道。"

8.31 曾子居武城①，有越寇②。或曰："寇至，盍去诸③？"

曰："无寓人于我室④，毁伤其薪木。"

寇退，则曰："修我墙屋，我将反。"

寇退，曾子反。左右曰⑤："待先生如此其忠且敬也，寇至则先去以为民望⑥，寇退则反，殆于不可。"

沈犹行曰⑦："是非汝所知也。昔沈犹有负刍之祸⑧，从先生者七十人，未有与焉⑨。"

子思居于卫，有齐寇。或曰："寇至，盍去诸？"

子思曰："如伋去，君谁与守？"

孟子曰："曾子、子思同道。曾子，师也，父兄也。子思，臣也，微也。曾子、子思易地则皆然。"

---

① 武城：鲁国邑名，故城在今山东省费县西南方。
② 越寇：越国灭吴后，与鲁国接壤，所以时常有越国强盗杀人越货。
③ 盍：何不。
④ 寓：寄、居住。
⑤ 左右：曾子弟子。
⑥ 民望：朱子《集注》："言使民望而效之。"
⑦ 沈犹行：曾子弟子。
⑧ 负刍之祸：历史上有几种说法，赵岐《注》认为，"时有作乱者曰负刍，来攻沈犹氏。"他将"负刍"理解为人名；朱熹《集注》则认为，"言曾子尝舍于沈犹氏，时有负刍者作乱，来攻沈犹氏，曾子率其弟子去之。"朱熹以"负刍"为砍柴背草之人，代表社会一个阶层。
⑨ 与：参与。朱子《集注》："曾子率其弟子去之，不与其难。言师宾不与臣同。"

【解读】

曾子居住在武城,有越国敌寇来进犯。

有人说:"敌寇来了,何不先离开这里呢?"曾子说:"不要让人住在我的屋子里,毁坏了那些树木。"

敌寇退走后,曾子说:"修缮一下我的房子,我要回来了。"敌寇离开后,曾子就回来了。身边人说:"武城人对待先生如此忠心,毕恭毕敬。敌人来了,先生早早就离开,给老百姓树立了一个坏榜样;敌人一退走,先生就回来了,这样做有所不妥吧?"

沈犹行说:"这就不是你们所懂得的了。以前先生曾住在我家时,发生了负刍之乱。跟随先生的七十多人,陪同先生早早离开了。"

子思住在卫国,有齐国敌寇来犯。有人说:"敌人来了,何不尽早离开这里呢?"子思说:"如果我走了,谁与国君一起守城呢?"

孟子说:"曾子和子思遵循同样的处世之道。曾子是老师,是长辈;子思是臣下,地位卑微。如果曾子和子思交换了地位,也会像对方一样行事。"

8.32 储子曰①:"王使人瞯夫子②,果有以异于人乎?"孟子曰:"何以异于人哉? 尧、舜与人同耳。"

【解读】

储子说:"国君曾经派人来窥探您,观察是否您真有什么异于常人之处。"

孟子说:"哪有什么异于常人的地方呢? 即使是尧、舜,也跟普通人一样啊。"

8.33 齐人有一妻一妾而处室者。其良人出③,则必餍酒

---

① 储子:齐国人,根据《战国策》记载,此人曾经担任齐相。
② 瞯(jiàn):窥视。
③ 良人:丈夫。

肉而后反①。其妻问所与饮食者,则尽富贵也。其妻告其妾曰:"良人出,则必餍酒肉而后反。问其与饮食者,尽富贵也,而未尝有显者来②。吾将瞷良人之所之也。"

蚤起③,施从良人之所之④,遍国中无与立谈者。卒之东郭墦间⑤,之祭者,乞其余;不足,又顾而之他,此其为餍足之道也。

其妻归,告其妾曰:"良人者,所仰望而终身也。今若此!"与其妾讪其良人⑥,而相泣于中庭。而良人未之知也,施施从外来⑦,骄其妻妾。

由君子观之,则人之所以求富贵利达者,其妻妾不羞也,而不相泣者,几希矣⑧!

【解读】

齐国有一个人,家有一妻一妾。丈夫每次外出,必定是饱餐酒肉之后回家。妻子问他跟什么人一起吃喝,他回答说都是富贵之人。

妻子对他的妾说:"丈夫每次出门,总是饱餐酒肉回家;问他跟什么人吃饭,他都说是富贵之人。但咱们家从来没有显贵登门拜访过,我要暗地里察看丈夫的行踪。"

第二天一早起来,妻子远远地尾随着丈夫。走遍全城,也没有一个人停下来跟丈夫打招呼。最后走到东郊的墓地,丈夫向祭坟的人讨要

---

① 餍:饱。
② 显者:富贵之人。
③ 蚤:通"早"。
④ 施(yí):通"迤",斜,这里指走小道。
⑤ 墦(fán):坟墓。
⑥ 讪:讥讽。
⑦ 施施:喜笑颜开。
⑧ 几稀:希少。朱子《集注》:"孟子言自君子而观,今之求富贵者,皆若此人耳。使其妻妾见之,不羞而泣者少矣,言可羞之甚也。"

祭祀剩下的残羹剩饭；不够的话，又东张西望向别人乞讨，这就是他吃饱喝足的方法。

妻子回到家，告诉妾说："丈夫是咱们终身仰望和依靠的人，如今他竟然这样不知羞耻。"妻妾二人讥讽丈夫，在庭中相对而泣。可是丈夫还不知道事已败露，大摇大摆从外面回来，又一次向他的妻妾炫耀。

在君子看来，现如今人们用来追求升官发财的手段，能使他们的妻妾不感到羞耻、不相对而泣的，实在是太少了！

卷九　万章章句上　凡九章

9.1　万章问曰①:"舜往于田②,号泣于旻天③,何为其号泣也?"

孟子曰:"怨慕也④。"

万章曰:"'父母爱之,喜而不忘。父母恶之,劳而不怨'⑤。然则舜怨乎?"

曰:"长息问于公明高曰⑥:'舜往于田,则吾既得闻命矣。号泣于旻天,于父母,则吾不知也。'公明高曰:'是非尔所知也。'夫公明高以孝子之心,为不若是恝⑦。'我竭力耕田,共为子职而已矣⑧。父母之不我爱,于我何哉?'帝使其子九男二女⑨,百官牛羊仓廪备,以事舜于畎亩之中⑩。天下之士多就之者,帝将胥天下而迁之焉⑪。为不顺于父母⑫,如穷人无所归。天下之士悦之,人之所欲也,而不足以解忧。好色,人之所欲,妻帝之二女,而不足以解忧。富,人之所欲;富有天

---

①　万章:孟子弟子。
②　舜往于田:舜到田里去干农活。相传舜耕于历山。
③　旻(mín):秋天,旻同时又隐含仁爱怜悯之意。朱子《集注》:"仁覆闵下,谓之旻天。"
④　怨慕:自责与思慕。朱子《集注》:"怨已之不得其亲而思慕也。"
⑤　以上四句出自《礼记·祭义》与《大戴礼记·曾子大孝》曾子语。劳:忧虑。
⑥　长息:公明高弟子。公明高:曾子弟子。
⑦　恝(jiá):无忧无虑、不在乎。
⑧　共:通"恭",恭敬。
⑨　帝:尧。二女:尧将二女嫁给舜之事见于《尚书·尧典》。
⑩　畎(quǎn)亩:田地。
⑪　胥:尽、皆。迁之:交给舜。
⑫　顺:悦。

160

下,而不足以解忧。贵,人之所欲,贵为天子,而不足以解忧。人悦之、好色、富贵,无足以解忧者,惟顺于父母,可以解忧。人少,则慕父母;知好色,则慕少艾①;有妻子,则慕妻子;仕则慕君,不得于君则热中②。大孝,终身慕父母。五十而慕者,予于大舜见之矣③。"

【解读】

万章问:"舜来到田间,向仁慈的上天诉说、哭泣,他为什么哭号呢?"

孟子说:"因为自我责备,也因为对父母怀恋不已。"

万章说:"父母喜欢他,高兴而不忘怀;父母不喜欢他,虽忧愁但不埋怨。那么,舜怨恨父母吗?"

孟子说:"长息问公明高说:'舜来到田地,我已经听您说过了;但他向天哭号,这样对待父母,我还不理解。'公明高说:'这不是你所能懂的。'公明高认为以孝子之心,是不能这样满不在乎的:我尽力耕田,尽我做儿子的职责;父母不喜爱我,我又有什么办法呢?尧让他的九个儿子两个女儿,带着百官、牛羊和粮食,到田野侍奉舜,天下的士人投奔舜的也很多,尧把天下让给了他。但舜却因为父母不喜欢他,便像穷苦的人找不到依靠一样。天下的士人都爱戴自己,这是很多人所欲求的,对舜来说却不足以解忧;美丽的姑娘,也是谁都喜欢的,舜娶了尧的两个女儿,也不足以解忧;财富,是人人想得到的,舜富有天下,也不足以解忧;尊贵,也是谁都想要的,舜贵为天子,却仍不足以解忧。众人的爱戴、美丽的姑娘、财富、尊贵都不足以解忧,只有父母的喜爱才能够解除忧愁。人幼小的时候,就依恋父母;人长大了有了情欲,就喜欢漂亮姑娘;娶了妻子之后,便爱恋妻子儿女;做了官,就爱戴君主,不讨君主欢

---

① 少艾:年轻美貌的女孩。
② 热中:躁急而心热。
③ 朱子《集注》:"言常人之情,因物有迁,惟圣人为能不失其本心也。"

心就五内俱焚。真正的孝子终生恋慕父母。到了五十岁还恋慕父母，我在伟大的舜的身上见到了。"

9.2　万章问曰："《诗》云^①：'娶妻如之何？必告父母。'信斯言也^②，宜莫如舜。舜之不告而娶，何也？"

孟子曰："告则不得娶。男女居室，人之大伦也。如告，则废人之大伦，以怼父母^③，是以不告也。"

万章曰："舜之不告而娶，则吾既得闻命矣。帝之妻舜而不告^④，何也？"

曰："帝亦知告焉则不得妻也。"

万章曰："父母使舜完廪^⑤，捐阶^⑥，瞽瞍焚廪^⑦。使浚井^⑧，出，从而揜之^⑨。象曰^⑩：'谟盖都君咸我绩^⑪。牛羊，父母。仓廪，父母。干戈，朕。琴，朕。弤^⑫，朕。二嫂，使治朕栖^⑬。'象往入舜宫，舜在床琴。象曰：'郁陶思君尔^⑭。'忸

---

①　《诗》云：所引诗句出自《诗经·齐风·南山》。

②　信：诚。

③　怼(duì)：怨恨。朱子《集注》："舜父顽母嚚，常欲害舜。告则不听其娶，是废人之大伦，以仇怨于父母也。"

④　妻：把女儿嫁给舜。

⑤　完廪：修缮谷仓。

⑥　捐阶：去掉梯子。捐，拿走。阶，梯子。

⑦　瞽瞍(gǔ sǒu)：舜的父亲。

⑧　浚(jùn)井：淘井。

⑨　揜：同"掩"，掩盖。

⑩　象：舜的异母弟。

⑪　谟盖：谋害。谟，通"谋"。盖，通"害"，焦循引阮元《释盖》曰："孟子'谟盖都君'，此兼井廪言之，盖亦当训为'害'也。若专以谋盖为盖井而不兼焚廪，则'咸我绩''咸'字无所著矣。"都君：舜。朱子《集注》："舜所居三年成都，故谓之都君。"咸：都。绩：功绩。

⑫　弤(dǐ)：弓。

⑬　栖：床。

⑭　郁陶(yáo)：思念。

162

怩①。舜曰：'惟兹臣庶②，汝其于予治③。'不识舜不知象之将杀己与？"

曰："奚而不知也④？象忧亦忧，象喜亦喜。"

曰："然则舜伪喜者与？"

曰："否。昔者有馈生鱼于郑子产，子产使校人畜之池⑤。校人烹之，反命曰⑥：'始舍之，圉圉焉⑦；少则洋洋焉⑧，攸然而逝。'子产曰：'得其所哉！得其所哉！'校人出，曰：'孰谓子产智？予既烹而食之，曰："得其所哉，得其所哉。"'故君子可欺以其方⑨，难罔以非其道⑩。彼以爱兄之道来，故诚信而喜之，奚伪焉？"

【解读】

万章问："《诗》说：'娶妻之事如何办？一定要先禀告父母。'没有人比舜更相信这句话。但舜却没有禀告父母就娶妻，这是为什么呢？"

孟子说："因为一旦禀告父母，就娶不成妻子了。男女婚姻，是人与人之间重大的伦理关系。如果禀告父母就娶不成妻，这么重要的伦常就要废弃，结果必然怨恨父母，所以才没有禀告。"

万章说："舜不禀告父母就娶妻，这道理我已经懂了；那么尧把女儿嫁给舜，也没有告诉舜的父母，又是为什么呢？"

---

① 怩怩：惭愧不安。
② 惟：思念。兹：此。臣庶。
③ 于：为。王引之《经传释词》云："于，为也。为，助也。"
④ 奚而：如何、怎么。
⑤ 校（xiào）人：管理池沼的小吏。
⑥ 反命：回报。
⑦ 圉圉（yǔ）：气息奄奄。
⑧ 洋洋：悠然自得。
⑨ 方：合乎情理的方法。
⑩ 罔：诳骗、蒙蔽。

163

孟子说："尧也知道，一旦告诉了他们就嫁不成了。"

万章说："舜的父母让他去修粮仓，等舜上了仓顶，就拿走梯子，并且放火烧粮仓。其父又让舜去淘井，等到其他人都出来了，便用土填埋井口。舜的兄弟象说：'谋害舜都是我的功劳，舜的牛羊分给父母，粮仓也给父母，兵器归我，琴归我，弓箭归我，两位嫂子就替我铺床叠被。'象来到舜的房间，却看到舜在床上弹琴。象于是说：'我好想念你啊！'但神情非常羞愧。舜说：'我惦记这些臣下和老百姓，你就替我管理他们吧。'我不明白，舜难道不知道象要杀他吗？"

孟子说："哪能不知道呢？只是象忧愁，他也忧愁；象高兴，他也高兴。"

万章说："那么舜是假装高兴吗？"

孟子说："不是。从前有个人送了条活鱼给郑国的子产，子产让管理池塘的人放进池塘养起来，那人却偷偷把鱼煮熟吃了，并回来禀报说：'一开始放进池塘，它半死不活的；没多久就摇着尾巴悠然游走，突然间就不知去向了。'子产说：'它找到了好地方啊！找到了好地方啊！'管理池塘的人退了出来，说：'谁说子产聪明？我已经把鱼吃了，他还说鱼找到了好地方。'所以，对于君子，可以用合乎情理的方法欺骗他，不能用违反常理的办法愚弄他。象既然装作敬爱兄长，舜也就真诚地相信他并感到高兴，这怎么是虚假呢？"

9.3　万章问曰："象日以杀舜为事。立为天子，则放之[1]，何也？"

孟子曰："封之也，或曰'放焉'。"

万章曰："舜流共工于幽州[2]，放骓兜于崇山[3]，杀三苗

---

[1]　放：放逐。

[2]　共工：尧之臣，一说共工是水官名。幽州：在今北京密云东北，此泛指北方边远地区。

[3]　骓（huān）兜：尧之臣，与共工一起作恶而被放逐。崇山：在今湖北崇阳县南，此泛指南方边远地区。

于三危①,殛鲧于羽山②,四罪而天下咸服,诛不仁也。象至不仁,封之有庳③。有庳之人奚罪焉?仁人固如是乎?在他人则诛之,在弟则封之。"

曰:"仁人之于弟也,不藏怒焉,不宿怨焉④,亲爱之而已矣。亲之欲其贵也,爱之欲其富也。封之有庳,富贵之也。身为天子,弟为匹夫,可谓亲爱之乎?"

"敢问'或曰放'者,何谓也?"

曰:"象不得有为于其国,天子使吏治其国,而纳其贡税焉,故谓之'放'。岂得暴彼民哉?虽然,欲常常而见之,故源源而来。'不及贡,以政接于有庳⑤。'此之谓也。"

【解读】

万章问:"象每天都谋划杀害舜,等到舜做了天子,却只是流放他,为什么呢?"

孟子说:"其实是封他做诸侯,但也有人说是流放。"

万章说:"舜把共工流放到幽州,把驩兜发配到崇山,把三苗驱赶到三危,把鲧诛杀在羽山。将这四人治罪之后,天下人都归顺了舜,因为他讨伐的都是不仁不义之人。象是最不仁之人,舜却把他封在有庳。有庳的老百姓有什么过错呢?难道仁者本来就是这样吗——对外人就惩处,对弟弟就加封?"

孟子说:"仁者对待弟弟,不隐藏忿怒,不积累怨恨,只是亲近爱护

---

① 杀:《尚书·尧典》作"窜",驱赶。三苗:一说为古国名,另一说为远古三凶(浑敦、穷奇、饕餮)。三危:山名,在今甘肃省敦煌一带,此泛指西方边远地区。

② 殛:诛杀。鲧:禹的父亲。羽山:山名,在今江苏省赣榆县,此泛指东方边远地区。

③ 有庳(bì):古代地名,或说在今湖南省道县一带。朱子《集注》:"或曰:'今道州鼻亭,即有庳之地也。'未知是否?"

④ 宿怨:留蓄其怨。

⑤ 不及贡,以政接于有庳:这两句可能出自《尚书》逸篇。

他罢了。亲近他,就希望他地位尊贵;爱护他,就希望他富裕。把有庳分封给他,是让他尊贵富裕。舜是天子,弟弟却是平民,这能称得上亲近爱护吗?”

万章问:“有人说这是流放,又该如何解释呢?”

孟子说:“象不能在他的封地上为所欲为,天子派遣官吏治理有庳,并且他还要缴纳贡税,所以有人说是流放。象怎么能残暴地对待老百姓呢?即使如此,舜还是希望常常见到象,因此象经常来朝见舜。所谓‘不必等到朝贡的时候,平时也以政事的名义接见有庳的君长’,说的就是这件事。”

9.4　咸丘蒙问曰①:“语云②:‘盛德之士,君不得而臣,父不得而子。’舜南面而立,尧帅诸侯北面而朝之,瞽瞍亦北面而朝之。舜见瞽瞍,其容有蹙③。孔子曰:‘于斯时也,天下殆哉!岌岌乎④!’不识此语诚然乎哉?”

孟子曰:“否。此非君子之言,齐东野人之语也⑤。尧老而舜摄也。《尧典》曰⑥:‘二十有八载,放勋乃徂落⑦。百姓如丧考妣⑧。三年,四海遏密八音⑨。’孔子曰⑩:‘天无二日,民无二王。’舜既为天子矣,又帅天下诸侯以为尧三年丧,是二天子矣。”

---

① 咸丘蒙:孟子弟子。
② 语:语是古代一种著作体例,主要用于记述古人言论行事。
③ 蹙(cù):局促不安。
④ 岌岌:危险。此处所引孔子言论又见于《墨子》与《韩非子》。
⑤ 齐东野人:朱子《集注》:“齐国之东鄙也。”
⑥ 《尧典》曰:以下数句见于今文《尚书·舜典》。
⑦ 放勋:尧的称号。徂落:死亡。朱子《集注》:“徂,升也。落,降也。人死则魂升而魄降,故古者谓死为徂落。”
⑧ 考妣:父死为考,母死为妣。
⑨ 遏:止。密:静。八音:金、石、丝、竹、匏、土、革、木,此处泛指各种乐器。
⑩ 孔子曰:此处引语,又见于《礼记》之《曾子问》《坊记》。

咸丘蒙曰："舜之不臣尧，则吾既得闻命矣。《诗》云①：'普天之下，莫非王土。率土之滨②，莫非王臣。'而舜既为天子矣，敢问瞽瞍之非臣，如何？"

曰："是诗也，非是之谓也。劳于王事，而不得养父母也。曰：'此莫非王事，我独贤劳也③。'故说《诗》者，不以文害辞④，不以辞害志⑤；以意逆志⑥，是为得之。如以辞而已矣，《云汉》之诗曰⑦：'周余黎民，靡有孑遗⑧。'信斯言也，是周无遗民也。孝子之至，莫大乎尊亲。尊亲之至，莫大乎以天下养。为天子父，尊之至也。以天下养，养之至也。《诗》曰⑨：'永言孝思⑩，孝思维则。'此之谓也。《书》曰⑪：'祗载见瞽瞍⑫，夔夔齐栗⑬，瞽瞍亦允若⑭。'是为父不得而子也。"

【解读】

咸丘蒙问："古书说：'德行很高的人，君主无法强行胁迫他当臣下，父亲也不能把他当作儿子。'舜做了天子，尧带领诸侯朝拜他，舜的父亲

① 《诗》云：此处诗句引自《诗经·小雅·北山》。
② 率：循。
③ 贤劳：勤劳、劳苦。宋翔凤《孟子赵注补正》云："《小尔雅》，'贤，多也。'《诗》，'大夫不均，我从事独贤'，'独贤'犹言'独多'。《孟子》说诗为'贤劳'，正是'多劳'之义"。
④ 文：字。辞：语。
⑤ 志：《毛诗序》云："诗者，志之所之也。在心为志，发言为诗。"
⑥ 逆：推求、推测。《周礼正义》卷二十一《乡师》郑玄注："逆，犹钩考也。"
⑦ 《云汉》：《诗经·大雅》篇名。
⑧ 孑(jié)：遗。朱子《集注》："言说《诗》之法，不可以一字而害一句之义，不可以一句而害设辞之志，当以己意迎取作者之志，乃可得之。"
⑨ 《诗》曰：此处诗句引自《诗经·大雅·下武》。
⑩ 永：长。
⑪ 《书》曰：《尚书》逸篇，伪古文《尚书》将其辑入《大禹谟》。
⑫ 祗：敬。载：事。
⑬ 夔夔(kuí)齐栗：敬谨恐惧之貌。
⑭ 允：信、确实。若：顺。

瞽瞍也一起朝拜。舜见了父亲，神色有些不安。孔子说：'这个时候，天下岌岌可危啊!'不知道这话是真的吗?"

孟子说："不是。这不是君子说的话，而是齐国乡野之人说的话。尧年老的时候，让舜代理自己的职权。《尧典》上记载：'二十八年后，尧才去世，老百姓像死了父母一样，服丧三年，全天下停止奏乐。'孔子说：'天上不能有两个太阳，人间也不能有两个天子。'舜已经做了天子，同时又带领天下诸侯为尧服丧三年，这就等于同时有两个天子了。"

咸丘蒙说："舜不以尧为臣，我已经明白了。《诗》说：'普天之下，莫不是天子的土地;四海之内，莫不是天子的臣民。'既然舜做了天子，瞽瞍却不是他的臣民，请问这是为什么呢?"

孟子说："这首诗说的不是那个意思，而是作者感慨劳于国事而无法侍奉父母。他说：'这些事都是天子派下的任务，为什么让我独自操劳呢?'所以解释《诗》的人，不能拘泥于文字而误解了诗句，也不要拘泥于诗句而误解了思想。结合自己切身体会去推测作者的本意，这样才能把握诗意。如果拘泥于诗句，那么《云汉》这首诗说'周朝剩余的百姓，没有一个存活。'相信这句话，就会认为周朝没有一个人留存了。孝子言行的极致，莫过于使双亲尊贵;使双亲尊贵的极致，莫过于用天下来奉养父母。瞽瞍身为天子的父亲，可以说是尊贵到极点;舜用天下来奉养他，也可以说达到了奉养的极致。《诗》说：'永远谨守孝道，孝道是天下的准则。'说的就是这个意思。《书》说：'舜小心恭敬地见父亲，谨敬而又畏惧，瞽瞍也就顺理而行了。'这难道是'父亲不能把他当儿子'吗?"

9.5　万章曰："尧以天下与舜①，有诸?"
孟子曰："否。天子不能以天下与人。"

---

①　天下:朱子《集注》："天下者，天下之天下，非一人之私有故也。"现代学者孙向晨在《论家:个体与亲亲》书中指出："'中国'是一个与'天下'相对应的概念。在'天下'的范围里，'中国'就是一个示范性区域，也就是我们所说的'文明国家'"

"然则舜有天下也,孰与之?"

曰:"天与之。"

"天与之者,谆谆然命之乎①?"

曰:"否。天不言,以行与事示之而已矣。"

曰:"以行与事示之者如之何?"

曰:"天子能荐人于天,不能使天与之天下。诸侯能荐人于天子,不能使天子与之诸侯。大夫能荐人于诸侯,不能使诸侯与之大夫。昔者尧荐舜于天而天受之,暴之于民而民受之②。故曰:'天不言,以行与事示之而已矣。'"

曰:"敢问荐之于天而天受之,暴之于民而民受之,如何?"

曰:"使之主祭而百神享之,是天受之。使之主事而事治,百姓安之,是民受之也。天与之,人与之,故曰:'天子不能以天下与人。'舜相尧,二十有八载,非人之所能为也,天也。尧崩,三年之丧毕,舜避尧之子于南河之南③。天下诸侯朝觐者,不之尧之子而之舜;讼狱者,不之尧之子而之舜;讴歌者,不讴歌尧之子而讴歌舜。故曰:"天也。"夫然后之中国④,践天子位焉⑤。而居尧之宫,逼尧之子,是篡也,非天与也。《太誓》曰⑥:'天视自我民视,天听自我民听。'此之谓也。"

【解读】

万章说:"尧把天下让给了舜,有这回事吗?"

---

① 谆谆:反复叮嘱。
② 暴(pù):显露、公开。
③ 南河:黄河。《史记正义》引《括地志》:"河在尧都之南,故曰南河。"
④ 中国:都城。
⑤ 践:即位。
⑥ 《太誓》曰:所引文句出自《尚书》逸篇,伪古文《尚书》将其辑入《太誓》。朱子《集注》:"天无形,其视听皆从于民主视听。民之归舜如此,则天与之可知矣。"

孟子说:"没有。天子不能把天下让给别人。"

万章问:"那么舜获得了天下,是谁授予的呢?"

孟子说:"天授予。"

问:"所谓天授予,难道是上天反复嘱咐要他接受吗?"

孟子回答:"不是。天不会说话,只是通过行动和事实表示而已。"

问:"天是如何通过行动和事实表示呢?"

孟子说:"天子能把人推荐给天,却不能强迫上天把天下授予此人;诸侯可以把人推荐给天子,却不能强迫天子把诸侯之位授予此人;大夫可以把人推荐给诸侯,却不能强迫诸侯把大夫之位授予此人。从前,尧向天推荐了舜,天接受了;把舜推荐给百姓,老百姓也接受了。所以说,天不说话,只是通过行动和事实表达心志而已。"

万章问:"请问推荐给天,天接受了;介绍给百姓,百姓接受了,这是怎么回事呢?"

孟子说:"让舜主持祭祀,神灵都来享用祭品,这就是表明天接受了;让舜主管政事,政事处理得很好,百姓安居乐业,这就是百姓接受了。这地位是天授予的,百姓授予的。所以说,天子不能把天下授予别人。舜辅佐尧二十八年,这不是一个人的意志决定的,而是天决定的。尧死后,舜结束了三年的服丧。为了躲避尧的儿子,到了黄河的南面。但天下来朝见的诸侯,都不到尧的儿子那里去,却到舜这里来;有冤屈来打官司的,也都到舜这里来而不到尧的儿子那里去;民间的歌谣歌颂舜,却不歌颂尧的儿子。所以说,舜当天子是天意。这样,舜才回到国都,登上了天子之位。如果舜是自己住进尧的宫殿,逼迫尧的儿子让位,这就是篡位,而不是天授予。《太誓》说:'天视自我民视,天听自我民听。'说的就是这个意思。"

9.6　万章问曰:"人有言'至于禹而德衰,不传于贤而传于子',有诸?"

孟子曰:"否,不然也。天与贤,则与贤;天与子,则与子。

昔者舜荐禹于天,十有七年,舜崩。三年之丧毕,禹避舜之子于阳城①。天下之民从之,若尧崩之後,不从尧之子而从舜也。禹荐益于天,七年,禹崩。三年之丧毕,益避禹之子于箕山之阴②。朝觐讼狱者不之益而之启③,曰:'吾君之子也。'讴歌者不讴歌益而讴歌启,曰:'吾君之子也。'丹朱之不肖④,舜之子亦不肖;舜之相尧、禹之相舜也,历年多,施泽于民久。启贤,能敬承继禹之道。益之相禹也,历年少,施泽于民未久。舜、禹、益,相去久远。其子之贤不肖,皆天也,非人之所能为也。莫之为而为者,天也。莫之致而至者,命也。匹夫而有天下者,德必若舜、禹,而又有天子荐之者,故仲尼不有天下。继世以有天下,天之所废,必若桀、纣者也,故益、伊尹、周公不有天下。伊尹相汤以王于天下⑤。汤崩,太丁未立⑥,外丙二年⑦,仲壬四年⑧。太甲颠覆汤之典刑⑨,伊尹放之于桐⑩。三年,太甲悔过,自怨自艾⑪,于桐处仁迁义。三年,以听伊尹之训己也,复归于亳⑫。周公之不有天下,犹益之于夏,伊尹之

---

① 阳城:地名,夏朝都城之一,在今河南省登封县一带。
② 箕山:山名,在今河南省登封县东南。阴:山南为阳,山北为阴。
③ 启:禹的儿子。
④ 丹朱:尧的儿子。朱子《集注》:"尧、舜之子皆不肖,而舜、禹之为相久,此尧、舜之子所以不有天下,而舜、禹有天下也。禹之子贤,而益相不久,此启所以有天下而益不有天下也。然此皆非人力所为而自为。非人力所致而自至者。盖以理言之谓之天,自人言之谓之命,其实则一而已。"
⑤ 伊尹:商汤之贤相,辅佐商汤伐桀。
⑥ 太丁:商汤的儿子,未立而亡。四部丛刊本"太"作"大"。
⑦ 外丙:太丁的弟弟。卜辞作"卜丙"。
⑧ 仲壬:太丁的弟弟。卜辞作"中壬"。
⑨ 太甲:太丁的儿子。典刑:法典。
⑩ 桐:朱子《集注》:"汤墓所在。"据《史记正义》引《太康地记》,桐在今河南偃师县西南。
⑪ 自怨自艾(yì):自我责备、自我改过。艾,治。
⑫ 亳(bó):商汤国都,在今河南偃师县西。

于殷也。孔子曰：'唐、虞禅，夏后、殷、周继，其义一也①。'"

【解读】

万章问："有人说：'到了禹的时代，道德就衰败了。他没有把天下传给贤者，而是传给了自己的儿子。'有这回事吗？"

孟子说："不对，不是这样的。上天把天下传给贤人就传给贤人，上天把天下传给儿子就传给儿子。过去，舜向天推荐了禹。十七年后，舜去世了。三年的服丧结束后，禹躲避舜的儿子到了阳城，天下百姓都跟着到了阳城，就像尧死后大家都跟从舜而不跟从尧的儿子一样。禹向天推荐了益，七年后，禹去世了。三年的服丧结束后，益躲避禹的儿子到了箕山之北。但朝见和打官司的人不到益那里而到了启那里，说：'他是我们君王的儿子。'民间的歌谣不歌颂益，而是歌颂启，说：'他是我们君王的儿子。'尧的儿子丹朱不成器，舜的儿子也不成器。舜辅佐尧，禹辅佐舜，经历了很多年，施与百姓恩泽也很久。启很贤明，能够恭敬地继承禹的传统。益辅佐禹的时间不长，施与百姓恩泽也不多。舜、禹、益相距时间的长短，他们儿子的贤能与否，都是上天决定的，不是人的意志决定的。没有人授意他们做，他们却做到了，就是天意；没有人招致它来，它却来了，这是命。以一介平民的身份获得天下，德行必定像尧舜一样，还要有天子推荐他。因此，孔子就没能得到天下。世代相传而得到了天下，但天却废弃了他的地位，这人必定像桀、纣那样残暴。因此，益、伊尹、周公虽然贤能，但他们遇到的君主并非那样残暴，最后就没能得到天下。伊尹辅佐汤称王天下，汤死后，太丁没能继位就死了，外丙在位两年，仲壬在位四年。后来，太甲颠覆了汤立下的法度，伊尹把他流放到桐地。三年之后，太甲悔过，自我检讨，自己改过，在桐地遵从仁义。三年之后，能听从伊尹的教诲了，才又回到都城亳做天子。

---

① 朱子《集注》："或禅或继，皆天命也。圣人岂有私意于其间哉？"尹氏曰："孔子曰：'唐、虞禅，夏后、殷、周继，其义一也。'"孟子曰："天与贤，则与贤。天与子，则与子。'知前圣之心者，无如孔子。继孔子者，孟子而已矣。"

周公没能获得天下,和夏代的益、商代的伊尹情况相似。孔子说,'尧、舜以天下让贤,夏、商、周实行世袭制,遵循的道理是一样的。'"

9.7　万章问曰:"人有言'伊尹以割烹要汤①',有诸?"

孟子曰:"否,不然。伊尹耕于有莘之野②,而乐尧、舜之道焉。非其义也,非其道也,禄之以天下,弗顾也;系马千驷,弗视也。非其义也,非其道也,一介不以与人③,一介不以取诸人。汤使人以币聘之④,嚣嚣然曰⑤:'我何以汤之聘币为哉?我岂若处畎亩之中,由是以乐尧、舜之道哉?'汤三使往聘之⑥,即而幡然改曰⑦:'与我处畎亩之中⑧,由是以乐尧、舜之道,吾岂若使是君为尧、舜之君哉?吾岂若使是民为尧、舜之民哉?吾岂若于吾身亲见之哉?天之生此民也,使先知觉后知⑨,使先觉觉后觉也。予,天民之先觉者也。予将以斯道觉斯民也,非予觉之,而谁也?'思天下之民,匹夫匹妇有不被尧、舜之泽者,若己推而内之沟中⑩。其自任以天下之重如此,故就汤而说之以伐夏救民。吾未闻枉己而正人者也,况辱己以

---

①　伊尹以割烹要汤:据《史记·殷本纪》、《墨子·尚贤》、《吕氏春秋·本味》记载,伊尹擅长烹饪之道,以美味佳肴获得商汤重用。朱子《集注》:"按《史记》:'伊尹欲行道,以致君而无由,乃为有莘氏之媵臣,负鼎俎,以滋味说汤,致于王道。'盖战国时有为此说者。"割烹:割肉而烹。要:求、干求、邀结。

②　有莘(shēn):古代国名,古称国名常在前加"有",有莘国在今河南省陈留县东北。

③　介:同"芥",细小。

④　币:束帛。《说文》云"币,帛也"。

⑤　嚣嚣然:赵岐《注》曰:"自得之志,无欲之貌也。"

⑥　古汉语中"三"多指概数,意为多次。因而此处的"三"和"三思而行"、"三缄其口"同义。

⑦　幡:同"翻",改变。

⑧　与:与其。

⑨　觉:悟。通"寤",醒。朱子《集注》:"知,谓识其事之所当然。觉,谓悟其理之所以然。觉后知后觉,如呼寐者而使之寤也。"

⑩　内:通"纳"。

173

正天下者乎？圣人之行不同也，或远或近，或去或不去，归洁其身而已矣。吾闻其以尧、舜之道要汤，未闻以割烹也。《伊训》曰①：'天诛造攻自牧宫②，朕载自亳③。'"

【解读】

万章问："有人说：'伊尹通过烹饪来获得汤的重用。'有这回事吗？"

孟子说："不是。伊尹在莘国郊外耕种，以遵行尧舜之道为乐。如果不合道义，就算把天下作为俸禄给他，他也不理睬；即便送给他四千匹良马，他也不会看一眼。如果不合道义，即使是一丁点财物也不给别人，也不会从别人那里获取一丁点东西。汤派人带着礼物聘请他，他满不在乎地说：'我为什么要接受汤的聘礼呢？这哪里比得上我在这田野之中，以尧舜之道为乐呢？'汤又多次派人聘请，不久他突然改变了态度，说：'与其住在田野里，以尧舜之道为乐。为何不使当今的君主成为尧舜一样的圣君？为何不让现在的老百姓成为尧舜时代的老百姓？何不使我亲眼看到这些呢？上天创造民众，就是要让先知者来使后知后觉的人觉悟。我就是百姓中的先知者，我要用尧舜之道来让人们有所觉悟。如果我不去觉悟他们，还有谁能做到呢？'伊尹认为，在天下人中，如果有一个男人或一个女人没有感受到尧舜之道的恩泽，就好像自己把他们推进了山沟。他把天下的重担挑在自己肩上，因此到了汤那里，劝说他讨伐夏桀、拯救百姓。我没有听说过自己不端正，还能够匡正别人的，更何况屈辱自己以匡正天下？圣人的行为有所不同，有的疏远君主，有的接近君主，有的远离朝廷，有的却留恋朝廷。归根结底，他们都要让自己的人格干干净净，不染脏污。我只听说伊尹用尧舜之道获得汤的信任，没有听说过他靠烹饪去干谒。《伊训》说：'上天的讨伐，最初从牧宫开始，而我只是从亳都开始谋划而已。'"

---

① 《伊训》：《尚书》逸篇名，伪古文《尚书》将其采入《伊训》。
② 造：开始。牧宫：夏桀的宫殿。
③ 朕：伊尹自称。载：开始。

9.8　万章问曰:"或谓孔子于卫主痈疽①,于齐主侍人瘠环②,有诸乎?"

孟子曰:"否,不然也。好事者为之也。于卫主颜雠由③。弥子之妻与子路之妻④,兄弟也⑤。弥子谓子路曰:'孔子主我,卫卿可得也。'子路以告。孔子曰:'有命。'孔子进以礼,退以义,得之不得曰'有命'。而主痈疽与侍人瘠环,是无义无命也。孔子不悦于鲁、卫。遭宋桓司马将要而杀之⑥,微服而过宋。是时孔子当阨⑦,主司城贞子⑧,为陈侯周臣⑨。吾闻观近臣⑩,以其所为主;观远臣⑪,以其所主。若孔子主痈疽与侍人瘠环,何以为孔子?"

【解读】

万章问:"有人说,在卫国的时候,孔子住在宦官痈疽的家里。在齐国的时候,孔子住在宦官瘠环的家里。真有这回事吗?"

---

①　主:"以……为主人",动词。朱子《集注》:"主,谓舍于其家,以之为主人也。"痈疽:卫灵公宠信的宦官,《史记·孔子世家》作"雍渠",《韩非子》作"雍鉏",《说苑》作"雍雎",皆同音通借。

②　侍人:宦官。瘠环:宦官名,齐国国君的宠臣。

③　颜雠由:卫国的贤大夫,《史记》作颜浊邹。

④　弥子:即卫灵公幸臣弥子瑕。

⑤　兄弟:先秦时期"兄弟"包括了兄弟与姐妹,"女兄"为姐姐,"女弟"为妹妹。

⑥　桓司马:宋大夫司马桓魋(tuí)。要(yāo):拦截。

⑦　阨(è):困厄。

⑧　司城贞子:根据《史记·孔子世家》记载,此人当是陈国人。朱子《集注》:"按《史记》:'孔子为鲁司寇,齐人馈女乐以间之,孔子遂行。适卫月余,去卫适宋。司马魋欲杀孔子,孔子去,至陈,主于司城贞子。'孟子言孔子虽当阨难,然犹择所主,况在齐、卫无事之时,岂有主痈疽侍人之事乎?"

⑨　陈侯周:陈国国君,名周。

⑩　近臣:在朝之臣。

⑪　远臣:从远方来的臣子。朱子《集注》:"君子、小人,各从其类。故观其所为主,与其所主者,而其人可知。"

孟子说:"不对!这是好事之徒虚构出来的。孔子周游列国在卫国的时候,住在颜雠由家里。弥子瑕的妻子和子路的妻子是姐妹,弥子瑕对子路说:'孔子住在我家里,卫国卿相的地位就可以得到。'子路把这话告诉了孔子,孔子说:'自有天命。'孔子进退都依照礼义行事,把是否能得到官位称作'自有天命'。如果他住在痈疽和瘠环家里,那就无视道义和天命了。孔子在鲁国和卫国不受欢迎,宋国的桓司马又企图截杀他,因此改换服装悄悄离开宋国。那时候,孔子处境艰难,于是住在司城贞子家,做了陈侯周的臣子。我听说,观察在朝臣子的品行,要看他所接待的客人;观察外来臣子的品行,要看他寄居之处的主人。如果孔子住在痈疽和瘠环家里,怎么还能算是孔子呢?"

9.9　万章问曰:"或曰:'百里奚自鬻于秦养牲者,五羊之皮①,食牛②,以要秦穆公。'信乎?"

孟子曰:"否,不然。好事者为之也。百里奚,虞人也③。晋人以垂棘之璧与屈产之乘④,假道于虞以伐虢⑤。宫之奇谏⑥,百里奚不谏,知虞公之不可谏而去⑦。之秦,年已七十矣,曾不知以食牛干秦穆公之为汙也⑧,可谓智乎? 不可谏而不谏,可谓不智乎? 知虞公之将亡而先去之,不可谓不智也。时举于秦,知穆公之可与有行也而相之⑨,可谓不智乎? 相秦

① 百里奚:原为虞国大夫,后成为秦国大夫,辅佐秦穆公成就霸业。鬻:卖。
② 食(sì)牛:赵岐《注》云:"为人养牛。"
③ 虞:周初所封诸侯国名,故地在今山西平陆。前 655 年被晋所灭。
④ 垂棘:晋国地名,今未详所在,出美玉。屈:晋国地名,今未详所在。
⑤ 假道:借道。晋以垂棘之璧玉与屈产之良马向虞借路伐虢之事,发生在前 658 年。
⑥ 宫之奇:虞国大夫。
⑦ 朱子《集注》:"晋欲伐虢,道经于虞,故以此物借道,其实欲并取虞。宫之奇,亦虞之贤臣,谏虞公令勿许。虞公不用,遂为晋所灭。百里奚知其不可谏,故不谏而去之。"
⑧ 曾:竟然、居然。
⑨ 有行:有所作为。

而显其君于天下,可传于后世,不贤而能之乎? 自鬻以成其君,乡党自好者不为,而谓贤者为之乎?"

【解读】

万章问:"有人说:'百里奚以五张羊皮的价格把自己卖给秦国养牲口的人,通过替人家养牛来获得秦穆公的任用。'这是真的吗?"

孟子说:"不对,这是好事之徒编造出来的。百里奚是虞国人,晋国人用垂棘所产的美玉和屈地所产的良马向虞国借路去攻打虢国。宫之奇进谏虞国国君,求他不可答应此事,但百里奚没有进谏。他知道国君不会听从劝告,因此离开虞国去了秦国,那时他已经七十岁了。如果他不知道用替人养牛的办法接近秦穆公是一种龌龊的行为,这能说他聪明吗? 他知道虞君不会听从劝告就不去劝谏,这能说他不聪明吗? 他预料到虞国要灭亡,所以提前离开,不能说他不明智。当他被秦国任用的时候,发现秦穆公是一有所作为的君主,于是就辅佐他,这难道不明智吗? 做了秦国的卿相,让他的君主显赫于天下,名声流传后世,不是贤者能做到吗? 以出卖自身来成全君主,乡下洁身自爱的人尚且不做,难道贤者会这么做吗?"

卷十 万章章句下 凡九章

10.1　孟子曰:"伯夷①,目不视恶色,耳不听恶声。非其君不事,非其民不使。治则进,乱则退。横政之所出②,横民之所止,不忍居也。思与乡人处,如以朝衣朝冠坐于涂炭也③。当纣之时,居北海之滨,以待天下之清也。故闻伯夷之风者,顽夫廉④,懦夫有立志。"

"伊尹曰:'何事非君?何使非民?'治亦进,乱亦进。曰:'天之生斯民也,使先知觉后知,使先觉觉后觉。予,天民之先觉者也。予将以此道觉此民也。'思天下之民,匹夫匹妇有不与被尧、舜之泽者,若己推而内之沟中,其自任以天下之重也。"

"柳下惠,不羞汙君⑤,不辞小官。进不隐贤,必以其道。遗佚而不怨⑥,阨穷而不悯⑦。与乡人处,由由然不忍去也⑧。'尔为尔,我为我,虽袒裼裸裎于我侧⑨,尔焉能浼我哉⑩?'故

---

①　伯夷:古代著名隐士,商朝末年孤竹君的长子。孤竹国君去世后,伯夷与其弟叔齐相互谦让,不登王位,后来兄弟俩逃往周朝。他们反对周武王伐纣王,武王得天下后,伯夷与叔齐不食周黍,饿死于首阳山。

②　横(hèng)政:暴政。横,专横、暴虐。

③　涂:泥泞之地。炭:炭灰。

④　顽夫:贪婪之人。顽,贪。赵岐《注》曰:"顽贪之夫更思廉洁"。陈器之进一步指出,"《孟子》'顽夫廉','顽'字古皆是'贪'字。"

⑤　柳下惠:春秋时期鲁国大夫,后来隐遁,成为"逸民"。柳下惠品行廉正,有关他"坐怀不乱"的故事在历代广为传颂。

⑥　遗佚:被君王遗弃未重用。

⑦　悯:忧愁。

⑧　由由然:悠然自适。

⑨　袒裼(tǎn xī)裸裎(chéng):赤身露体。

⑩　浼(měi):污染。

闻柳下惠之风者,鄙夫宽①,薄夫敦②。"

"孔子之去齐,接淅而行③。去鲁,曰:'迟迟吾行也!'去父母国之道也。可以速而速,可以久而久,可以处而处,可以仕而仕,孔子也。"

孟子曰:"伯夷,圣之清者也。伊尹,圣之任者也④。柳下惠,圣之和者也⑤。孔子,圣之时者也。孔子之谓集大成⑥。集大成也者,金声而玉振之也⑦。金声也者,始条理也。玉振之也者,终条理也。始条理者,智之事也。终条理者,圣之事也。智,譬则巧也。圣,譬则力也。由射于百步之外也⑧,其至,尔力也;其中,非尔力也。"

【解读】

孟子说:"伯夷,眼睛不看丑恶的东西,耳朵不听邪恶的声音。不是他理想中的君主,就不去侍奉;不是他理想中的老百姓,就不去使唤。政治清平,就入朝做官;天下大乱,就退而隐居。暴政横行的国家,暴民居住的地方,他不愿去居住。他觉得与乡下的暴民相处,就好像穿着朝

---

① 鄙夫:心胸狭隘之人。

② 薄夫:刻薄之人。

③ 淅:淘米。赵岐《注》曰:"淅,渍米也。"朱子《集注》:"淅,渍米水也。渍米将炊,而欲去之速,故以手承水取米而行,不及炊也。"

④ 任:朱子《集注》:"孔氏曰:'任者,以天下为己责也。'"

⑤ 和:朱子《集注》:"张子曰:'无所杂者清之极,无所异者和之极。勉而清,非圣人之清。勉而和,非圣人之和。所谓圣者,不勉不思而至焉者也。'"

⑥ 集大成:古称乐曲一终为一成。朱子《集注》:"此言孔子集三圣之事,而为一大圣之事。犹作乐者,集众音之小成而为一大成也。"

⑦ 金声而玉振:金,指钟类乐器。玉,指磬类乐器。古代奏乐以钟声起音,以磬声收尾。朱子《集注》:"八音之中,金、石为重,故特为众音之纲纪。又,金始震而玉终诎然也。故并奏八音,则于其未作,而先击镈钟以宣其声;俟其既阕,而后击特磬以收其韵。宣以始之,收以终之。二者之间脉络通贯,无所不备,则合众小成而为一大成,犹孔子之知无不尽而德无不全也。"

⑧ 由:通"犹"。

服、戴着礼帽,瘫坐在泥土炭灰上一样。纣王在位时,他住在北海边,等待政治清平时代到来。因此,听闻伯夷的高风亮节,贪婪的人也变得廉洁,懦弱的人也能立志。"

"伊尹说:'哪个君主不能侍奉? 哪个百姓不能使唤?'政治清平的时候入朝做官,天下大乱的时候也出来做官。他说:'上天创生这些百姓,就是让其中的先知先觉者帮助后知后觉者觉悟。我就是百姓中的先觉者,我要用尧舜之道来觉悟天下芸芸众生。'想到天下百姓中的一男或一女还有没有感受到尧舜之道的恩泽,就好像是自己把他们推进山沟里似的。他就是这样把天下的重担挑在自己肩上。"

"柳下惠不以侍奉昏君为耻,也不因为官小而辞职。入朝为官不隐藏自己的才能,必定按照自己的为人处世准则来做事;自己不被国君重用也不怨恨,处境困窘也不忧愁。与乡下无礼之人相处,总是悠然自得而不忍离开。他说:'你是你,我是我,就算你在我身边赤身裸体站立,又怎么能玷污我呢?'所以,听说了柳下惠的高风亮节,心胸狭窄的人会变得宽容,刻薄的人也会变得敦厚。"

"孔子离开齐国时,捞起正在淘洗的米就匆匆忙忙上路;离开鲁国时却说:'慢慢走吧!'这是离开父母之邦的态度。该快点儿离开时就快离开,该慢点儿离开时就慢离开。该归隐时就归隐,该出仕时就出仕,这就是孔子。"

孟子说:"伯夷,是圣人中的清高者;伊尹,是圣人中的尽责者;柳下惠,是圣人中的谦和者;孔子,是圣人中的合时宜者。孔子可以说是集大成者。所谓集大成,就好像奏乐时先用钟声起音,最后用磬声收尾一样。先敲钟,示意旋律节奏的开始;以磬收尾,示意旋律节奏的结束。开始奏出旋律,靠的是智慧;最后奏出旋律,靠的是圣德。智慧好比技巧,圣德好比气力。就像在百步之外射箭,射到靶子,靠的是气力;能否射中靶心,就不全靠气力了。"

10.2　北宫锜问曰①:"周室班爵禄也②,如之何?"

---

① 北宫锜(qí):卫国人
② 班:列、排比。

孟子曰："其详不可得闻也。诸侯恶其害己也,而皆去其籍①。然而轲也,尝闻其略也。天子一位,公一位,侯一位,伯一位,子、男同一位,凡五等也。君一位,卿一位,大夫一位,上士一位,中士一位,下士一位,凡六等②。天子之制,地方千里,公侯皆方百里,伯七十里,子、男五十里,凡四等。不能五十里③,不达于天子,附于诸侯,曰附庸。天子之卿,受地视侯④,大夫授地视伯,元士受地视子、男⑤。大国地方百里,君十卿禄,卿禄四大夫,大夫倍上士,上士倍中士,中士倍下士,下士与庶人在官者同禄,禄足以代其耕也。次国地方七十里,君十卿禄,卿禄三大夫,大夫倍上士,上士倍中士,中士倍下士,下士与庶人在官者同禄,禄足以代其耕也。小国地方五十里,君十卿禄,卿禄二大夫,大夫倍上士,上士倍中士,中士倍下士,下士与庶人在官者同禄,禄足以代其耕也。耕者之所获,一夫百亩,百亩之粪⑥,上农夫食九人,上次食八人,中食七人,中次食六人,下食五人。庶人在官者,其禄以是为差⑦。"

【解读】

北宫锜问:"周朝制定的官位和俸禄的等级,采用什么办法?"

孟子说:"详细的情况已经不知道了。诸侯们认为那些制度对自己不利,于是把相关的文献典籍都销毁了。但我曾听说过大概的情况:天子一级,公一级,侯一级,伯一级,子和男一级,一共五个等级。在诸侯

---

① 籍:文书档案。
② 朱子《集注》:"此班爵之制也,五等通于天下,六等施于国中。"
③ 不能:不足。
④ 视:比、比照。
⑤ 元士:上士。
⑥ 粪:施肥。
⑦ 差:等级、等差。据《礼记·王制》所载位爵之制与此互有异同。

国中,君一级,卿一级,大夫一级,上士一级,中士一级,下士一级,一共六个等级。天子所辖疆域方圆千里,公、侯都是方圆百里,伯是七十里,子、男都是五十里,一共四个等级。封地疆域不到五十里的,不直接受天子管理,只能依附于诸侯,叫做附庸。天子之卿的封地等级与侯相同,大夫封地等级与伯相同,元士封地等级与子、男相同。大的诸侯国方圆百里,其君主的俸禄是卿的十倍,卿的俸禄是大夫的四倍,大夫的俸禄是上士的两倍,上士的俸禄是中士的两倍,中士的俸禄是下士的两倍,下士的俸禄和在官府当差的平民百姓相同,这俸禄足够代替他们耕种的收入。中等诸侯国方圆七十里,其君主的俸禄是卿的十倍,卿的俸禄是大夫的三倍,大夫的俸禄是上士的两倍,上士的俸禄是中士的两倍,中士的俸禄是下士的两倍,下士的俸禄和在官府当差的老百姓相同,这俸禄足够代替他们耕种的收入。小诸侯国方圆五十里,其君主的俸禄是卿的十倍,卿的俸禄是大夫的两倍,大夫的俸禄是上士的两倍,上士的俸禄是中士的两倍,中士的俸禄是下士的两倍,下士的俸禄和在官府当差的老百姓相同,这俸禄足够代替他们耕种的收入。种田人的收入,一个农夫分到百亩耕地,这一百亩地经过施肥耕种,上等的农夫能养活九人,差一点的能养活八人,中等的农夫能养活七人,再差一点的能养活六人,下等的农夫能养活五人。在官府当差的老百姓,其俸禄也依照这个等级来区分。”

10.3　万章问曰:“敢问友。”
孟子曰:“不挟长①,不挟贵,不挟兄弟而友②。友也者,友

---

① 挟:依仗。
② 兄弟:历代解释不一,赵岐《注》曰:“长,年长。贵,贵势。兄弟,兄弟有富贵者。”焦循又进而列举其他二种不同解释,“江氏永《群经补义》云:‘古人以婚姻为兄弟’,如张子之于二程,程允夫之于朱子,皆有中表之亲,既为友则有师道,不可谓我与彼为姻亲,有疑不肯下问也。挟兄弟而问,与挟故而问相似。俗解为不挟兄弟多人而友,兄弟多人有何可挟乎? 须辨别之。’赵氏佑《温故录》云:‘兄弟,等夷之称。必其人之与己等夷而后友之,则不肯与胜己处,不能不耻下问矣。兄弟有富贵者,则仍挟贵意耳。’”

其德也,不可以有挟也。孟献子①,百乘之家也,有友五人焉:乐正裘、牧仲,其三人则予忘之矣。献子之与此五人者友也,无献子之家者也。此五人者,亦有献子之家,则不与之友矣。非惟百乘之家为然也,虽小国之君亦有之。费惠公曰②:'吾于子思,则师之矣。吾于颜般,则友之矣。王顺、长息,则事我者也。'非惟小国之君为然也,虽大国之君亦有之。晋平公之于亥唐也③,入云则入,坐云则坐,食云则食。虽疏食菜羹④,未尝不饱,盖不敢不饱也。然终于此而已矣,弗与共天位也,弗与治天职也,弗与食天禄也。士之尊贤者也,非王公之尊贤也。舜尚见帝⑤,帝馆甥于贰室⑥,亦飨舜,迭为宾主,是天子而友匹夫也。用下敬上⑦,谓之贵贵。用上敬下,谓之尊贤。贵贵、尊贤,其义一也⑧。"

【解读】

万章问道:"请问如何交朋友?"

孟子说:"不倚仗自己年纪大,不倚仗自己地位高,也不倚仗兄弟的富贵去交友。交朋友,是以品德学识相交,而不要去倚仗什么。孟献子,是一位拥有百辆车马的大夫,他有五位朋友:乐正裘、牧仲,另外三位我忘记是谁了。献子与这五位朋友相交,并不依仗着自己尊贵的地

---

① 孟献子:鲁国大夫仲孙蔑,献是谥号。

② 费惠公:费国国君。费,国名,故地在今山东省费县北。

③ 晋平公:春秋时期晋国国君,名彪。亥唐:晋国贤人、隐士。朱子《集注》:"亥唐,晋贤人也。平公造之,唐言'入',公乃入;言'坐',乃坐;言'食',乃食也。"

④ 疏食:粗糙的饭食。疏,诸子集成本作"蔬"。

⑤ 尚:通"上"。

⑥ 甥:女婿。贰室:副宫。

⑦ 用:以。

⑧ 朱子《集注》云:"贵贵、尊贤,皆事之宜者。然当时但知贵贵,而不知尊贤,故孟子曰'其义一也'。此言朋友人伦之一,所以辅仁,故以天子友匹夫而不为诎,以匹夫友天子而不为僭。此尧、舜所以为人伦之至,而孟子言必称之也。"

位。这五个人,如果都看重献子尊贵的地位,也就不会成为他的朋友。并不只是拥有百辆车马的士大夫这样,小国的国君也是如此。费惠公说过:'子思对于我来说,是一位老师;颜般对于我来说,是一位朋友;而王顺、长息这样的人,只是侍奉我的人而已。'并不是只有小国的国君这样,大国的国君也是如此。晋平公对于亥唐非常尊敬,亥唐让他进门他就进门,让他坐下他就坐下,让他吃饭他就吃饭。虽然吃的是粗茶淡饭,但从来没有吃不饱,因为不敢不吃饱。晋平公也就是做到这样罢了,并不与他分享尊贵的地位,不和他一起治理国家,不与他分享俸禄,这是一般士人尊敬贤者的态度,不是王公贵族尊敬贤者的态度。舜朝见尧的时候,尧把这位女婿安排在副宫住下,并且热情款待他,两人互为宾主,这是天子和老百姓交朋友的态度。地位低的人尊敬地位高的人,这叫尊重贵人;地位高的人尊敬地位低的人,这叫尊敬贤者。尊重贵人和尊敬贤者,道理是一样的。"

10.4　万章问曰:"敢问交际何心也[①]?"

孟子曰:"恭也[②]。"

曰:"'却之却之为不恭[③]',何哉?"

曰:"尊者赐之,曰:'其所取之者,义乎? 不义乎?'而后受之,以是为不恭,故弗却也。"

曰:"请无以辞却之,以心却之,曰:'其取诸民之不义也。'

---

①　交际:交往。际,接。朱子《集注》:"交际,谓人以礼仪币帛相交接也。"焦循《正义》说:"《尔雅释诂》云:'际,捷也。'捷与接通。《说文》手部云,'接,交也。'是际亦交也。谓诸侯以礼仪币帛与士相交接,其道当操持何心。"

②　恭:恭与敬有所区别。于省吾认为"敬"起源于远古时代巫师作法礼神仪式,巫师戴角而跪,表达对神的恭敬之情。敬与恭有别,"恭"重在外在礼仪,"敬"重在内心情感。《论语》"敬"凡22见,既有"敬鬼神"、"畏天命"义项,也有"行笃敬"、"事思敬"等表述。简而言之,与商周时期"敬"观念最大区别就在于:孔子将"敬"由敬天礼神转向敬人敬事。这一由上而下的转向,凸显孔子思想的人文主义特色。

③　却:推辞不接受。

而以他辞无受,不可乎?"

曰:"其交也以道,其接也以礼,斯孔子受之矣。"

万章曰:"今有御人于国门之外者①,其交也以道,其馈也以礼,斯可受御与?"

曰:"不可。《康诰》曰②:'杀越人于货③,闵不畏死④,凡民罔不譈⑤。'是不待教而诛者也。殷受夏,周受殷,所不辞也。于今为烈⑥,如之何其受之?"

曰:"今之诸侯取之于民也,犹御也。苟善其礼际矣,斯君子受之。敢问何说也?"

曰:"子以为有王者作,将比今之诸侯而诛之乎⑦? 其教之不改而后诛之乎? 夫谓非其有而取之者盗也,充类至义之尽也⑧。孔子之仕于鲁也,鲁人猎较⑨,孔子亦猎较。猎较犹可,而况受其赐乎?"

曰:"然则孔子之仕也,非事道与?"

曰:"事道也⑩。"

"事道奚猎较也?"

---

① 御:拦截。朱子《集注》:"御,止也。止人而杀之,且夺其货也。国门之外,无人之处也。"

② 《康诰》:今文《尚书》篇名。

③ 越:抢劫。赵岐《注》云:"越,于,皆于也。杀于人,取于货,闵然不知畏死者。"根据殷墟新出卜辞分析,卜辞"越"字,像人一手持钺、一手摆动往前急走之形,有强行夺取之义。

④ 闵:强横。

⑤ 譈(duì):怨、怨恨。

⑥ 于今为烈:从"殷受夏"到"于今为烈"十四字,朱熹认为是衍文,可略而不论。

⑦ 比:连。

⑧ 充类至义:充其类,极其义,指把标准提升到最高点。

⑨ 猎较(jué):古代打猎时,相互炫耀所猎获的猎物,并用于祭祀。

⑩ 事道:以行道为志向。朱子《集注》:"事道者,以行道为事也。"

曰："孔子先簿正祭器①,不以四方之食供簿正。"

曰："奚不去也?"

曰："为之兆也②。兆足以行矣,而不仁,而后去,是以未尝有所终三年淹也③。孔子有见行可之仕,有际可之仕④,有公养之仕⑤。于季桓子⑥,见行可之仕也。于卫灵公,际可之仕也。于卫孝公⑦,公养之仕也。"

【解读】

万章问:"请问同别人交往的时候,应保持什么心态?"

孟子说:"内心要恭敬。"

万章问:"有人说:'一再拒绝别人的礼物不恭敬。'这是什么道理呢?"

孟子说:"如果地位尊贵的人赏赐礼物给你,你却要先思量他得到这礼物的途径究竟是不是符合道义。想好了之后才接受,这是不恭敬的行为,所以不应该推却。"

万章问:"如果不用言辞拒绝,只在心里拒绝,心想:'这是从老百姓那里掠夺来的,不符合道义。'然后用其他的托辞拒绝接受,难道不可以吗?"

孟子说:"如果他与人交往遵守道义,和别人接触也按照礼节,就算是孔子,也会接受的。"

---

① 簿正祭器:根据已有"簿书"的规定,选择祭祀的器物和祭品。赵岐《注》曰:"孟子曰,孔子仕于衰世,不可卒暴改戾,故以渐正之。先为簿书,以正其宗庙祭祀之器"。
② 兆:始、开端。
③ 淹:淹留。
④ 际可:以礼交接。朱子《集注》:"接遇以礼也。"
⑤ 公养:国君以礼待贤。朱子《集注》:"国君养贤之礼也。"
⑥ 季桓子:名斯,鲁国三桓之一。
⑦ 卫孝公:朱熹认为此人可能是卫出公。朱子《集注》:"《春秋》、《史记》皆无之,疑出公辄也。"

万章说:"现在有个在城外拦路抢劫的盗贼,他也遵守道义和我交往,按照礼节送我礼物,难道我可以接受他抢来的东西吗?"

孟子说:"不可以。《康诰》说:'杀人抢劫、蛮横不怕死的人,老百姓没有不痛恨的。'这种人是不需先教育就可以诛杀的。这条规定从夏朝到商朝,从商朝到周朝,都得到了沿袭。如今杀人越货的事越来越多,怎么能接受这些赃物呢?"

万章说:"现在的诸侯从老百姓那里掠夺财物,跟拦路抢劫没什么区别。但他们只要遵守礼节,君子也就可以接受他们的礼物。这又是什么道理呢?"

孟子说:"你认为如果现在有位圣王出现,他对于如今这些诸侯,会直接杀掉呢,还是等到屡教不改之后再杀掉呢?而且,拿走了不属于自己的东西就是抢劫,这是把'抢劫'一词的含义扩大到了极致。孔子在鲁国做官的时候,鲁国人有个风俗,打猎时可以相互争夺猎物,孔子因此也去争夺猎物。争夺猎物都是可以的,何况接受馈赠呢?"

万章说:"但是,孔子出来做官,不是为了推行仁道吗?"

孟子说:"是为了推行仁道。"

"既然推行仁道,何必去争夺猎物呢?"

孟子说:"孔子先用文书规定好祭祀用的祭器和祭品,不用争夺来的猎物做祭品。"

万章说:"孔子为什么不辞官离开呢?"

孟子说:"他要以此作为推行仁道的开始。如果这个开始能够行得通,但君王不肯推行,他才离开那里。所以孔子没有在任何一个朝廷停留超过三年。孔子做官,有时候是因为可以推行仁道,有时候是因为国君对他以礼相待,有时候是因为国君能供养贤士。在季桓子那里做官,是因为可以推行仁道;在卫灵公那里做官,是因为灵公对他以礼相待;在卫孝公那里做官,是因为孝公能供养贤士。"

10.5 孟子曰:"仕非为贫也,而有时乎为贫。娶妻非为养也,而有时乎为养。为贫者,辞尊居卑,辞富居贫。辞尊居卑,辞富居贫,恶乎宜乎?抱关击柝①。孔子尝为委吏矣②,曰:'会计当而已矣'。尝为乘田矣③,曰:'牛羊茁壮,长而已矣。'位卑而言高,罪也。立乎人之本朝,而道不行,耻也。"

【解读】

孟子说:"做官不是因为贫穷,但有时是因为贫穷;娶妻不是为了奉养父母,但有时也是为了奉养父母。因为贫穷而做官,就应该拒绝高官而做小官,拒绝厚禄而领取薄俸。拒绝高官厚禄,接受卑职薄俸,那么什么样的职位才合适呢?像守门打更这样的职位就可以。孔子曾经做过管理仓库的小官,说:'核算清楚就可以了。'他也曾当过管理牲畜的小官,说:'牛羊长得壮实就可以了。'地位卑微的人好议论朝政,这是错的;在朝廷上任要职,自己的主张却不能推行,这是耻辱。"

10.6 万章曰:"士之不托诸侯④,何也?"

孟子曰:"不敢也。诸侯失国,而后托于诸侯,礼也。士之托于诸侯,非礼也。"

万章曰:"君馈之粟,则受之乎?"

曰:"受之。"

"受之何义也?"

曰:"君之于氓也⑤,固周之⑥。"

曰:"周之则受,赐之则不受,何也?"

---

① 抱关:守门人。击柝(tuò):巡夜打更的人。柝,梆子。
② 委吏:管理仓库的小官。朱子《集注》:"委吏,主委积之吏也。"
③ 乘田:管理牲畜的小官。朱子《集注》:"乘田,主苑囿刍牧之吏也。"
④ 托:依附。朱子《集注》:"谓不仕而食其禄也。"
⑤ 氓:从他国来侨居本国的百姓。
⑥ 周:周济。

曰:"不敢也。"

曰:"敢问其不敢何也?"

曰:"抱关击柝者,皆有常职以食于上。无常职而赐于上者①,以为不恭也。"

曰:"君馈之,则受之,不识可常继乎?"

曰:"缪公之于子思也②,亟问③,亟馈鼎肉④。子思不悦,于卒也,摽使者出诸大门之外⑤,北面稽首再拜而不受⑥。曰:'今而后知君之犬马畜伋⑦!'盖自是台无馈也⑧。悦贤不能举,又不能养也,可谓悦贤乎?"

曰:"敢问国君欲养君子,如何斯可谓养矣?"

曰:"以君命将之⑨,再拜稽首而受。其后廪人继粟⑩,庖人继肉⑪,不以君命将之。子思以为鼎肉,使己仆仆尔亟拜也⑫,非养君子之道也。尧之于舜也,使其子九男事之,二女女焉,百官牛羊仓廪备,以养舜于畎亩之中,后举而加诸上位⑬。故曰:王公之尊贤者也。"

---

① 赐于上:朱子《集注》:"赐,谓予之禄,有常数,君所以待臣之礼也。"

② 缪公:鲁缪公。

③ 亟(qì):屡次。

④ 鼎肉:生肉。《礼记·少仪》郑玄《注》云:"'鼎肉'谓牲体已解,可升于鼎。'则以为生肉。"

⑤ 摽(biāo):撵走。

⑥ 稽(qǐ)首再拜:古代跪坐,相见行礼时,双手交叠,拜头至地谓之稽首;既跪而拱手,而头俯至于手,与心平,谓之拜。再拜,拜两次。'再拜稽首',谓之吉拜,表示接受礼物;'稽首再拜',谓之凶拜。可见,稽首和拜是两种不同的礼节,出现的先后顺序不同,所表达的含义也有差异。

⑦ 犬马畜:朱子《集注》:"言不以人礼待己也。"

⑧ 台:地位低贱的仆役。

⑨ 将:赠送。

⑩ 廪人:管理仓库的小官。

⑪ 庖人:厨师。

⑫ 仆仆:劳顿不已。

⑬ 加:居,加官。

【解读】

万章说："士人不能依附于别国诸侯,为什么呢?"

孟子说："是因为不敢。如果诸侯失去了自己的国家,然后依附于别的诸侯,这是符合礼制的。但是,如果士人依附于他国诸侯,不合礼制。"

万章说："如果君主赐给士人粮食,可以接受吗?"

孟子说："可以接受。"

"可以接受又是什么道理呢?"

孟子说："君主对于流亡之人,本来就应该周济。"

万章说："周济就可以接受,赏赐不能接受,这是为什么呢?"

孟子说："因为不敢。"

万章问："请问为什么不敢呢?"

孟子说："守门打更的人都有他的职责,有职责才能接受俸禄。没有固定的职位,却接受君主的赏赐,这是不恭敬的行为。"

万章说："君主赠与的就接受,不知道可以经常这样做吗?"

孟子说："过去鲁缪公对待子思,常常问候,多次送给他鼎肉。子思很不高兴,甚至最后把使者赶出了大门。子思朝北磕头拜谢,拒绝接受,说:'如今才知道国君把我当犬马来喂养。'从此之后,缪公就不再送礼给子思。喜欢贤者,却不重用他,又不能依照礼节供养他,这能说是喜欢贤者吗?"

万章问："请问国君要供养君子,怎样才算是有礼节的供养呢?"

孟子说："先以国君的名义送给他礼物,他磕头拜谢然后接受。以后再派管粮仓的小吏经常送粮食,派厨师经常送肉食,而不再以国君的名义去送。子思认为,为了一些肉便让自己一次次地磕头拜谢,这不是奉养君子之道。尧对待舜,派自己的九个儿子去侍奉他,把两个女儿嫁给他,给他备好官吏、牛羊和仓库,在田野中供养他,然后推举他担任很高的职位。所以说,这才是王公尊敬贤者的正确方法。"

10.7　万章曰："敢问不见诸侯,何义也?"

孟子曰："在国曰市井之臣,在野曰草莽之臣,皆谓庶人。庶人不传质为臣①,不敢见于诸侯,礼也。"

万章曰："庶人,召之役,则往役;君欲见之,召之,则不往见之。何也?"

曰："往役,义也。往见,不义也。且君之欲见之也,何为也哉?"

曰："为其多闻也,为其贤也。"

曰："为其多闻也,则天子不召师,而况诸侯乎? 为其贤也,则吾未闻欲见贤而召之也。缪公亟见于子思,曰:'古千乘之国以友士,何如?'子思不悦,曰:'古之人有言,曰:"事之云乎②?"岂曰"友之云乎"?'子思之不悦也,岂不曰:'以位,则子,君也;我,臣也。何敢与君友也? 以德,则子事我者也,奚可以与我友?'千乘之君,求与之友而不可得也,而况可召与? 齐景公田,招虞人以旌③,不至,将杀之。'志士不忘在沟壑,勇士不忘丧其元④。'孔子奚取焉? 取非其招不往也。"

曰："敢问招虞人何以?"

曰："以皮冠⑤。庶人以旃⑥,士以旂⑦,大夫以旌⑧。以大

---

①　质:通"贽",古时见面时所送的礼物。朱子《集注》:"质者,士执雉,庶人执鹜,相见以自通者也。"

②　云乎:句末语气词,无义。

③　虞人:管理猎场的小吏。

④　元:头颅。

⑤　皮冠:打猎时所戴的皮帽子。

⑥　旃(zhān):古代一种没有装饰,用全幅红绸做的曲柄旗。《说文》云:"旗曲柄也,所以表士众。"朱子《集注》又云:"通帛曰旃。"

⑦　旂(qí):带有铃铛的旗子,上有二龙相交图案。朱子《集注》:"交龙为旂。"

⑧　旌:用羽毛装饰杆头的旗子。焦循《孟子正义》云:"析羽而注于旗干之首曰旌。"

夫之招招虞人，虞人死不敢往。以士之招招庶人，庶人岂敢往哉？况乎以不贤人之招招贤人乎？欲见贤人而不以其道，犹欲其入而闭之门也。夫义，路也；礼，门也。惟君子能由是路，出入是门也。《诗》云①：'周道如底②，其直如矢③。君子所履，小人所视④。'"

万章曰："孔子'君命召，不俟驾而行⑤'。然则孔子非与？"

曰："孔子当仕有官职，而以其官召之也。"

【解读】

万章问："请问士人不去谒见诸侯，这是什么道理？"

孟子说："住在城里的士人叫作市井之臣，住在乡野的士人叫作草莽之臣，他们都是平民百姓。平民百姓不向诸侯送礼称臣，所以不敢去拜见诸侯，这是符合礼制的。"

万章说："平民百姓，被君主召去服役，便去服役；然而君主想见他，召他去，他却不去见。这是为什么呢？"

孟子说："去服役，是应该的；去拜见，就不应该了。况且君主想见他，是为了什么呢？"

万章说："因为他博学多识，因为他贤能。"

孟子说："如果是因为他博学多识，那么连天子都不能召唤老师，更何况诸侯呢？如果是因为他贤能，那我从未听说过想见贤者却用召唤这一方式。鲁缪公屡次去拜访子思，说：'古代拥有千辆兵车的国君跟士人交朋友，是怎样的呢？'子思不高兴，说：'古人所说的是侍奉吧，怎

---

① 《诗》云：以下所引诗句出自《诗经·小雅·大东》。
② 底：通"砥"，《诗经》作"砥"，磨刀石。
③ 矢：平直。
④ 视：效法。
⑤ 君命召，不俟驾而行：见《论语·乡党》篇。

么能说是交朋友呢?'子思之所以不高兴,难道不是说:'按照地位,你是君主,我是臣下,臣下怎么敢和君主交朋友? 论德行,你应该向我学习,又怎么配和我交朋友呢?'有千辆兵车的国君想和他交朋友都不行,更何况召唤他来见面呢? 齐景公打猎,用旌旗召唤猎场管理员,他却不来,齐景公准备杀了他。孔子称赞他说:'志士不怕弃尸沟壑,勇士不怕丧失头颅。'孔子看中他哪一点呢? 看中的是他不回应不符合礼制的召唤方式。"

万章问:"那么应该怎样召唤猎场管理员呢?"

孟子说:"应该用皮帽子。召唤百姓要用红绸的旗子,召唤士人用带铃铛的旗子,召唤大夫才用带羽毛装饰的旗子。用召唤大夫的旗子召唤猎场管理员,他死也不能回应;用召唤士人的旗子召唤平民百姓,老百姓难道敢去吗? 更何况用召唤不贤之人的方式召唤贤者呢? 想见贤者却不用合适的方式,就好像请他进来却又关着大门。义,好比是路;礼,就像是门。只有君子才能顺着这条路走,从这扇门进入。《诗》说:'大路像磨刀石一样平整,像箭一样笔直;这是君子所走的道路,小人则在一旁注视和仿效。'"

万章说:"孔子曾经说过:'听到君主召唤,不等车马备好就动身前往。'那么,孔子做错了吗?"

孟子说:"孔子当时有官职在身,君主是按照他的官职召唤他的。"

10.8　孟子谓万章曰:"一乡之善士,斯友一乡之善士。一国之善士,斯友一国之善士。天下之善士,斯友天下之善士①。以友天下之善士为未足,又尚论古之人②。颂其诗③,

---

①　赵岐《注》云:"天下,四海之内,各以大小来相友,自为畴匹也"。朱熹《集注》的观点与赵岐有所不同,"言己之善盖于一乡,然后能尽友一乡之善士。推而至于一国、天下皆善,随其高下以为广狭也。"

②　尚:上。

③　颂:诵。

读其书①，不知其人，可乎？是以论其世也。是尚友也。"

【解读】

　　孟子对万章说："一乡中的优秀人士，会和这一乡的优秀人士交朋友；一国中的优秀人士，会和整个国家的优秀人士交朋友；天下的优秀士人，就和全天下的优秀人士交朋友。觉得和全天下的优秀人士交朋友还不够，就去追溯历史、评论古代的贤士。吟唱他们的诗歌，阅读他们的著作，却不了解他们的为人，这样可以吗？所以要研究他们所处的时代背景。这就是与古人交友。"

　　10.9　齐宣王问卿。

　　孟子曰："王何卿之问也？"

　　王曰："卿不同乎？"

　　曰："不同。有贵戚之卿②，有异姓之卿。"

　　王曰："请问贵戚之卿。"

　　曰："君有大过则谏，反覆之而不听，则易位③。"

　　王勃然变乎色。

　　曰："王勿异也。王问臣，臣不敢不以正对④。"

　　王色定，然后请问异姓之卿。

　　曰："君有过则谏，反覆之而不听，则去⑤。"

---

　　①　读：此字于此包含两层含义，一是断其章句，二是抽绎其义。
　　②　贵戚之卿：与异姓之卿对文，指同姓的卿。焦循《正义》说："贵戚之卿，以亲而任，故云内外亲族也。异姓之卿，以贤而任，故云有德命为三卿也。"
　　③　易位：朱子《集注》："易位，易君之位，更立亲戚之贤者。盖与君有亲亲之恩，无可去之义；以宗庙为重，不忍坐视其亡，故不得已而至于此也。"
　　④　正：诚。杨伯峻指出，"《论语·述而篇》'正唯弟子不能学也。'郑玄《注》云：'鲁读正为诚'。此处亦当读为'诚'。"
　　⑤　朱子《集注》："君臣义合，不合则去。此章言大臣之义，亲疏不同，守经行权，各有其分。"

【解读】

齐宣王向孟子询问关于公卿的知识。孟子说:"大王问的是哪种卿呢?"

王说:"卿与卿难道还不一样吗?"

孟子说:"不一样。有和国君同宗的贵戚之卿,也有异姓之卿。"

王说:"请问贵戚之卿。"

孟子说:"作为贵戚之卿,如果君王犯了大错的时候就应劝谏。屡次劝谏,王仍然不听从,就另立国君。"

齐宣王马上脸色大变。

孟子说:"大王不要觉得奇怪。您问我,我不敢不以正道相告。"

王的脸色恢复了正常,又问异姓之卿。

孟子说:"作为异姓之卿,君王犯了错误就劝谏。屡次劝谏,王仍然不改正错误,异姓之卿就去职离开。"

卷十一　告子章句上 　凡二十章

11.1　告子曰①："性②，犹杞柳也③。义，犹桮棬也④。以人性为仁义，犹以杞柳为桮棬⑤。"

孟子曰："子能顺杞柳之性而以为桮棬乎？将戕贼杞柳而后以为桮棬也⑥？如将戕贼杞柳而以为桮棬，则亦将戕贼人以为仁义与？率天下之人而祸仁义者，必子之言夫⑦！"

【解读】

告子说："人的本性如同杞柳，仁义如同杯盘。把人性界定为仁义，犹如将杞柳直接视同为杯盘。"

孟子说："你是顺着杞柳的本性来做杯盘呢？还是要毁伤杞柳的本性，然后做成杯盘呢？如果要毁伤杞柳的本性制作杯盘，那么也将毁伤人的本性来成就仁义。率领天下之人损害仁义的，一定是你的这种言论吧！"

11.2　告子曰，"性犹湍水也⑧，决诸东方则东流，决诸西方则西流。人性之无分于善不善也，犹水之无分于东西也⑨。"

---

① 告子：告，姓；子，男子的尊称。
② 朱子《集注》："性者，人生所禀之天理也。"
③ 杞（qǐ）柳：杨柳科植物，落叶丛生灌木，枝条柔软，可编器物。
④ 桮棬（bēi quān）：桮，同杯。棬，未经雕饰的木制饮器。泛指杯盘类的容器。
⑤ 朱子《集注》："告子言人性本无仁义，必待矫揉而后成，如荀子'性恶'之说也。"
⑥ 戕贼：毁伤、残害。
⑦ 朱子《集注》："言如此，则天下之人皆以仁义为害性而不肯为，是因子之言而为仁义之祸也。"
⑧ 湍水：激流。
⑨ 朱熹《集注》："告子因前说而小变之，近于扬子'善恶混'之说。"

孟子曰:"水信无分于东西①。无分于上下乎? 人性之善也,犹水之就下也。人无有不善,水无有不下。今夫水,搏而跃之②,可使过颡③;激而行之④,可使在山。是岂水之性哉? 其势则然也。人之可使为不善,其性亦犹是也。"

【解读】

告子说:"人的本性犹如急流,在东方开一缺口,水就往东流。在西方开一缺口,水就往西流。人的本性没有善与不善的区分,犹如水没有东流西流的定向。"

孟子说:"水确实没有东流西流的定向,难道也没有向上或者向下的定向吗? 人的本性是善的,犹如水向低处流一样。人的本性没有不善的,水没有不向低处流的。如果水受拍击而飞溅起来,它可以高过人的额头;阻挡它,使它倒流,它能流上山岗。这难道是水的本性吗? 是情势使它如此罢了。人之所以做出不善的行为,也是因为他的本性受到了外在情势的影响。"

11.3　告子曰:"生之谓性⑤。"
孟子曰:"生之谓性也,犹白之谓白与?"
曰:"然。"
"白羽之白也,犹白雪之白;白雪之白,犹白玉之白与?"
曰:"然。"

---

① 信:确实。
② 搏:拍击。
③ 颡(sǒng):额头。
④ 激:堵住水流,使水位提高。
⑤ 生:"生"与"性"古音相同,《说文》云:"像草木生出土上。"徐复观《中国人性论史》认为,"告子的人性论,是以'生之谓性'为出发点。生之谓性,即是说凡生而即有的欲望,便是性。"

"然则犬之性,犹牛之性;牛之性,犹人之性与?"

【解读】

告子说:"天生的资质叫做本性。"

孟子说:"天生的资质就是本性,如同所有白色的东西都叫作白吗?"

告子说:"是的。"

孟子说:"那么白羽毛的白和白雪的白是一样的? 白雪的白和白玉的白也是一样的吗?"

告子说:"是的。"

孟子说:"那么,犬的本性和牛的本性相同,牛的本性和人的本性也相同吗?"

11.4 告子曰:"食色①,性也。仁,内也,非外也。义,外也,非内也。"

孟子曰:"何以谓仁内义外也②?"

曰:"彼长而我长之③,非有长于我也。犹彼白而我白之④,从其白于外也,故谓之外也。"

曰:"异于白马之白也⑤,无以异于白人之白也。不识长马之长也,无以异于长人之长与? 且谓长者义乎? 长之者

---

① 食色:饮食与男女之欲。《礼记·礼运篇》云:"饮食男女,人之大欲存焉"。《礼记》作者这一观点,与告子相同。

② 仁内义外:《管子·戒篇》云:"仁从中出,义由外作。"《管子·戒篇》作者这一观点,与告子相同。

③ 彼长而我长之:第一个"长"指年长,第二个"长"指尊敬。

④ 白之:朱子《集注》:"我以彼为白也。"

⑤ 异于:这两字或许是衍文。朱子《集注》:"张氏曰:'上"异于"二字疑衍。'李氏曰:'或有阙文焉'。"俞樾《古书疑义举例·以一字作两读例》提出新的观点,他认为此句中最前之"白"字当重读,全句读为"异于白,白马之白也无以异于白人之白也。"

义乎?"

曰:"吾弟则爱之,秦人之弟则不爱也。是以我为悦者也,故谓之内。长楚人之长,亦长吾之长,是以长为悦者也,故谓之外也①。"

曰:"耆秦人之炙②,无以异于耆吾炙。夫物则亦有然者也,然则耆炙亦有外与?"

【解读】

告子说:"饮食男女,这是人的本性。仁是内在的,不是外在的;义是外在的,不是内在的。"

孟子说:"为什么说仁是内在的,而义是外在的呢?"

告子回答说:"他年长所以我尊敬他,并不是我内心本来就尊敬他。正如白色的东西我认为它白,是根据它外表的白色,所以说义是外在的。"

孟子说:"白马的白和白人的白没有什么不同,但是不知道对老马的怜悯心和对老者的恭敬心,是不是也没有什么不同呢? 再说,你认为义是在长者那里呢? 还是在尊敬长者的人心呢?"

告子说:"我的弟弟我就爱他,秦国人的弟弟我就不爱他。爱与不爱是由我的内心决定的,所以说仁是内在的。尊敬楚人的长辈,也尊敬我自己的长辈,这是由对方年长所决定的,所以说义是外在的。"

孟子说:"爱吃秦国人的烤肉,和爱吃自己的烤肉没有什么区别,其他事物也有这样的情形。那么,喜爱吃烤肉的心也是外在的吗?"

---

① 朱子《集注》:"'白马'、'白人',所谓'彼白而我白之'也。'长马'、'长人'。所谓'彼长而我长之'也。'白马'、'白人'不异,而'长马'、'长人'不同,是乃所谓义也。义不在彼之长,而在我长之之心,则义之非外,明矣。"

② 耆:同"嗜"。

11.5　孟季子问公都子曰①:"何以谓义内也?"

曰:"行吾敬,故谓之内也。"

"乡人长于伯兄一岁,则谁敬?"

曰:"敬兄。"

"酌则谁先②?"

曰:"先酌乡人。"

"所敬在此,所长在彼,果在外,非由内也。"

公都子不能答,以告孟子。

孟子曰:"敬叔父乎? 敬弟乎? 彼将曰:'敬叔父。'曰:'弟为尸③,则谁敬?'彼将曰:'敬弟。'子曰:'恶在其敬叔父也④?'彼将曰:'在位故也。'子亦曰:'在位故也。'庸敬在兄⑤,斯须之敬在乡人⑥。"

季子闻之,曰:"敬叔父则敬,敬弟则敬,果在外,非由内也。"

公都子曰:"冬日则饮汤,夏日则饮水,然则饮食亦在外也?"

【解读】

孟季子问公都子:"为什么说义是内在的?"

---

① 孟季子:其人不详,也有学者认为此人可能是孟子的从兄弟。
② 酌:斟酒。
③ 尸:古代祭祀时,以儿童作为受祭的神主。何休注《春秋公羊传·宣公八年》"祭之明日也":"祭必有尸者,节神也。礼,天子以卿为尸,诸侯以大夫为尸,卿大夫以下以孙为尸。"朱子《集注》又云:"祭祀所主以象神。虽子弟为主,然敬之当如祖考也。"
④ 恶:怎么。
⑤ 庸:平常。
⑥ 斯须:暂时。

公都子说："义是表达我内在的敬意,所以说是内在的。"

孟季子问："如果有一个同乡人比你的兄长大一岁,那你先敬重谁呢?"

公都子说："敬重兄长。"

孟季子说："饮酒时给谁先斟呢?"

公都子说："先给那个同乡人斟酒。"

孟季子说："内心敬重的是兄长,斟酒时却尊敬同乡人,可见义果然是外在的,不是从内心发出。"

公都子不能应答,将这番话告诉了孟子。

孟子说："你如果问他:'你是先敬重叔父呢? 还是先敬重弟弟呢?'他会说:'先敬重叔父'。你再问他:'弟弟担任了受祭的尸主,那先敬重谁呢?'他会说:'先敬重弟弟'。你便说:'那为什么又说先敬重叔父呢?'他会说:'这是因为弟弟处在尸位的缘故。'那你也就说:'因为那个同乡人处在客人之位的缘故。平时敬重的是哥哥,暂时先敬重的是同乡人。'"

季子听说了这番话,说："该敬重叔父时就敬重叔父,该敬重弟弟时就敬重弟弟。可见义果然是外在的,不是出自内心。"

公都子说："冬天喝热水,夏天喝凉水,饮食也是外在的欲求吗?"

11.6 公都子曰:"告子曰:'性无善无不善也。'或曰:'性可以为善,可以为不善。是故文、武兴,则民好善;幽、厉兴,则民好暴。'或曰:'有性善,有性不善。是故以尧为君而有象,以瞽瞍为父而有舜,以纣为兄之子且以为君,而有微子启、王子比干①。'今曰'性善',然则彼皆非与?"

孟子曰:"乃若其情②,则可以为善矣,乃所谓善也。若夫

---

① 微子启、王子比干:根据《孟子》所记载,微子启和王子比干都是纣王的叔父。但是,《史记》认为微子启是纣王的庶兄,王子比干是纣王的亲戚。

② 乃若:发语词,表示转折。情:戴震《孟子字义疏证》云:"情犹素也,实也。"郑玄注《大学》"无情者":"情犹实也"。冯友兰《中国哲学史》将"情"译为"事之实也"。牟宗三也认为,"'乃若其情'之情非性情对言之情。情,实也,犹言实情(real case)。"

为不善，非才之罪也①。恻隐之心②，人皆有之。羞恶之心，人皆有之。恭敬之心，人皆有之。是非之心，人皆有之。恻隐之心，仁也。羞恶之心，义也。恭敬之心，礼也。是非之心，智也。仁、义、礼、智，非由外铄我也③，我固有之也，弗思耳矣。故曰：'求则得之，舍则失之。'或相倍蓰而无算者④，不能尽其才者也。《诗》曰⑤：'天生蒸民⑥，有物有则⑦。民之秉夷⑧，好是懿德⑨。'孔子曰：'为此诗者，其知道乎！故有物必有则，民之秉夷也，故好是懿德。'"

【解读】

公都子说："告子说：'人的本性没有善与不善之分。'有人说：'本性可以成为善，可以成为不善。所以，文王、武王在位，老百姓就崇尚善；幽王、厉王在位，老百姓就喜好暴虐。'也有人说：'有些人本性善良，有些人本性不善良。所以，尧做君主的时候，却有象这样的暴民；瞽瞍这样的坏父亲，却有舜这样的好儿子；纣这样的恶侄子和暴君，却有微子启、王子比干这样的仁人。'如今您说'性善'，那么，他们的说法都不对吗？"

孟子说："从天生的资质分析，可以使它成为善，这就是我所说的人性善。至于有些人不善，不能归罪于他的资质。怜悯之心人人都有，羞耻之心人人都有，恭敬之心人人都有，是非之心人人都有。怜悯之心就

---

① 才：人的初生之材质。《说文》："才，草木之初也。"
② 恻隐：怜悯、同情。恻，悲痛。隐，伤痛。
③ 铄（shuò）：美、美饰。《尔雅·释诂》云："铄，美也。"
④ 蓰（xǐ）：五倍。
⑤ 《诗》曰：出自《诗经·大雅·烝民》。
⑥ 蒸：《诗经》作"烝"，众。
⑦ 物：事。则：法。
⑧ 秉：执。夷：《诗经》作"彝"，常道。
⑨ 懿：美。

是仁的显现,羞耻之心就是义的显现,恭敬之心就是礼的显现,是非之心就是智的显现。仁、义、礼、智不是从外面强加给我的,而是我心本来固有,只不过人们平时没有好好思考它罢了。所以说:'求索就得到,放弃就失去。'人与人之间有相差一倍、五倍甚至无数倍的,就是因为不能充分彰显他们天生的资质。《诗》说:'上天生育万民,事物都有法则。民众把握常规,崇尚美好品德。'孔子说:'作这首诗的人真懂得大道啊!因此,有事物必定有法则;百姓领悟了这些亘古不变的法则,所以才崇尚美好的品德。'"

11.7　孟子曰:"富岁,子弟多赖①;凶岁,子弟多暴。非天之降才尔殊也,其所以陷溺其心者然也。今夫麰麦②,播种而耰之③,其地同,树之时又同,浡然而生,至于日至之时④,皆熟矣。虽有不同,则地有肥硗⑤,雨露之养,人事之不齐也。故凡同类者,举相似也,何独至于人而疑之?圣人与我同类者。故龙子曰⑥:'不知足而为屦⑦,我知其不为蒉也⑧。'屦之相似,天下之足同也。口之于味,有同耆也。易牙先得我口之所耆者也⑨。如使口之于味也,其性与人殊,若犬、马之与我不同类也,则天下何耆皆从易牙之于味也?至于味,天下期于易牙,是天下之口相似也。惟耳亦然。至于声,天下期于师旷⑩,是天

----

①　赖:善。赵岐《注》曰:"赖,善。暴,恶也。"焦循《孟子正义》引阮元曰:"'赖'即'懒'。"

②　麰(móu)麦:大麦。

③　耰(yōu):农具名。名词动用,指用耰平土,掩盖种子。

④　日至之时:朱子《集注》:"谓当成熟之期也。"日至,夏至。

⑤　硗(qiāo):瘠薄。

⑥　龙子:古代贤人。

⑦　屦:草鞋。

⑧　蒉(kuì):草编的土筐。

⑨　易牙:齐桓公的宠臣,擅长烹饪。

⑩　师旷:春秋时代晋国著名的乐师。

下之耳相似也。惟目亦然。至于子都①,天下莫不知其姣也②。不知子都之姣者,无目者也。故曰:口之于味也,有同耆焉;耳之于声也,有同听焉;目之于色也,有同美焉。至于心,独无所同然乎③?心之所同然者何也?谓理也,义也。圣人先得我心之所同然耳。故理、义之悦我心,犹刍豢之悦我口④。"

【解读】

孟子说:"丰年,子弟大多善良;灾年,子弟大多横暴无礼,并不是天生的资质不同,而是由于他们的内心受到了外物的迷惑与诱导。比如种大麦,撒下种子,用土盖好,如果土质相同,播种时间又相同,麦苗就蓬勃地生长起来,到了夏至前后都成熟。即使有所不同,也是因为土地肥瘠、雨露滋养、人工管理不一致的缘故。所以,凡是同类的事物大体相同,为何唯独对于人就疑惑了呢? 圣人和我们是同类。所以龙子说:'即使不知道脚的模样就做草鞋,我知道他绝不会做成一个草筐。'草鞋相似,因为普天下脚的形状是相似的。口对于滋味,有相同的嗜好,易牙最先领会了我们口味上的共同嗜好。假如口对于味道,人人不同,就像狗和马与我们人类的口味不相同一样,那么,为什么天下的人都追随易牙的口味呢? 一讲到口味,天下人都希望尝到易牙烹制的菜肴,这是因为天下人的口味是相似的。耳朵也是这样,说到声音,天下人都希望能听到师旷演奏的乐曲,这是因为天下人的耳朵都差不多。眼睛也是这样,说到子都,天下人没有不知道他健硕英俊。不知道子都健美的,

① 子都:古代著名的美男子。《诗经·郑风·山有扶苏》中有"不见子都,乃见狂且。"朱子《集注》:"子都,古之美人也。"

② 姣:美好。

③ 然:这样、如此。焦循引毛奇龄《剩言补》云:"'至于心,独无所同然',承上'同耆'、'同听'言,谓同如是耳,与前'惟耳亦然'诸然字相应。"

④ 刍豢:朱子《集注》:"草食曰刍,牛羊是也。谷食曰豢,犬豕是也。"这里泛指各种牲畜。

是不长眼睛的人。所以说,口对于滋味有相同的嗜好,耳对于声音有相同的听觉,眼对于容貌有相同的美感。讲到内心,唯独没有相同之处吗？内心的相同之处是什么呢？是理,是义。圣人最先懂得了我们内心的相同之处。所以,理义能使我们的内心愉悦,正像肉食能愉悦我们的口味一样。"

11.8　孟子曰:"牛山之木尝美矣①。以其郊于大国也②,斧斤伐之,可以为美乎？是其日夜之所息③,雨露之所润,非无萌蘖之生焉④,牛羊又从而牧之,是以若彼濯濯也⑤。人见其濯濯也,以为未尝有材焉,此岂山之性也哉？虽存乎人者,岂无仁义之心哉？其所以放其良心者⑥,亦犹斧斤之于木也,旦旦而伐之,可以为美乎？其日夜之所息,平旦之气⑦,其好恶与人相近也者几希⑧,则其旦昼之所为⑨,有梏亡之矣⑩。梏之反覆,则其夜气不足以存⑪。夜气不足以存,则其违禽兽不远矣。人见其禽兽也,而以为未尝有才焉者,是岂人之情也哉？故苟得其养,无物不长;苟失其养,

---

①　牛山:山名,在齐国都城临淄附近。
②　郊:名词动用,"位于……郊"。朱子《集注》:"邑外谓之郊。"
③　息:生长、滋生。
④　萌蘖(niè):嫩芽。朱子《集注》:"萌,芽也。蘖,芽之旁出者也。"
⑤　濯濯(zhuó):荒凉。赵岐《注》云:"无草木之貌。"
⑥　放:丧失。良心:心之善端。朱子《集注》:"良心者,本然之善心,即所谓仁义之心也。"
⑦　平旦:清晨。
⑧　几希:少。
⑨　旦昼:白天。赵岐《注》云:"旦昼,昼日也。"
⑩　梏(gù):束缚。孙奭《疏》云:"梏,手械也。利欲之制善,使不得为,犹梏之制手也。"
⑪　夜气:夜晚通过反思,对初生四端之心的复原。

无物不消。孔子曰:'操则存①,舍则亡;出入无时,莫知其乡②。'惟心之谓与!"

【解读】

孟子说:"牛山的树木曾经非常茂盛。牛山位于在大都市的郊外,如果总有人用斧子砍伐树木,牛山还能长得茂盛吗? 当然,它日日夜夜在生长着,享受着雨水、露珠的润泽,不是没有新条、嫩芽生长出来。但是,人们年复一年在这里放牧牛羊,所以才变成光秃秃。人们看见那光秃秃的样子,便以为牛山不曾有过水草茂盛,这难道是牛山本来的样子吗? 在每一个人身上,本来都有天生的仁义之心。他之所以丢失了他的善心,也正像斧子砍伐树木一样,天天砍伐它,能使它茂盛吗? 他平常萌生的善心,以及在清晨呼吸到的清新之气,使得他的好恶跟一般人也有了少许的接近,可是白天的所作所为又使良心受到禁锢并逐渐泯灭了。良心反复遭到禁锢而消亡,那么夜晚萌生的善心就不足以留存;夜晚萌生的善心不能存留,那他和禽兽就相差无几。人们见他的言行如同禽兽,便以为他天生就缺乏好的资质,这难道是人的本来情状吗? 所以,假如善性在后天得到应有的养育,人性的光辉就会发扬光大;假如善性在后天失去应有的滋养,没有什么不会消亡。孔子说:'护守它,就存在;放弃它,就丧失。出入没有定时,没人知道它的去向。'指的就是人心吧?"

11.9 孟子曰:"无或乎王之不智也③。虽有天下易生之物也,一日暴之④,十日寒之,未有能生者也。吾见亦罕矣,吾

---

① 操:护守。
② 乡:向。焦循《正义》曰:"近读乡为向。"
③ 或:通"惑"。
④ 暴:同"曝",晒。

退而寒之者至矣,吾如有萌焉何哉?今夫弈之为数①,小数也。不专心致志②,则不得也。弈秋③,通国之善弈者也。使弈秋诲二人弈。其一人专心致志,惟弈秋之为听。一人虽听之,一心以为有鸿鹄将至④,思援弓缴而射之⑤。虽与之俱学,弗若之矣。为是其智弗若与?曰:非然也。"

【解读】

孟子说:"大王的不明智,不足奇怪。纵使有天下最容易生长的植物,晒它一天,冻它十天,也没有能茁壮成长的。我和大王相见的次数也太少了,我一离开,那些给他泼冷水的小人就到了。他即使有了善心的萌芽,我又能怎么样呢?比如下棋,下棋在各种技艺当中属于很小的技艺。可是如果不专心致志学习,就学不到手。弈秋是全国最擅长下棋的人,让他教两个学生下棋。其中一个学生专心致志,一心只听弈秋的讲授。另一位学生虽然也在听,却一心想着有只天鹅就要飞来,准备拿起弓箭去射它。虽然他和另一位学生在一起学下棋,却不如那人棋艺学得好。这是因为他的智力不如那个人吗?不是这样的。"

11.10　孟子曰:"鱼,我所欲也。熊掌,亦我所欲也。二者不可得兼,舍鱼而取熊掌者也。生,亦我所欲也。义,亦我所欲也。二者不可得兼,舍生而取义者也。生亦我所欲,所欲有甚于生者,故不为苟得也⑥。死亦我所恶,所恶有甚于死

---

① 数:技艺。赵岐《注》云:"技也。"
② 致:极、尽。
③ 弈秋:朱子《集注》:"弈秋,善弈者,名秋也。"
④ 鸿鹄(hú):天鹅。
⑤ 援:拿。缴(zhuó):系着丝绳的箭。朱子《集注》:"以绳系矢而射也。"
⑥ 苟得:用不义的手段获取。《礼记·曲礼上》有"临财毋苟得。"孔颖达《疏》曰:"非义而取,谓之苟得。"朱子《集注》:"欲生恶死者,虽众人利害之常情,而欲、恶有甚于生死者,乃秉彝义理之良心。是以欲生而不为苟得,恶死而有所不避也。"

者,故患有所不辟也①。如使人之所欲莫甚于生,则凡可以得生者,何不用也? 使人之所恶莫甚于死者,则凡可以辟患者,何不为也? 由是则生,而有不用也。由是则可以辟患,而有不为也。是故所欲有甚于生者,所恶有甚于死者。非独贤者有是心也,人皆有之,贤者能勿丧耳。"

"一箪食②,一豆羹③,得之则生,弗得则死。嘑尔而与之④,行道之人弗受;蹴尔而与之⑤,乞人不屑也。万钟则不辨礼义而受之⑥,万钟于我何加焉? 为宫室之美、妻妾之奉、所识穷乏者得我与⑦? 乡为身死而不受⑧,今为宫室之美为之;乡为身死而不受,今为妻妾之奉为之;乡为身死而不受,今为所识穷乏者得我而为之,是亦不可以已乎! 此之谓失其本心⑨。"

【解读】

孟子说:"鱼是我想要的,熊掌也是我想要的;如果两者不能同时得到,便舍弃鱼而取熊掌。生命是我所热爱的,义也是我所喜好的,如果两者不能并有,舍弃生命而选择义。生命是我所热爱的,但是还有比生命更为我所迷恋的,所以我不干苟且偷生的事;死亡是我所厌恶的,但是还有比死亡更为我所厌恶的,所以有的祸患我不躲避。如果人们所喜爱的没有超过生命,那么,所有能够求生的手段,有什么不能用的呢?

---

① 辟:通"避",逃避。
② 箪(dān):古代盛饭的圆形竹器。
③ 豆:古代盛羹汤的木制器皿。
④ 嘑(hū)尔:呵斥。
⑤ 蹴(cù):踢、踏。朱子《集注》:"言虽饮食之急,而犹恶无礼,有宁死而不食者。是其羞恶之本心,欲恶有甚于生死者,人皆有之也。"
⑥ 万钟:俸禄丰厚。钟,古代计量单位。
⑦ 得:通"德",动词,感激。
⑧ 乡:通"向",昔日、以往。
⑨ 朱子《集注》:"此章言羞、恶之心,人所固有。或能决死生于危迫之际,而不免计丰约于宴安之时,是以君子不可顷刻而不省察于斯焉。"

如果人们所厌恶的没有超过死亡,那么,所有能够躲避祸患的方法,哪有不能用的呢? 然而,有的人这样做就可以生存,他却不去做。有的人这样做就可以躲避祸患,他却不去做。由此可见,人所想要的有胜过生命的,人所厌恶的有胜过死亡的。不仅贤者有这样的心思,每个人都有,只是贤者能够做到不失去它而已。一筐饭、一碗汤,得到便能活下去,得不到便会死亡。但是,如果呵斥着施舍给别人,路上饥饿的人也不肯接受;如果用脚践踏乞丐,再给他食物,乞丐都不屑接受。万钟的俸禄,有人不分清礼义就接受了。万钟的俸禄对我有什么好处呢? 是为了得到华丽的住宅、妻妾的侍奉和我所认识的贫苦的人对我的感激吗? 过去宁肯死亡也不接受的,现在为了华美的住宅却接受了;过去宁肯死亡也不接受的,现在却为了妻妾的侍奉接受了;过去宁肯死亡也不接受的,现在为了我所认识的贫苦人的感激却接受了。这些行为难道还不应该停止吗? 这就叫丧失了自己的本性。"

11.11　孟子曰,"仁,人心也①。义,人路也②。舍其路而弗由,放其心而不知求③,哀哉! 人有鸡犬放,则知求之;有放心而不知求。学问之道无他,求其放心而已矣④。"

【解读】

孟子说:"仁,是人的良心;义,是人的正路。舍弃了正路而不走,丢

---

①　朱子《集注》:"仁者,心之德,程子所谓'心如谷种,仁则其生之性'是也。然但谓之仁,则人不知其切于己,故反而名之曰'人心',则可以见其为此身酬酢万变之主,而不可须臾失矣。"

②　朱子《集注》:"义者,行事之宜。谓之'人路',则可以见其为出入往来必由之道,而不可须臾舍矣。"

③　放:丢失、放弃。

④　朱子《集注》:"学问之事,固非一端,然其道则在于求其放心而已。盖能如是,则志气清明,义理昭著,而可以上达;不然则昏昧放逸,虽曰从事于学,而终不能有所发明矣。故程子曰:'圣贤千言万语,只是欲人将已放之心约之,使反复入身来,自能寻向上去,下学而上达也。'此乃孟子开示切要之言,程子又发明之,曲尽其指,学者宜服膺而勿失也。"

失了善心而不知道去寻找。可悲啊！人们有鸡和狗走失了，还知道四处去寻找；可是，有人丢失了善心，却不知道去寻找。学问之道没有别的，就是把丢失的善心找回来。"

11.12　孟子曰："今有无名之指，屈而不信①，非疾痛害事也。如有能信之者，则不远秦、楚之路，为指之不若人也②。指不若人，则知恶之；心不若人，则不知恶。此之谓不知类也③。"

【解读】

孟子说："假如有人无名指弯曲而不能伸直，虽然不疼痛，也不妨碍做事。但是，如果有人能够使它伸直，即使远到秦国、楚国医治，他也不会认为路途遥远，为的是手指不如别人。手指不如别人，都知道如何去医治；心性不及别人，却不知道如何去弥补。这就叫做不知轻重本末。"

11.13　孟子曰："拱把之桐、梓④，人苟欲生之，皆知所以养之者。至于身，而不知所以养之者。岂爱身不若桐、梓哉？弗思甚也。"

【解读】

孟子说："细小的桐树、梓树，人们如果想让它迅速生长，都知道怎样去养护。对于自身心性，却不知道如何去保养，难道爱护自己还不如

———

① 信：通"伸"，古音同。
② 若：及。《礼记·檀弓》云："丧礼，与其哀不足而礼有余也，不若礼不足而哀有余也。"
③ 不知类：赵岐《注》曰："心不若人，可恶之大者也。而反恶指，故曰不知其类也。"朱子《集注》又云："言其不知轻重之等也。"
④ 拱：双手合握。把：一手握满。赵岐《注》曰："拱，合两手也。把，以一手把之也。"

爱护桐树、梓树吗？实在是缺乏自我反省啊。"

11.14　孟子曰："人之于身也,兼所爱①。兼所爱,则兼所养也。无尺寸之肤不爱焉,则无尺寸之肤不养也。所以考其善不善者,岂有他哉？于己取之而已矣。体有贵贱②,有小大③。无以小害大,无以贱害贵。养其小者为小人,养其大者为大人。今有场师④,舍其梧、槚⑤,养其樲棘⑥,则为贱场师焉。养其一指,而失其肩背而不知也,则为狼疾人也⑦。饮食之人⑧,则人贱之矣,为其养小以失大也。饮食之人无有失也,则口腹岂适为尺寸之肤哉？"

【解读】

孟子说："人对于身体每一部分都非常爱护。因为对每一部分都很爱护,所以都仔细保养。没有一尺一寸的肌肤不爱护,那么就没有一尺一寸的肌肤得不到保养。考察他保养得好或者不好,难道有别的方法吗？只是看他所注重的是身体哪一部分罢了。身体有重要的部分,也有次要的部分;有小的部分,也有大的部分。不要因为小的部分而损害大的部分,也不要因为次要部分而损害重要的部分。保养小的部分(口腹之欲)的就是小人,保养大的部分(四端之心)的就是君子。假如有这样一个园丁,他舍弃了梧桐、楸树等大树,而去精心培育酸枣、荆棘,那

---

①　兼:遍、全部。
②　贵贱:心志为贵,口腹之欲为贱。
③　小大:朱子《集注》:"贱而小者,口腹也;贵而大者,心志也。"
④　场师:园艺师、管理场圃的人。朱子《集注》:"场师,治场圃者。"
⑤　梧:梧桐。槚(jiǎ):楸树。
⑥　樲(èr):酸枣树。棘:荆棘。
⑦　狼疾:同"狼籍"。赵岐《注》曰:"谓医养人疾,治其一指,而不知其肩背之有疾,以至于害之,此为狼籍乱不知治疾之人也。"焦循《正义》进一步解曰:"赵氏读'狼疾'为'狼籍',而以乱释之。"
⑧　饮食之人:朱子《集注》:"饮食之人,专养口腹者也。"

么他就是一个不称职的园丁。如果有人只保养他的一个手指，却忽略了肩膀背脊，自己还不知道，那他就是个糊涂透顶的人。只知道吃喝的人为人们所鄙视，因为他只顾保养小的部分而遗忘了大的部分。如果喜爱饮食之人也注重品德的修养，那么满足口腹之欲，难道仅仅是为了保养一尺一寸的肌肤吗？"

11.15　公都子问曰："钧是人也①，或为大人，或为小人，何也？"

孟子曰："从其大体②，为大人③。从其小体④，为小人。"

曰："钧是人也，或从其大体，或从其小体，何也？"

曰："耳目之官不思⑤，而蔽于物，物交物⑥，则引之而已矣。心之官则思，思则得之，不思则不得也。此天之所与我者，先立乎其大者，则其小者弗能夺也。此为大人而已矣。"

【解读】

公都子问道："同样是人，有些人成为君子，有些人沦为小人，这是为什么呢？"

孟子答："以顺从心志为追求的人就成了君子，以满足耳目口腹之欲为目标的人就成了小人。"

---

① 钧：通"均"，同。
② 从：循、随。
③ 大体：心志。
④ 小体：耳目口腹之欲。
⑤ 官：器官、官能。赵岐《注》曰："官，精神所在也。谓人有五官六府。"
⑥ 物交物：第一个"物"指外物，第二个"物"指耳目之官。朱子《集注》："耳司听，目司视，各有所职而不能思，是以蔽于外物。既不能思而蔽于外物，则亦一物而已。又以外物交于此物，其引之而去不难矣。心则能思，而以思为职。凡事物之来，心得其职，则得其理。而物不能蔽；失其职，则不得其理，而物来蔽之。此三者，皆天之所以与我者，而心为大。若能有以立之；则事无不思，而耳目立欲不能夺之矣。此所以为大人也。"

公都子说:"同样是人,有的人热衷于顺从心志,有的人热衷于追随耳目口腹之欲,这是为什么呢?"

孟子说:"耳朵、眼睛这些器官不能思考,容易为事物所蒙蔽。一旦与事物相接触,容易被引入歧途。心这个器官会思考,有反思就会有所得,不思考就一无所获,这是上天赐予我们人类的精神财富。先确立大体,耳目口腹之欲就不能与之抗衡了。这样,就可以成为君子。"

11.16　孟子曰:"有天爵者①,有人爵者②。仁、义、忠、信,乐善不倦,此天爵也。公卿大夫,此人爵也。古之人修其天爵,而人爵从之。今之人修其天爵,以要人爵③;既得人爵,而弃其天爵,则惑之甚者也,终亦必亡而已矣④。"

【解读】

孟子说:"有天然的爵位,有人为的爵位。仁义忠信是天爵,以奉行仁义忠信为乐,从不知疲倦。公卿大夫,这是人为的爵位。古代的人修养他们天然的爵位,人为的爵位也随之而来了。现在的人修养他们天然的爵位,是为了追求公卿大夫爵位;一旦得到了后天人为的爵位,便舍弃自然的爵位,那就太糊涂了,最终富贵荣华也必然丧失。"

11.17　孟子曰:"欲贵者,人之同心也。人人有贵于己者⑤,弗思耳。人之所贵者,非良贵也。赵孟之所贵⑥,赵孟能贱之⑦。

---

① 天爵:仁义礼智诸善端。赵岐《注》曰:"天爵以德,人爵以禄。"
② 人爵:世俗社会的官禄富贵。朱子《集注》:"人之所贵,谓人以爵位加己而后贵也。"
③ 要:邀求。
④ 朱子《集注》:"修天爵以要人爵,其心固已惑矣。得人爵而弃天爵,则其惑又甚焉,终必并其所得之人爵而亡之也。"
⑤ 贵于己者:朱子《集注》:"贵于己者,谓天爵也。"
⑥ 赵孟:春秋时晋国执政大臣赵盾,字孟。此处用以指有权势者。
⑦ 朱子《集注》:"能以爵禄与人而使之贵,则亦能夺之而使之贱矣。若良贵,则人安得而贱之哉?"

《诗》云①:'既醉以酒,既饱以德。'言饱乎仁义也,所以不愿人之膏粱之味也②。令闻广誉施于身③,所以不愿人之文绣也④。"

【解读】

孟子说:"慕求尊贵,这是人们共同心理。每个人都存有比生命更可贵的东西,只是自己没有好好反思而已。他人所尊贵的,不一定真正值得尊贵。赵孟所尊崇的东西,有朝一日赵孟也能使之卑贱。《诗》说:'既请我喝美酒,又以德泽润我心。'这是说,仁义先天具足,就不羡慕别人的肉食美味了;众人的称誉施加在我身上,也就不羡慕别人的锦衣绣裳了。"

11.18 孟子曰:"仁之胜不仁也,犹水胜火。今之为仁者,犹以一杯水,救一车薪之火也;不熄,则谓之水不胜火,此又与于不仁之甚者也⑤。亦终必亡而已矣!"

【解读】

孟子说:"仁能战胜不仁,就像水能胜过火一样。如今推行仁道的人,好比用一杯水去救一车柴木燃起的大火;一旦扑灭不了火,就责怪水不能战胜火,这反而助长了不仁之人的嚣张气焰。最终,连这一点点的仁心也必定消亡。"

---

①　《诗》云:以下所引出自《诗经·大雅·既醉》。
②　愿:羡慕。膏:肥肉。粱:精米。
③　令:善。闻:与誉同,名望、荣誉。
④　文绣:绣有花纹的官服。朱子《集注》:"文绣,衣之美者也。尹氏曰:'言在我者重,则外物轻'。"
⑤　与:帮助。

11.19　孟子曰:"五谷者①,种之美者也。苟为不熟,不如荑稗②。夫仁,亦在乎熟之而已矣。"

【解读】

孟子说:"五谷是庄稼中的好品种。但是,五谷如果不成熟,反而不及稊米和稗子。仁,也在于使之成熟而已。"

11.20　孟子曰:"羿之教人射,必志于彀③;学者亦必志于彀。大匠诲人,必以规矩;学者亦必以规矩④。"

【解读】

孟子说:"羿教人射箭,要求用心拉满弓;所以,学习射箭的人,必须专心致志拉满弓。高明的工匠教人手艺,必定教育弟子遵循规矩。身为学者,必须遵循规矩而行。"

---

①　五谷:古代中原地区称黍、稷、麦、菽、麻为"五谷"。
②　荑(tí)稗(bài):荑,通"稊",类似稗之类的杂草,结出的米粒很小,可食。朱子《集注》:"荑稗,草之似谷者,其实亦可食,然不能如五谷之美也。"
③　志:期望。彀(gòu):把弓拉满。
④　朱子《集注》:"此章言事必有法,然后可成。师舍是则无以教,弟子舍是则无以学。曲艺且然,况圣人之道乎?"

卷十二 告子章句下 凡十六章

12.1　任人有问屋庐子曰①："礼与食孰重?"

曰:"礼重。"

"色与礼孰重?"

曰:"礼重。"

曰:"以礼食,则饥而死;不以礼食,则得食,必以礼乎? 亲迎②,则不得妻;不亲迎,则得妻,必亲迎乎?"

屋庐子不能对,明日之邹,以告孟子。

孟子曰:"于答是也何有③? 不揣其本而齐其末④,方寸之木可使高于岑楼⑤。金重于羽者,岂谓一钩金与一舆羽之谓哉⑥? 取食之重者与礼之轻者而比之,奚翅食重⑦? 取色之重者与礼之轻者而比之,奚翅色重⑧?"往应之曰:"紾兄之臂而夺之食⑨,则得食;不紾,则不得食,则将紾之乎? 逾东家墙而

---

①　任(rén):周初诸侯国名,风姓,故地在今山东省济宁市。屋庐子:孟子弟子,名连。

②　亲迎:古代婚姻六礼(纳采、问名、纳吉、纳徵、请期和亲迎)之一。根据古代礼制,夫婿需亲自到女家迎娶新娘入室,这里泛指正式的婚礼。

③　於答是也何有:这句句式与《论语·雍也》"於从政乎何有"相同。

④　揣(chuǎi):衡量。

⑤　岑(cén)楼:尖顶高楼。朱子《集注》:"本,谓下。末,谓上。方寸之木至卑,喻食、色。岑楼,楼之高锐似山者,至高,喻礼。若不取其下之平,而升寸木于岑楼之上,则寸木反高,岑楼反卑矣。"

⑥　一钩金:一点点金子。钩:衣带钩。

⑦　奚翅:何止。翅:与"啻"通,古字通用,只、仅。

⑧　朱子《集注》:"礼食、亲迎,礼之轻者也。饥而死以灭其性,不得妻而废人伦,食、色之重者也。言其相去悬绝,不但有轻重之差而已。"

⑨　紾(zhěn):扭。

搂其处子①,则得妻;不搂则不得妻,则将搂之乎?"

【解读】

有个任国人问屋庐子:"礼仪和饮食哪样更重要?"

屋庐子说:"礼仪重要。"

"娶妻和礼仪哪个重要?"

屋庐子答:"礼仪重要。"

任国人又问:"如果按照礼仪去谋食,就会饿死;不按着礼仪去谋食,便会得到食物,那一定要按照礼仪行事吗? 如果按照亲迎礼娶亲,就娶不到妻子;如果不按照亲迎礼娶亲,便能娶到妻子,那一定要行亲迎礼吗?"

屋庐子不能应答。第二天去邹国,向孟子请教如何回答这一问题。

孟子说:"回答这个问题有什么困难呢? 不去度量根基的高低,而只比较它们的顶端,那么一寸厚的小木块都可以使它高过尖顶的高楼。我们说金子重于羽毛,难道是指一丁点金子相对于一大车羽毛而言吗? 选取饮食的重要方面与礼仪的轻微方面相比较,何止是饮食重要? 选取婚姻的重要方面与礼仪的细微末节相比较,何止是婚姻重要? 你这样去答复他吧:'扭折哥哥的胳膊,抢夺他的食物,便得到食物;不去扭断,就得不着食物,你会去扭吗? 翻越东邻的墙头,搂抱邻居家的闺女就能娶到妻子;不搂抱邻居家的闺女,就娶不到妻子,你会去搂抱吗?'"

12.2 曹交问曰②:"'人皆可以为尧舜',有诸?"

孟子曰:"然。"

"交闻文王十尺③,汤九尺,今交九尺四寸以长,食粟而

---

① 搂:牵。处子:处女。

② 曹交:赵岐《注》认为此人是曹国国君的弟弟,名交。前487年,曹国被宋灭。所以,此人身份未详。

③ 尺:战国时期齐鲁一带的尺度,一尺约合今15.76厘米。

已,如何则可?"

曰:"奚有于是? 亦为之而已矣。有人于此,力不能胜一匹雏①,则为无力人矣。今曰举百钧,则为有力人矣。然则举乌获之任②,是亦为乌获而已矣。夫人岂以不胜为患哉? 弗为耳。徐行后长者谓之弟,疾行先长者谓之不弟。夫徐行者,岂人所不能哉? 所不为也。尧舜之道,孝弟而已矣。子服尧之服,诵尧之言,行尧之行,是尧而已矣。子服桀之服,诵桀之言,行桀之行,是桀而已矣。"

曰:"交得见于邹君,可以假馆③,愿留而受业于门。"

曰:"夫道,若大路然,岂难知哉? 人病不求耳。子归而求之,有馀师④。"

【解读】

曹交问孟子:"人人都可以成为尧舜,有这样的说法吗?"

孟子说:"有。"

曹交说:"我听说周文王身高十尺,成汤身高九尺。如今我也有九尺四寸多高,但只会饱食终日。像我这样的人,难道也能成为尧舜吗?"

孟子说:"这有什么关系呢? 只要肯去做就可以了。假如有个人,他的力气提不起一只小鸡,那么他就是一个没力气的人;假如他能举起三千斤,那么他就是大力士。如果他能举起大力士乌获所能举的重量,那他也就成为乌获了。人难道应该为不能胜任而担心吗? 只是不肯去做罢了。慢慢地走在长者之后叫作悌,飞快地抢在长者前面叫作不悌。

---

① 雏:小鸡。

② 乌获:古代著名的大力士。

③ 假馆:借住旅馆。

④ 朱子《集注》:"言道不难知,若归而求之事亲敬长之间,则性分之内,万理皆备,随处发见,无不可师,不必留此而受业也。曹交事长之礼既不至,求道之心又不笃,故孟子教之以孝弟,而不容其受业。盖孔子'馀力学文'之意,亦不屑之教诲也。"

慢慢地走,难道是人所不能的吗? 只是不愿意那样做而已。尧舜之道,
不过就是孝和悌。你穿上尧的衣服,说尧所说的话,做尧所做的事,这
样就可以成为尧。你穿上桀的衣服,说桀所说的话,做桀所做的事,这
样就成为桀了。"

曹交说:"我去拜见邹国国君,向他借个住处。希望留在这里,受业
于先生门下。"

孟子说:"尧舜之道就像大路一样,难道分辨不清吗? 只怕人不肯
去寻求罢了。你回去自己努力探求吧,会有很多老师教你的。"

12.3　　公孙丑问曰:"高子曰①:'《小弁》②,小人之
诗也。'"

孟子曰:"何以言之?"

曰:"怨。"

曰:"固哉③,高叟之为《诗》也! 有人于此,越人关弓而射
之④,则己谈笑而道之;无他,疏之也。其兄关弓而射之,则己
垂涕泣而道之;无他,戚之也⑤。《小弁》之怨,亲亲也。亲亲,
仁也。固矣夫,高叟之为《诗》也!"

曰:"《凯风》何以不怨⑥?"

曰:"《凯风》,亲之过小者也。《小弁》,亲之过大者也。亲
之过大而不怨,是愈疏也。亲之过小而怨,是不可矶也⑦。愈

---

① 高子:齐国人,年长于孟子,所以孟子下文称其为"高叟"。
② 《小弁(pán)》:《诗经·小雅》篇名。朱子《集注》:"周幽王娶申后,生太子
宜臼。又得褒姒,生伯服,而黜申后,废宜臼。于是宜臼之傅为作此诗,以叙其哀
痛迫切之情也。"
③ 固:执滞不通。
④ 关:通"弯"。
⑤ 戚:亲。
⑥ 《凯风》:《诗经·邶风》篇名。朱子《集注》:"卫有七子之母,不能安其室,
七子作此以自责也。"
⑦ 矶(jī):激,激怒。朱子《集注》:"不可矶,言微激之而遽怒也。"

疏,不孝也;不可矶,亦不孝也。孔子曰:'舜其至孝矣! 五十而慕。'"

【解读】

公孙丑问道:"高子说:'《小弁》是小人所作的诗。'"

孟子说:"为什么这么说呢?"

公孙丑说:"因为诗篇中有怨恨之情。"

孟子说:"高老先生解释《诗》,未免太固陋了! 如果有个人,越国人拉弓去射他,那么他会谈笑着陈述此事。没有别的原因,只因为和越国人关系疏远。如果他的兄长拉弓要射他,那么他就哭泣着讲述此事。没有别的原因,只是因为和兄长关系亲近。《小弁》的怨恨,是出于对亲人的爱护。爱亲是仁的源头活水。高老先生解释《诗》,未免太呆板了!"

公孙丑又问:"《凯风》这首诗为什么没有怨恨之情呢?"

孟子答道:"《凯风》是由于亲人的过错小,《小弁》是由于亲人的过错大。父母的过错很大,子女却不埋怨,这是越发疏远他们;父母过错小,子女却怨恨不已,这是受不了一点儿刺激。越发疏远是不孝,受不了一点儿刺激也是不孝。孔子说:'舜是最孝敬父母的人,到了五十岁还眷恋父母。'"

12.4　宋牼将之楚①,孟子遇于石丘②。曰:"先生将何之③?"

---

①　宋牼(kēng):宋国人,又名宋钘,战国时期著名思想家,《荀子·非十二子》将其与墨子归为一类。朱子《集注》:"时宋牼方欲见楚王,恐其不悦,则将见秦王也。按《庄子》书'有宋钘者,禁攻寝兵,救世之战,上说下教,强聒不舍。'《疏》云:'齐宣王时人。'以事考之,疑即此人也。"

②　石丘:地名,未详所在。据钱穆先生考证,前312年左右,孟子与宋钘相会于石丘。

③　先生:赵岐《注》曰:"学士年长者,故谓之先生。"焦循《正义》解曰:"《齐策》云:'孟尝君譙坐,谓三先生',注云:'先生,长老先己以生者。'牼盖年长于孟子,故孟子以先生称之而自称名。"

曰："吾闻秦、楚构兵①,我将见楚王说而罢之。楚王不悦,我将见秦王说而罢之。二王我将有所遇焉②。"

曰："轲也请无问其详,愿闻其指。说之将何如?"

曰："我将言其不利也。"

曰："先生之志则大矣,先生之号则不可③。先生以利说秦、楚之王,秦、楚之王悦于利,以罢三军之师,是三军之士乐罢而悦于利也。为人臣者,怀利以事其君;为人子者,怀利以事其父;为人弟者,怀利以事其兄:是君臣、父子、兄弟终去仁义,怀利以相接;然而不亡者,未之有也。先生以仁义说秦、楚之王,秦、楚之王悦于仁义,而罢三军之师,是三军之士乐罢而悦于仁义也。为人臣者,怀仁义以事其君;为人子者,怀仁义以事其父;为人弟者,怀仁义以事其兄:是君臣、父子、兄弟去利,怀仁义以相接也。然而不王者,未之有也。何必曰利?"

【解读】

宋牼打算去楚国,孟子在石丘遇见他。孟子问:"先生将要去哪里?"

宋牼说:"我听说秦、楚交战,我准备进见楚王,劝说他罢兵。如果楚王不听,我就去见秦王,劝说他罢兵。在两个君王中,总会有一人能听从我的劝告。"

孟子说:"我不想问得很详细,只希望聆听你的大意。你打算怎样劝说他们呢?"

宋牼说:"我打算陈述交战的不利之处。"

孟子说:"先生志向是弘大,但您的说法行不通。您用利来劝说

---

① 构兵:交战。
② 遇:合。
③ 号:名义、说法。

秦、楚的君王,秦、楚的君王因为喜欢利而停止了三军的行动,这样也使军队的官兵因为追求利才乐意停战。做臣子的,怀着求利的观念侍奉君主,做儿子的怀着求利的观念侍奉父亲,做弟弟的怀着求利的观念侍奉哥哥。这就会使君臣、父子、兄弟之间完全舍弃仁义,为了利而互相计较。如此而国家不灭亡的,还没有过。您若以仁义来游说秦王和楚王,秦王、楚王因喜爱仁义而停止三军的行动,这就会使军队的官兵因为喜欢仁义而乐意停战。做臣子的怀着仁义之心侍奉他的君主,做儿子的怀着仁义之心侍奉他的父亲,做弟弟的怀着仁义之心侍奉他的兄长。这会使君臣、父子、兄弟之间都抛弃求利的念头,心怀仁义来打交道。这样还不能称王天下的,从来没有过。为什么一定要谈利呢?"

12.5　孟子居邹。季任为任处守①,以币交②,受之而不报。处于平陆③,储子为相④,以币交,受之而不报⑤。他日由邹之任,见季子;由平陆之齐,不见储子。屋庐子喜曰:"连得间矣⑥。"

问曰:"夫子之任见季子,之齐不见储子,为其为相与?"

曰:"非也。《书》曰⑦:'享多仪⑧,仪不及物,曰不享,惟不役志于享⑨。'为其不成享也。"屋庐子悦。或问之,屋庐子曰:

①　季任:任国国君之弟。赵岐《注》曰:"季任,任君季弟也。任君朝会于邻国,季任为之居守其国也。"
②　币:礼品。
③　平陆:地名,齐国的下邑,故城在今山东省汶上县。
④　储子:齐国国相。
⑤　报:回报。朱子《集注》:"不报者,来见则当报之,但以币交,则不必报也。"
⑥　间:差错。朱子《集注》:"屋庐子知孟子之处此必有义理,故喜得其间隙而问之。"朱子释"间"为"间隙",恐误。
⑦　《书》曰:以下文句出自《尚书·周书·洛诰》。
⑧　享:享献之礼。多:美、贵。仪:礼法。
⑨　役:用。

"季子不得之邹,储子得之平陆①。"

【解读】

孟子住在邹国的时候,季任代理任国的国政。派人送礼物结交孟子,孟子接受了礼物但不回谢。孟子住在平陆的时候,储子担任齐国国相,派人送礼物结交孟子,孟子接受了礼物也不回谢。后来,孟子从邹国到了任国,拜访了季子;从平陆到了齐国,却没有拜访储子。屋庐子高兴地说:"我终于发现老师的过错了。"

屋庐子于是问孟子:"老师到了任国,拜访了季子;到了齐国,却不拜访储子,是因为储子只是国相吗?"

孟子说:"不是。《书》说:'进献之礼推重礼法,如果礼节与礼品不相配,就不算是进献,因为他没有用心于进献之礼。'我没去拜访储子,是因为他没有尽到进献的礼仪。"

屋庐子听了很高兴。有人问起这件事,屋庐子解释说:"季子因为要代理任国的国政,所以不能亲自去邹国。但是,储子是能够亲自到平陆的。"

12.6 淳于髡曰②:"先名实者③,为人也。后名实者④,自为也。夫子在三卿之中⑤,名实未加于上下而去之⑥,仁者固

---

① 朱子《集注》:"徐氏曰:'季子为君居守,不得往他国以见孟子,则以币交而礼意已备。储子为齐相,可以至齐之境内而不来见,则虽以币交,而礼意不及其物也。'"

② 淳于髡:战国时期齐国著名的政治家和思想家。具体生卒时间不详,略长于孟子。淳于髡以博学多才、善于辩论著称,是稷下学宫中著名学者之一。

③ 先(xiàn):重视。名:声誉。实:事功。朱子《集注》:"名,声誉也。实,事功也。言以名实为先而为之者,是有志于救民者也。以名实为后而不为者,是欲独善其身者也。"

④ 后:轻视,与"先"一样作动词用。

⑤ 三卿:指上卿、亚卿和下卿。孟子在齐国时,曾位列三卿之中。

⑥ 上下:君王与平民百姓。

如此乎？"

孟子曰："居下位，不以贤事不肖者，伯夷也。五就汤，五就桀者，伊尹也。不恶污君，不辞小官者，柳下惠也。三子者不同道，其趋一也①。一者何也？曰：仁也。君子亦仁而已矣，何必同？"

曰："鲁缪公之时，公仪子为政②，子柳③、子思为臣，鲁之削也滋甚④。若是乎贤者之无益于国也！"

曰："虞不用百里奚而亡，秦穆公用之而霸。不用贤则亡，削何可得与？"

曰"昔者王豹处于淇⑤，而河西善讴。绵驹处于高唐⑥，而齐右善歌⑦。华周、杞梁之妻善哭其夫⑧，而变国俗。有诸内必形诸外。为其事而无其功者，髡未尝睹之也。是故无贤者也，有则髡必识之⑨。"

曰："孔子为鲁司寇⑩，不用⑪；从而祭，燔肉不至⑫。不税

---

① 趋：旨趣。
② 公仪子：即公仪休。曾经当过鲁相，奉法循礼治理鲁国。
③ 子柳：即本书《公孙丑下》提及的泄柳。
④ 削：朱子《集注》："地见侵夺也。"
⑤ 王豹：卫国人，歌唱家。淇：水名，在今河南北部，古为黄河支流，南流至今汲县东北入河。
⑥ 绵驹：齐国人，歌唱家。高唐：地名，在今山东省禹城南。
⑦ 右：西方，古人以西为右。
⑧ 华周、杞梁之妻善哭其夫：朱子《集注》："华周、杞梁，二人皆齐臣，战死于莒。其妻哭之哀，国俗化之，皆善哭。"
⑨ 朱子《集注》："髡以此讥孟子仕齐无功，未足为贤也。"
⑩ 司寇：据《史记·孔子世家》载，孔子仕鲁"由中都宰为司空，由司空为大司寇"。孔子任中都宰在鲁定公九年（前501），任期一年左右，第二年升任司空。不久，鲁定公又任命孔子为司寇，孔子至是始为卿职。司马迁为区别司空下设的小司寇而冠一"大"字，因称"大司寇"。孔子一生仕鲁仅四年左右，任大司寇时间最长，从定公十年（前500）至定公十三年，这三年左右时间是孔子一生政治生涯中的重要阶段。
⑪ 不用：赵岐《注》曰："不能用其道也。"
⑫ 燔（fán）肉：祭肉，与"膰肉"同。

冕而行①。不知者以为为肉也,其知者以为为无礼也。乃孔子则欲以微罪行②,不欲为苟去。君子之所为,众人固不识也③。"

【解读】

淳于髡说:"重视名誉功业,是为了济世救民;轻视名誉功业,是为了独善其身。先生位在齐国三卿之中,上无辅佐国君的声誉,下无救济百姓的功业,您现在要辞职离去,有仁德的人本来就是这样吗?"

孟子说:"处在低下的职位,不以自己的贤才侍奉不肖之人,这是伯夷;五次投靠汤,又五次往桀那里去做官,这是伊尹;不厌恶污浊之君,也不拒绝卑贱的职位,这是柳下惠。三个人的行为不相同,但方向是一致的。这一致指的是什么呢?应该说,就是仁。君子只要行仁就可以了,为什么一定要做法相同呢?"

淳于髡说:"鲁穆公时,公仪子主持国政,子柳、子思为大臣,鲁国却日复一日削弱。如此看来,贤者无益于国家啊!"

孟子说:"虞国不任用百里奚,因而亡国;秦穆公重用百里奚,因而称霸。可见不任用贤人就会导致灭亡,何止是削弱呢?"

淳于髡说:"从前歌唱家王豹住在淇水边,住在河西的人因此都喜欢唱歌;歌唱家绵驹住在高唐,齐国西部的人也都善于唱歌;华周、杞梁的妻子为她们逝去的丈夫痛哭,甚至改变了一国的风俗。内心存在什么,一定会显现在外。做了某件事却没有什么功效,我还从未见到过。所以,当今之世没有贤人;如果有,我一定会知道的。"

孟子说:"孔子任鲁国的大司寇而不被信任。随从国君祭祀时,祭肉又没按照礼仪分送给他,孔子于是不解下礼帽就离开了鲁国。不了

①　税(tuō):通"脱"。冕:大夫以上戴的礼帽。
②　微罪:小的过错。
③　焦循《正义》曰:"故当时不知者以孔子为为肉,纵在知者,亦以孔子为为无礼。乃孔子之意,则欲以己不税冕之罪行,不欲为苟去。"

解孔子的人，以为他是为了祭肉的缘故。了解孔子的人，认为他是因为鲁君的失礼而离开。至于孔子，他就是想担当点小罪名离开，不想随便就离开父母之邦。君子的作为，一般人很难理解。"

12.7　孟子曰："五霸者①，三王之罪人也②。今之诸侯，五霸之罪人也。今之大夫，今之诸侯之罪人也。天子适诸侯，曰巡狩。诸侯朝于天子，曰述职。春省耕而补不足③，秋省敛而助不给。入其疆，土地辟，田野治，养老尊贤，俊杰在位，则有庆④，庆以地。入其疆，土地荒芜，遗老失贤，掊克在位⑤，则有让⑥。一不朝，则贬其爵；再不朝，则削其地；三不朝，则六师移之⑦。是故天子讨而不伐⑧，诸侯伐而不讨。五霸者，搂诸侯以伐诸侯者也⑨。故曰：五霸者，三王之罪人也。五霸，桓公为盛。葵丘之会诸侯⑩，束牲、载书而不歃血⑪。初命曰：

①　五霸：指齐桓公、晋文公、秦穆公、宋襄公、楚庄王等"春秋五霸"。
②　三王：夏禹，商汤，周文王与周武王。
③　省：巡察。
④　庆：奖赏。
⑤　掊（póu）克：聚敛。这里代指聚敛民财的统治者。
⑥　让：责罚。
⑦　六师：周天子的军队。周礼规定天子设六军，诸侯设三军。移之：赵岐《注》曰："不朝而至三，则讨之以六师。移之，就之也。"朱子《集注》又云："诛其人而变置之也。"
⑧　讨：朱子《集注》："讨者，出命以讨其罪，而使方伯、连帅帅诸侯以伐之也。"伐：朱子《集注》："伐者，奉天子之命，声其罪而伐之也。"
⑨　搂：带领。
⑩　葵丘之会诸侯：公元前651年，齐桓公在葵丘（在今河南省兰考县一带）大会诸侯，参加会盟的有齐、鲁、宋、卫、郑、许、曹等国的国君，周襄王也派代表参加，对齐桓公予以表彰。这是齐桓公多次召集诸侯会盟中规模最大的一次，标志着齐桓公的霸业达到顶峰，齐桓公成为中原的首位霸主。
⑪　束牲：不宰杀牺牲，将盟书放在牺牲上。《谷梁传·僖公九年》云："僖公九年，葵丘之会，陈牲而不杀，读书加于牲上，壹明天子之禁曰：毋雍泉，毋讫籴，毋易树子，毋以妾为妻，毋使妇人与国事。"载书：将盟约放在牺牲上。歃（shà）血：古代盟誓的一项仪式，口微吸牺牲血，表示信守诺言。

'诛不孝,无易树子①,无以妾为妻。'再命曰:"尊贤育才,以彰有德。'三命曰:'敬老慈幼,无忘宾旅②。'四命曰:'士无世官③,官事无摄④,取士必得⑤,无专杀大夫⑥。'五命曰,'无曲防⑦,无遏籴⑧,无有封而不告⑨。'曰:'凡我同盟之人,既盟之后,言归于好。'今之诸侯皆犯此五禁,故曰:今之诸侯,五霸之罪人也。长君之恶,其罪小。逢君之恶⑩,其罪大。今之大夫,皆逢君之恶,故曰:今之大夫,今之诸侯之罪人也。"

【解读】

孟子说:"五霸,是三王的罪人;现在的诸侯,是五霸的罪人;现如今的大夫,是诸侯的罪人。天子到诸侯的封地考察,叫巡狩;诸侯朝见天子,叫述职。天子巡狩,春天视察耕种情况,补助种子不足的老百姓;秋天视察收获情况,赈济粮食短缺的老百姓。一进入诸侯国的疆界,如果看到土地得到开辟,田野得到治理,老人得到赡养,贤人得到尊敬,有才能的人立于朝廷,那么就给予赏赐,赏赐用土地。一进入某诸侯国的疆界,如果看到土地荒芜,老人被遗弃,贤者不被任用,搜刮民财的人立于朝廷,那么就给予责罚。诸侯一次不来朝见,就贬低他的爵位;两次不来朝见,就削减他的土地;三次不来朝见,就派军队去讨伐他。所以,天

① 树:立。朱子《集注》:"已立世子,不得擅易。"
② 无忘宾旅:朱子《集注》:"宾,宾客也。旅,行旅也。皆当有以待之,不可忽忘也。"
③ 士无世官:朱子《集注》:"士世禄而不世官,恐其未必贤也。"
④ 摄:兼任。朱子《集注》:"当广求贤才以充之,不可以阙人废事也。"
⑤ 得:得贤。朱子《集注》:"取士必得,必得其人也。"
⑥ 无专杀大夫:朱子《集注》:"有罪则请命于天子而后杀之也。"
⑦ 曲防:遍设堤防。曲,遍,与《易·系辞传》"曲成万物而不遗"之"曲"含义同。防,堤防。朱子《集注》:"不得曲为堤防,壅泉激水,以专小利,病邻国也。"
⑧ 遏籴(dí):禁止邻国来购买粮食。
⑨ 封:封赏。告:禀告盟主。
⑩ 逢:逢迎、辩护。朱子《集注》:"君之过未萌,而先意导之者,逢君之恶也。"

子对不服从的诸侯,只是声讨而不亲自去征伐。诸侯只是征伐,而不声讨。五霸带领着诸侯去征伐诸侯,所以说五霸是三王的罪人。五霸当中,齐桓公势力最强。在葵丘盟会上,诸侯们捆绑了牺牲,把盟书放在牺牲身上,但没有歃血。第一条盟约说:'诛责不孝之人,不要废立太子,不要立妾为妻。'第二条盟约说:'尊贵贤人,养育人才,借以表彰有德者。'第三条盟约说:'恭敬老人,慈爱幼小,不要怠慢来宾和旅客。'第四条盟约说:'士人的官职不可世代相传,官职不可兼任,选用士人一定要唯才是举,不可擅自杀戮大夫。'第五条盟约说:'不要到处构筑堤防,不可阻止邻国来采购粮食,不可私自封赏而不告诉盟主。'最后说:'所有我们参与会盟的人,订立盟约之后,完全恢复旧日的友好。'现在的诸侯都违反了这五条禁令。所以说,现在的诸侯是五霸的罪人。助长国君的恶行,还算是小罪;逢迎、掩饰君主的恶行,罪过就大了。现在的大夫都逢迎国君的恶行,所以说现在的大夫是诸侯的罪人。"

12.8　鲁欲使慎子为将军①。

孟子曰:"不教民而用之②,谓之殃民。殃民者,不容于尧、舜之世。一战胜齐,遂有南阳③,然且不可。"

慎子勃然不悦,曰:"此则滑釐所不识也。"

曰:"吾明告子:天子之地方千里;不千里,不足以待诸侯。诸侯之地方百里;不百里,不足以守宗庙之典籍。周公之封于鲁,为方百里也;地非不足,而俭于百里④。太公之封于齐也,亦为方百里也;地非不足也,而俭于百里。今鲁方百里者

---

① 慎子:名滑釐,鲁国善用兵者。
② 不教民而用之:赵岐《注》曰:"不教民以仁义而用之战斗"。朱子《集注》亦认为:"教民者,教之礼义,使知入事父兄,出事长上也。"
③ 南阳:即汶阳,在今山东省泰安市西南。因为地处汶水之北、泰山西南,所以叫南阳。
④ 俭:少。

228

五^①,子以为有王者作,则鲁在所损乎? 在所益乎? 徒取诸彼以与此,然且仁者不为,况于杀人以求之乎? 君子之事君也,务引其君以当道^②,志于仁而已。"

【解读】

　　鲁国打算让慎子做将军。

　　孟子说:"不先教导百姓知礼义,就驱使他们去打仗,这叫做坑害百姓。坑害百姓的人,如果在尧、舜的时代,是要遭谴责的。即使只作战一次便打败了齐国,得到了南阳,也是不正当的。"

　　慎子顿时不高兴,说:"这是我所不明白的。"

　　孟子说:"我明白地告诉你:天子的土地方圆一千里,如果不到一千里,便不足以接待诸侯;诸侯的土地方圆一百里,如果不到一百里,便不能够奉守宗庙的礼制。周公被封于鲁国,有方圆百里的土地;土地并不是不够宽广,但也只不过区区百里。太公被封于齐,也有方圆百里的土地;土地并不是不够宽广,但也只不过区区百里。如今鲁国有五倍于方圆百里的土地,你以为假如有圣王兴起,鲁国的土地是会减少呢? 还是会增加呢? 不用兵力,白白地把别国的土地抢过来给予这国,仁人尚且不做,何况用杀人手段来谋求土地呢? 君子侍奉君主,应当一心一意引导君主走上正道,立志于仁。"

　　12.9　孟子曰:"今之事君者曰:'我能为君辟土地,充府库。'今之所谓良臣,古之所谓民贼也。君不乡道^③,不志于仁,而求富之,是富桀也。'我能为君约与国^④,战必克。'今之所谓良臣,古之所谓民贼也。君不乡道,不志于仁,而求为之

---

①　今鲁方百里者五:鲁国先后兼并宋、莒、项、邾等国,疆土不断拓展。
②　当道:朱子《集注》亦认为:"谓事合于理。"
③　乡:向、向往。
④　约:邀结。

强战,是辅桀也。由今之道,无变今之俗,虽与之天下,不能一朝居也。"

【解读】

　　孟子说:"今天侍奉君主的人都说:'我能为您开辟土地,充实府库。'现今所谓的良臣,正是古代所谓的民贼。君主不向往正道,不立志于行仁义,做臣子的却想使他富足,这好比是让夏桀富足。他们又说:'我能为您邀结盟国,每战必胜。'现今所谓的良臣,正是古代所谓的民贼。君主不向往正道,不立志于行仁义,做臣子的却谋求为他的强大而作战,这好比是辅佐夏桀。沿着现在这条路走下去,不改变现今的风气,即使把整个天下给他,他也是一天都坐不稳的。"

　　12.10　白圭曰①:"吾欲二十而取一,何如?"

　　孟子曰:"子之道,貉道也②。万室之国,一人陶,则可乎?"

　　曰:"不可。器不足用也。"

　　曰:"夫貉,五谷不生,惟黍生之。无城郭、宫室、宗庙、祭祀之礼,无诸侯币帛饔飧③,无百官有司,故二十取一而足也。今居中国,去人伦④,无君子⑤,如之何其可也?陶以寡,且不可以为国,况无君子乎?欲轻之于尧、舜之道者,大貉小貉也。欲重之于尧、舜之道者,大桀、小桀也⑥。"

---

　　①　白圭:名丹,字圭,先秦时期著名商人。朱子《集注》:"林氏曰:'按《史记》:白圭能薄饮食,忍嗜欲,与童仆同苦乐;乐观时变,人弃我取,人取我与。以此居积致富。其为此论,盖欲以其术施之国家也。"
　　②　貉(mò):与"貊"同,古代北方少数民族。
　　③　饔飧(yōng sūn):本义为早餐与晚餐,此处代指宴请宾客之礼。
　　④　去人伦:朱子《集注》:"无君臣、祭祀、交际之礼,是去人伦。"
　　⑤　无君子:朱子《集注》:"无百官有司,是无君子。"
　　⑥　赵岐《注》云:"尧、舜以来,什一而税,足以行礼,故以此为道。今欲轻之二十税一者,夷貉为大貉,子为小貉也。欲重之过什一,则夏桀为大桀,子为小桀也"。

白圭说:"我想定税率为二十抽一,怎么样?"

孟子说:"你的做法是北方貉国的做法。假如有一万户的国家,只有一个人制作陶器,那能行吗?"

白圭说:"不行,陶器不够用。"

孟子说:"貉这个国家,地处北方极寒地区,不出产庄稼,只有黍子能生长;没有城邑、宫室、宗庙以及祭祀的礼仪,没有诸侯之间互赠礼物、彼此宴享之类的礼仪,没有各级官吏,因此二十抽一足够了。而现今在中原各国,摒弃人伦、不设官吏,这怎么行呢? 陶器缺乏尚且不能立国,更何况没有官吏呢? 想要把税率定得比尧、舜时的税率还要低的,是大貉、小貉这样的国家;想要把税率定得比尧、舜时的税率还要高的,是大桀、小桀这样的暴君。"

12.11 白圭曰:"丹之治水也①,愈于禹。"

孟子曰:"子过矣。禹之治水,水之道也,是故禹以四海为壑。今吾子以邻国为壑。水逆行,谓之洚水②。洚水者,洪水也③,仁人之所恶也。吾子过矣。"

【解读】

白圭说:"我治水的本领胜过禹。"

孟子说:"你错了。禹治水,是顺着水性,所以禹把四海作为蓄水场所。如今你把邻国作为沟壑用来排水,使得水逆流而行,这叫作洚水。洚水就是洪水,这是仁者所憎恶的。所以说你错了。"

---

① 丹之治水:赵岐《注》曰:"当诸侯之时有小水。白圭为治除之,因自谓过乎禹也。"
② 洚(jiàng)水:水流不遵河道。
③ 朱子《集注》:"水逆行者,下流壅塞,故水逆流。今乃壅水以害人,则与洪水之灾无异矣。"

12.12　孟子曰:"君子不亮①,恶乎执②?"

【解读】

孟子说:"君子不讲诚信,如何能有操守?"

12.13　鲁欲使乐正子为政③。

孟子曰:"吾闻之,喜而不寐。"

公孙丑曰:"乐正子强乎?"

曰:"否。"

"有知虑乎?"

曰:"否。"

"多闻识乎?"

曰:"否。"

"然则奚为喜而不寐?"

曰:"其为人也好善④。"

"好善足乎?"

曰:"好善优于天下⑤,而况鲁国乎? 夫苟好善,则四海之内,皆将轻千里而来告之以善⑥。夫苟不好善,则人将曰:'訑訑⑦,予既已知之矣。'訑訑之声音颜色,距人于千里之外⑧。

---

①　亮:通"谅",诚信。
②　执:执持。赵岐《注》曰:"亮,信也。《易》曰:'君子履信思顺'。若为君子之道,舍信将安执之?"
③　乐正子:复姓乐正,名克,孟子弟子。
④　好善:乐闻善言。
⑤　优:朱子《集注》:"优,有余裕也。言虽治天下,尚有余力也。"
⑥　轻:易,意动用法。
⑦　訑訑(yí):自足自满的样子。朱子《集注》:"自足其智,不嗜善言之貌。"
⑧　距:通"拒",拒绝。

士止于千里之外,则谗谄面谀之人至矣。与谗谄面谀之人居,国欲治,可得乎①?"

【解读】

鲁国打算让乐正子执政。

孟子说:"我听说这件事,高兴得睡不着。"

公孙丑说:"乐正子坚强果断吗?"

孟子回答说:"不。"

"有智慧有谋略吗?"

孟子说:"不。"

"他见多识广吗?"

孟子回答说:"不。"

"那你为啥高兴得睡不着呢?"

孟子说:"因为他喜欢听取善言。"

"喜欢听取善言就够了吗?"

孟子说:"喜欢听取善言,治理天下绰绰有余,何况治理一个鲁国呢? 如果喜欢听取善言,那么天下的人都会从千里之外赶来把善言告诉他;如果不喜欢听取善言,那他就会说:'嗯嗯! 我早已知晓了!'这种腔调和脸色就会将别人拒之千里之外了。士人在千里之外停步不前,那些谄媚阿谀之人就来了。同谄媚阿谀之人混在一起,想把国家治理好,能做到吗?"

12.14　陈子曰②:"古之君子何如则仕?"

孟子曰:"所就三③,所去三。迎之致敬以有礼,言将行其言也,则就之;礼貌未衰④,言弗行也,则去之。其次,虽未行

---

① 朱子《集注》:"此章言为政,不在于用一己之长,而贵于有以来天下之善。"
② 陈子:即陈臻,孟子弟子。
③ 所就三:朱熹具体归纳为"见行可之仕"、"际可之仕"和"公养之仕"三类。
④ 礼貌:礼仪、态度。

其言也，迎之致敬以有礼，则就之；礼貌衰，则去之。其下，朝不食，夕不食，饥饿不能出门户；君闻之，曰：'吾大者不能行其道，又不能从其言也。使饥饿于我土地，吾耻之。'周之①，亦可受也，免死而已矣。"

【解读】

陈子问："古代的君子在什么情况下才肯出来任职呢？"

孟子说："任职的情况有三种，离职的情况也有三种。君主毕恭毕敬以礼相迎，按照他的政治主张去施行，就可以任职；礼貌虽然没有衰减，但不再按他所说的去施行，就辞去官职。其次，虽然没有按他说的去做，但迎请时恭敬有礼，就可以任职；如果礼貌衰减了，就辞去官职。最下等的，早晨没有饭吃，晚上也没有饭吃，饿得不能走出大门。国君知道后说：'我作为国君不能实行他的主张，又不能听从他的进言，他还在我的国土上挨饿，对此我深感羞耻。'于是周济他。这也是可以勉强接受的，但只是为了免于一死罢了。"

12.15　孟子曰："舜发于畎亩之中②，傅说举于版筑之间③，胶鬲举于鱼盐之中④，管夷吾举于士⑤，孙叔敖举于海⑥，

---

① 周：接济。

② 畎（quǎn）亩：田地。畎，田间小沟。朱子《集注》："舜耕历山，三十登庸。"

③ 傅说（yuè）：殷商王武丁的国相。传说傅说为筑墙之奴隶，武丁梦得圣人，名曰说，求于野。乃于傅岩得之，举以为相，国大治。版筑：古人建房造墙，用两块木板相夹，两板之间的宽度等于墙的厚度，板外用木柱支撑住，然后在两板之间填满泥土，用杵捣严实，筑毕拆去木板木柱，即成一堵墙。

④ 胶鬲（gé）：商纣王时的贤人。朱子《集注》："胶鬲遭乱，鬻贩鱼盐。文王举之。"

⑤ 管夷吾：即管仲。公元前698年，齐僖公驾崩，留下三个儿子，太子诸儿、公子纠和小白。太子诸儿即位，是为齐襄公。当时，管仲和鲍叔牙分别辅佐公子纠和公子小白。齐襄公十二年（前686年），齐襄公被杀。次年，公子小白在鲍叔牙的帮助下顺利登上君位，这就是历史上有名的齐桓公。齐桓公即位后，采纳了鲍叔牙的建议，择吉日以非常隆重的礼仪拜管仲为相。士：狱官。

⑥ 孙叔敖：楚国人。朱子《集注》："孙叔敖隐处海滨，楚庄王举之为令尹。"

百里奚举于市①。故天将降大任于是人也,必先苦其心志,劳其筋骨,饿其体肤,空乏其身,行拂乱其所为②,所以动心忍性③,曾益其所不能④。人恒过,然后能改。困于心,衡于虑⑤,而后作⑥。征于色⑦,发于声,而后喻。入则无法家拂士⑧,出则无敌国外患者,国恒亡。然后知生于忧患,而死于安乐也。"

【解读】

　　孟子说:"舜兴起于农田之中,傅说从夯土筑墙的苦役中被举用,胶鬲从贩卖鱼盐的工作中被举荐,管夷吾从狱官的牢笼被释放后被举用,孙叔敖从海边的隐居生活中被举用,百里奚在集市上自卖为奴后被举用。所以上天将要把重大的使命委托给某人时,一定先要磨砺他的心志,劳累他的筋骨,让他忍饥挨饿,使他的生活穷困潦倒,使他的每一个行为都受到扰乱。这样,便可以震动他的内心,坚韧他的性情,增加他所缺少的能力。一个人常犯错误,才会改正;内心困苦,思虑阻塞,才能奋发有为;显现在形貌上,抒发在言语中,才能被人了解。一个国家,如果内部没有执法严明的大臣和辅弼君王的贤士,外部没有敌国外患的威胁,常常就会灭亡。由此可知,忧患能使人生存,安乐常使人陷于死亡。"

　　12.16　孟子曰:"教亦多术矣⑨。予不屑之教诲也者,是

---

①　百里奚举于市:百里奚事见《万章章句上》篇。
②　拂:戾、违背。
③　忍:使坚忍。《广雅·释言》云:"忍,耐也。"
④　曾:同"增"。
⑤　衡:通"横",不顺。
⑥　作:奋起。
⑦　征:证验。
⑧　法家:赵岐《注》曰"法度大臣之家"。拂(bí)士:辅弼的贤士,拂与"弼"通。
⑨　术:方法。郑玄注《礼记·祭统》"惠术也,可以观政矣"曰:"术犹法也。"

亦教诲之而已矣①。"

【解读】

　　孟子说:"教育也有多种方法。我不屑于教育某人,这也是教育他的一种方式。"

---

　　① 是亦教诲之:朱子《集注》:"其人若能感此,退自修省,则是亦我教诲之也。"

卷十三　尽心章句上 凡四十六章

13.1　孟子曰:"尽其心者①,知其性也。知其性,则知天矣。存其心②,养其性③,所以事天也④。夭寿不贰⑤,修身以俟之,所以立命也⑥。"

【解读】

孟子说:"充分扩张善良的本心,就可以知晓人的本性。知晓人的本性,就会知晓天命。保存人的本心,养护人的本性,以此来敬奉天道。不论寿命长短,都不怀疑动摇。心无旁骛地修身养性,因循自然法则,这就是安身立命的方法。"

13.2　孟子曰:"莫非命也⑦,顺受其正⑧。是故知命者,

---

① 心:本心,具体指生而固有的恻隐、羞恶、辞让、是非四种善端。
② 存:朱子《集注》:"存,谓操而不舍。"
③ 养:朱子《集注》:"养,谓顺而不害。"
④ 事:朱子《集注》:"事,则奉承而不违也。"
⑤ 夭:同"夭"。
⑥ 立命:朱子《集注》:"谓全其天之所付,不以人为害之。"
⑦ 命:诸种外在因素作用的总和,其中也包含自然法则、规律与趋势。张岱年在《中国哲学史大纲》中对"命"作了如下定义:"大致说来,可以说命乃指人力所无可奈何者。我们做一件事情,这件事情之成功或失败,即此事的最后结果如何,并非做此事之个人之力量所能决定,但也不是任何个人或任何其他一件事情所能决定,而乃是环境一切因素之积聚的总和力量所使然。如成,既非完全由于我一个人的力量;如败,亦非因为我用力不到,只是我一个因素,不足以抗广远的众多因素之总力而已。做事者是个人,最后决定者却非任何个人。这是一件事实。儒家所谓命,可以说即由此种事实而导出的。这个最后的决定者,无以名之,名之曰命。"
⑧ 正:正命,朱子《集注》:"人物之生,吉凶祸福,皆天所命,然惟莫之致而至者,乃为正命,故君子修身以俟之,所以顺受乎此也。"

不立乎岩墙之下①。尽其道而死者，正命也。桎梏死者②，非
正命也。"

【解读】

　　孟子说："无一不是由命决定。顺从天理而行，是正命。所以，懂得
命的人不会站在危墙之下。尽力行天道而死的人，所实现的是正命。
犯罪受刑而死的人，所受的不是正命。"

　　13.3　孟子曰："求则得之，舍则失之，是求有益于得也，
求在我者也③。求之有道，得之有命，是求无益于得也，求在
外者也④。"

【解读】

　　孟子说："不懈追求就可获得，一旦舍弃就将失去；这种追求对获得
善心有益处，因为所追求的善端存在于我自身之内。有些追求虽有途
径，能否获得却靠命。这种追求对善心的获得无益，因为所追求的，是
自身以外的东西。"

　　13.4　孟子曰："万物皆备于我矣⑤。反身而诚⑥，乐莫大
焉。强恕而行⑦，求仁莫近焉。"

---

①　岩墙：危墙。
②　桎梏：古代刑具，比喻犯罪而亡。
③　求在我者：指仁义礼智诸善端。
④　求在外者：朱子《集注》："在外者，谓富贵利达，凡外物皆是。"
⑤　物：赵岐《注》曰："物，事也。"备：丰足。《经籍纂诂》释："备，丰足。"章太炎
《国学讲演录·诸子略说》评论说："反观身心，觉万物确然皆备于我，故为可乐。"
⑥　反：同"返"。诚：实，真实不妄。
⑦　强：坚定不移推行。恕：孔子定义为"己所不欲，勿施于人"。朱熹定义为
"推己以及人。"汉代贾谊《新书》说："以人自观谓之度，反度为妄。以己量人谓之恕。"

孟子说:"天地万事万物之理都丰足于我心。反躬自问,本心未失,自心与天地万物之道合一,天人无间,真实无妄,快乐没有比这更大的了。勉力地按照恕道行事,求仁的道路没有比这更近的了。"

13.5　孟子曰:"行之而不著焉①,习矣而不察焉②,终身由之而不知其道者③,众也。"

【解读】

孟子说:"做了却不明所以然,习惯了却不去深究其中的奥秘。终生遵循却不懂得其中深奥的道理,大多数人都是这样。"

13.6　孟子曰:"人不可以无耻④。无耻之耻,无耻矣⑤。"

【解读】

孟子说:"人不可以不知羞耻。一个人如果能够为自己不知羞耻的言行而深感可耻,他就可以终身不再蒙受耻辱了。"

13.7　孟子曰:"耻之于人大矣。为机变之巧者⑥,无所用

---

①　著:显明。朱子《集注》:"知之明。"
②　察:探求。朱子《集注》:"识之精。"
③　由:因循。
④　耻:朱子《集注》:"耻者,吾所固有羞恶之心也。"
⑤　赵岐《注》曰:"人能耻己之无所耻,是能改行从善之人,终身无复有耻辱之累矣。"顾炎武在《日知录集释》卷十三《廉耻》评价管子的"四维论"时说:"然而四者之中,耻尤为要。故夫子之论士,曰:'行己有耻。'孟子曰:'人不可以无耻,耻之耻,无耻矣。'又曰:'耻之于人大矣,为机变之巧者,无所用耻焉。'所以然者,人之不廉而至于悖礼犯义,其原皆生于无耻也。故士大夫之无耻,是谓国耻。吾观三代以下,世衰道微,弃礼义,捐廉耻,非一朝一夕之故。"
⑥　机变:变诈。

耻焉。不耻不若人①,何若人有②?"

【解读】

孟子说:"羞耻对于人至关重要。玩弄机谋巧诈的人,没有什么地方用得着羞耻。不以比不上贤人为羞耻,如何能赶上贤人呢?"

13.8　孟子曰:"古之贤王好善而忘势③,古之贤士何独不然? 乐其道而忘人之势。故王公不致敬尽礼,则不得亟见之④。见且由不得亟⑤,而况得而臣之乎?"

【解读】

孟子说:"古代的贤君因为喜好嘉言善行,因而忘记了自己的权势地位。古代的贤士何尝不是如此? 贤士乐于行道,忘记了他人的权势地位。所以王公贵族如果不对他们恭敬有加,就别指望多次见到他们。相见尚且不可多得,何况还要以他们为臣呢?"

13.9　孟子谓宋句践曰⑥:"子好游乎⑦? 吾语子游。人知之,亦嚣嚣⑧;人不知,亦嚣嚣。"

曰:"何如斯可以嚣嚣矣?"

曰:"尊德乐义⑨,则可以嚣嚣矣。故士穷不失义⑩,达

---

① 若:比得上。
② 何若人有:赵岐《注》云:"不耻不如古之圣人,何有如贤人之名也。"
③ 势:权势、地位。
④ 亟:多次。
⑤ 由:通"犹",尚且。
⑥ 宋句(gōu)践:其生平无考。
⑦ 游:游说。
⑧ 嚣嚣(xiān):通"闲",悠闲自得。赵岐《注》曰:"嚣嚣,自得无欲之貌。"
⑨ 尊德乐义:朱子《集注》:"乐之,则有以自安,而不殉乎外物之诱矣。"
⑩ 穷:不得志。

不离道①。穷不失义，故士得己焉。达不离道，故民不失望焉。古之人，得志，泽加于民；不得志，修身见于世②。穷则独善其身，达则兼善天下。"

【解读】

孟子对宋句践说："你喜欢游说吗？我和你说说游说的事。别人理解，我自得其乐；别人不理解，我也自得其乐。"

宋勾践说："要怎样才能够做到自得其乐呢？"

孟子说："崇尚德，喜爱义，就可以自得其乐。所以，士人穷困时，不丧失义；得意时，不舍弃正道。穷困时不舍弃义，所以能自得其乐；得意时不舍弃道，所以老百姓不会失望。古代的人，得志时惠泽普施于百姓；不得志时，就修身养性，以此立身于世。穷困便独善其身，显达则兼济天下。"

13.10 孟子曰："待文王而后兴者③，凡民也。若夫豪杰之士④，虽无文王犹兴。"

【解读】

孟子说："等待文王那样的贤王出现才肯奋发向善的，是普通的老百姓。至于那些杰出的人物，即使没有文王出现，也能够奋发有为、积极向善。"

13.11 孟子曰："附之以韩、魏之家⑤，如其自视欿然⑥，

---

① 达不离道：朱子《集注》："言不以贫贱而移，不以富贵而淫，此尊德乐义见于行事之实也。"
② 见：现，立。赵岐《注》云："见，立也。"
③ 兴：奋发向善。朱子《集注》："兴者，感动奋发之意。"
④ 豪杰：朱子《集注》："豪杰，有过人之才智者也。"
⑤ 附：益，增益。韩、魏之家：朱子《集注》："韩、魏，晋卿富家也。"
⑥ 欿（kǎn）然：淡泊、谦虚。赵岐《注》曰："言人既自有家，复益韩、魏百乘之家，其富贵已美矣。而其人欿然不足，自知仁义之道不足也，此则过人甚远矣。"

则过人远矣。"

【解读】

孟子说:"把韩、魏两个世家的财富和地位都给他,如果他并不自满自骄,说明他的德行已远在常人之上。"

13.12 孟子曰:"以佚道使民①,虽劳不怨。以生道杀民②,虽死不怨杀者。"

【解读】

孟子说:"本着让老百姓安逸的原则来统治老百姓,老百姓虽然劳苦,也不会埋怨;本着让百姓生存发展的原则去判处犯人死刑,被判处死刑的人也不会怨恨杀他的人。"

13.13 孟子曰:"霸者之民,骦虞如也③。王者之民,皞皞如也④。杀之而不怨,利之而不庸⑤,民日迁善而不知为之者。夫君子所过者化,所存者神,上下与天地同流,岂曰小补之哉⑥!"

【解读】

孟子说:"霸主治理下的平民百姓欢喜快乐,圣王治理下的百姓怡

---

① 佚道:同"逸道",安乐之道。
② 生道:生民之道。
③ 骦虞:同"欢娱"。
④ 皞皞(hào):同"浩浩"。朱子《集注》:"皞皞,广大自得之貌。"
⑤ 庸:酬谢。
⑥ 朱子《集注》:"'所过者化',身所经历之处,即人无不化,如舜之耕历山而田者逊畔,陶河滨而器不苦窳也。'所存者神',心所存主处,便神妙不测,如孔子之'立斯立,道斯行,绥斯来,动斯和',莫知其所以然而然也。是其德业之盛,乃与天地之化同运并行,举一世而甄陶之,非如霸者,但小小补塞其罅漏而已。此则王道之所以为大,而学者所当尽心也。"

然自得。圣王治理下的老百姓即使被判处死刑,也不怨恨别人。老百姓蒙受恩泽,他们却不知该报答谁。老百姓日益向善,却不知道是谁使他们如此。君子所经过之处,老百姓受到感化;君子所留存之地,潜移默化、神妙莫测。君子之德,简直上下与天地之道协调运行,这难道只是小小的补益吗?"

13.14　孟子曰:"仁言①,不如仁声之入人深也②。善政,不如善教之得民也。善政民畏之,善教民爱之。善政得民财,善教得民心。"

【解读】

孟子说:"仁爱的言论不如仁爱的声望感人深切,良好的政治措施不如良好的教化能赢得民心。老百姓对于良好的政治,尚存畏惧之心;对于良好的教化,老百姓由衷喜爱。良好的政治能聚敛百姓的财富,良好的教化能赢得民心的拥护。"

13.15　孟子曰:"人之所不学而能者,其良能也③;所不虑而知者,其良知也④。孩提之童⑤,无不知爱其亲者;及其长也,无不知敬其兄也。亲亲,仁也;敬长,义也。无他,达

---

① 仁言:赵岐《注》曰:"仁言,政教法度之言也。"
② 仁声:朱子《集注》:"程子曰:'仁声,谓仁闻,谓有仁之实,而为众所称道者也'。此尤见仁德之昭著,故其感人尤深也。"
③ 良:赵岐《注》曰:"不学而能,性所自能。良,甚也。"朱子《集注》认为"良者,本然之善也。程子曰:'良知良能,皆无所由;乃出于天,不系于人'。"
④ 良知:孟子"良知"思想后来在王阳明哲学中得到发展。1526年,晚年(55岁)的王阳明对湛甘泉"随处体认天理"的批评有所升级:"凡鄙人所谓'致良知'之说,与今之所谓'体认天理'之说,本亦无大相远,但微有直截迂曲之差耳。譬之种植,致良知者,是培其根本之生意,而达之枝叶者也;体认天理者,是茂其枝叶之生意,而求以复之根本者也。"
⑤ 孩提之童:二三岁小孩。孩:古文作"咳"。提:抱。

之天下也①。"

【解读】

孟子说:"人不经后天学习就能做到的,是他的良能;不经思虑就明白的,是他的良知。孩童没有不知道爱自己父母的,等到长大后没有不知道敬自己兄长的。亲爱父母是仁之起始,尊敬兄长是义之起始。圣人没有其他诀窍,只不过善于把良知良能推广到普天下。"

13.16　孟子曰:"舜之居深山之中,与木石居,与鹿豕游,其所以异于深山之野人者几希。及其闻一善言,见一善行,若决江河,沛然莫之能御也②。"

【解读】

孟子说:"舜居住在深山之中时,住在树木、石头之间,与鹿和野猪打交道,跟深山之中的野人几乎没有什么差别。但当他听到一句善言,看见一件善行,就立即照着去做。就如同决口的江河,澎湃汹涌,势不可挡。"

13.17　孟子曰:"无为其所不为,无欲其所不欲,如此而已矣。"

【解读】

孟子说:"不要做他不愿做的事,不要贪图他不该要的东西。一个人如果能做到这一点,也就可以了。"

---

①　达:通,推广。赵岐《注》曰:"人,仁义之心少而皆有之。欲为善者无他,达,通也。但通此亲亲敬长之心,推之天下人而已。"
②　沛然:江河奔流不息。御:阻挡。

13.18　孟子曰："人之有德、慧、术、知者①,恒存乎疢疾②。独孤臣孽子③,其操心也危④,其虑患也深,故达⑤。"

【解读】

孟子说:"那些拥有德行、智慧、道术和才智的人,往往曾经身处灾患之中。那些孤立无助的大臣和地位卑贱的庶子,他们德行高,虑患深,所以才能通达事理与人情。"

13.19　孟子曰:"有事君人者,事是君则为容悦者也⑥。有安社稷臣者,以安社稷为悦者也⑦。有天民者⑧,达可行于天下而后行之者也。有大人者⑨,正己而物正者也。"

【解读】

孟子说:"有侍奉君主的人,侍奉君主是为了使他高兴;有安定国家的

① 知:通"智",才智。
② 疢(chèn)疾:灾患。朱子《集注》:"疢疾,犹灾患也。言人必有疢疾,则能动心忍性,增益其所不能也。"
③ 孽子:非嫡妻所生子女。
④ 危:不安、忧患。焦循《正义》引《战国策》高诱注:"危,不安也。"
⑤ 达:通达。朱子《集注》:"达,谓达于事理,即所谓德慧术知也。"
⑥ 容悦:高兴。朱子《集注》:"阿殉以为容,逢迎以为悦,此鄙夫之事、妾妇之道也。"
⑦ 朱子《集注》:"言大臣之计安社稷,如小人之务悦其君,眷眷于此而不忘也。"
⑧ 天民:赵岐《注》曰:"知道者也。"《韩诗外传》卷八载:"曾子有过,曾晳引杖击之。仆地,有间乃苏。起曰:'先生得无病乎?'鲁人贤曾子,以告夫子。夫子告门人:'参来勿内也。'曾子自以为无罪,使人谢夫子。夫子曰:'汝不闻昔者舜为人子乎? 小箠则待,大杖则逃,索而使之,未尝不在侧。索而杀之,未尝可得。今汝委身以待暴怒,拱立不去,汝非王者之民邪? 杀王者之民,其罪何如?'"《说苑·建本》和《孔子家语·六本》等典籍并录此事,"王者之民"在《说苑》和《孔子家语》书中称之为"天民"。
⑨ 大人:圣人。朱子《集注》:"大人,德盛而上下化之,所谓'见龙在田,天下文明'者。"

臣子,那是以安定国家为快乐的人;有天民,就是他们的大道能畅行于天下,然后才去实行的人;有圣人,就是以义正己、天下便随之端正了的人。"

13.20 孟子曰:"君子有三乐,而王天下不与存焉。父母俱存,兄弟无故①,一乐也。仰不愧于天,俯不怍于人②,二乐也。得天下英才而教育之,三乐也。君子有三乐,而王天下不与存焉。"

【解读】

孟子说:"君子一生有三大快乐,称王天下不包括在内。父母健在,兄弟平安,是第一种乐事;抬头无愧于天,俯首不惭于人,是第二种乐事;得到天下优秀的人才而教育培植他们,是第三种乐事。君子有三大快乐,但称王天下不在其内。"

13.21 孟子曰:"广土众民,君子欲之,所乐不存焉。中天下而立,定四海之民,君子乐之,所性不存焉。君子所性,虽大行不加焉③,虽穷居不损焉,分定故也④。君子所性,仁、义、礼、智根于心。其生色也,睟然见于面⑤、盎于背⑥、施于四体⑦。四体不言而喻。"

【解读】

孟子说:"辽阔的土地、众多的民众,是君子所希望得到的,但他的

---

① 故:灾患疾病。
② 怍(zuò):惭愧。
③ 大行:通达,与"穷居"对文。
④ 分:本分、本心。朱子《集注》:"分者,所得于天之全体,故不以穷达而有异。"
⑤ 睟(suì)然:清和润泽。
⑥ 盎:充盈。
⑦ 施:延及。

快乐不在于此;屹立在天下之中,安定四海之内的民众,君子以此为乐,但他得自于天的本性不在于此。君子自觉把仁义礼智作为本性,纵使显贵通达也不会因此有所增加,即使穷困隐居也不会因此有所减少,这是因为本心已经确立的缘故。君子的本性,仁、义、礼、智四端根植于内心,显现于外则温润纯正。表现在脸上,充溢于脊背,延伸到四肢。通过肢体的动作,不待言说,就能使人了解。"

13.22　孟子曰:"伯夷辟纣①,居北海之滨,闻文王作兴,曰:'盍归乎来! 吾闻西伯善养老者②。'太公辟纣,居东海之滨,闻文王作兴,曰:'盍归乎来! 吾闻西伯善养老者。'天下有善养老,则仁人以为己归矣。五亩之宅,树墙下以桑,匹妇蚕之,则老者足以衣帛矣。五母鸡,二母彘,无失其时,老者足以无失肉矣。百亩之田,匹夫耕之,八口之家足以无饥矣。所谓西伯善养老者,制其田里③,教之树畜,导其妻子,使养其老。五十非帛不暖④,七十非肉不饱。不暖不饱,谓之冻馁。文王之民,无冻馁之老者,此之谓也。"

【解读】

　　孟子说:"伯夷躲避殷纣,住在北海之滨,听说文王兴盛起来了,便说:'何不去归附他呢? 我听说西伯善于奉养老人。'姜太公躲避殷纣,住在东海之滨,听说文王兴盛起来了,便说:'何不去归附他呢? 我听说西伯善于奉养老人。'天下有善于养老的人,那么仁人便把他当作自己的归宿。五亩大小的宅院,在墙边栽种桑树,妇女养蚕缫丝,那么老年人就可以穿上丝帛了。五只母鸡,两头母猪,精心饲养,不错过它们的繁殖时节,那么老年人就可以不缺肉吃了。百亩的土地,男子去耕种,

① 辟:同"避"。
② 西伯:周文王。
③ 田里:朱子《集注》:"田,谓百亩之田。里,谓五亩之宅。"
④ 帛:丝绵。

八口之家就足够吃饱了。所谓西伯善于奉养老人，就在于他制定了平民百姓的田亩宅地制度。文王教导他们栽种、畜牧，引导老百姓赡养他们的老人。五十岁的人，没有丝帛就穿不暖；七十岁的人，没有肉就吃不饱。穿不暖、吃不饱，叫做挨冻受饿。在文王的治理区域，没有挨冻受饿的老人，说的正是这个意思。"

13.23　孟子曰："易其田畴①，薄其税敛，民可使富也。食之以时，用之以礼，财不可胜用也。民非水火不生活。昏暮叩人之门户，求水火，无弗与者，至足矣。圣人治天下，使有菽粟如水火。菽粟如水火，而民焉有不仁者乎？"

【解读】

孟子说："整治耕地，减轻赋税，可以使老百姓富足。依照时令饮食，按照礼仪消费，财物便不会用尽。民众没有水、火就无法生存。夜里敲别人的家门去觅求水、火，没有不给的，因为家家水、火相当充足。圣人治理天下，要使每家拥有豆、粟如同水、火那样充足。豆、粟如同水、火那样充足，民众哪有不讲仁爱的呢？"

13.24　孟子曰："孔子登东山而小鲁②，登太山而小天下③。故观于海者难为水，游于圣人之门者难为言④。观水有术，必观其澜⑤。日月有明，容光必照焉⑥。流水之为物也，不

---

①　易：治、整治。畴：耕治的田亩。
②　东山：蒙山，在今山东境内。
③　太山：泰山。
④　朱子《集注》："此言所处益高，则其视下益小；所见既大，则其小者不足观也。"
⑤　澜：波涛。朱子《集注》："澜，水之湍急处也。"
⑥　容光：透光的微小缝隙。赵岐《注》曰："容光，小隙也"。焦循《正义》进一步指出，"苟有丝发之隙可以容纳，则光必入而照焉。容光非小隙之名，至于小隙，极言其容之微者，以见其照之大也，故以小郄明容光。"

盈科不行①。君子之志于道也,不成章不达②。"

【解读】

孟子说:"孔子登临东山,觉得鲁国渺小;孔子登临泰山,觉得天下变小了。因此,见过大海的人,难以对别的小江小河感兴趣;在圣人门下学习过的人,难以对言之无物的言论感兴趣。观水有诀窍,必须细心观看它的波澜。太阳和月亮都有光辉,极小的缝隙都能照得到。流动的水,不流满洼地就不再向前流动;君子立志于道,不达到一定的程度就不能通达。"

13.25　孟子曰:"鸡鸣而起,孳孳为善者③,舜之徒也。鸡鸣而起,孳孳为利者,蹠之徒也④。欲知舜与蹠之分,无他,利与善之间也⑤。"

【解读】

孟子说:"鸡鸣叫便起身,孳孳不倦行善者,是舜一类的人;鸡鸣便起身,孳孳不倦求私利者,是盗跖一类的人。要想知道舜和跖的区别,没有别的,只在利和善这极其微小的差异中。"

13.26　孟子曰:"杨子取为我⑥,拔一毛而利天下,不为

---

① 科:坑洼。

② 成章:《说文》云:"乐竟为一章。"此处指事物达到一定程度、具备一定规模。《吕氏春秋·大乐篇》云:"阴阳变化,一上一下,合而成章。"朱子《集注》:"成章,所积者厚,而文章外见也。"

③ 孳孳:勤勉不已。

④ 蹠(zhí):同"跖",即盗跖,春秋时期大盗。

⑤ 间:极小的空隙。朱子《集注》:"程子曰:'言间者,谓相去不远,所争毫末耳。善与利,公私而已矣。才出于善,便以利言'。"

⑥ 杨子:杨朱,战国时期思想家。取:主张。朱子《集注》:"'取为我'者,仅足为我而已,不及为人也。《列子》称其言曰:'伯成子高不以一毫利物,'是也。"

也。墨子兼爱,摩顶放踵利天下①,为之。子莫执中②,执中为近之。执中无权③,犹执一也。所恶执一者,为其贼道也④,举一而废百也。"

【解读】

　　孟子说:"杨子主张为我,即使拔下一根毫毛有利于天下,他都不肯做;墨子主张兼爱,只要对天下有利,即使摩秃头顶、走破脚跟,他也愿意去做;子莫主张中道而行,主张中道就接近仁义了。但是,如果坚持中道而缺乏变通,就和固执于一端同样偏颇。之所以厌恶固执于一端,是因为它损害了大道,只抓住了一点却废弃了大要。"

　　13.27　孟子曰:"饥者甘食,渴者甘饮,是未得饮食之正也,饥渴害之也。岂惟口腹有饥渴之害?人心亦皆有害。人无能以饥渴之害为心害,则不及人不为忧矣。"

【解读】

　　孟子说:"饥饿的人觉得任何食物都可口,干渴的人觉得任何饮料都是甜的。他们并未尝到食物、饮料的本来滋味,而是由于受了饥饿干渴损害的缘故。难道只是口腹有饥饿干渴的损害吗?人心也有这种损害。人们如果能够不使饥渴的损害变成对心的损害,那么就不会因为比不上他人而忧虑了。"

---

　　① 摩:摩秃。顶:头顶。放:到。踵:脚后跟。
　　② 子莫:鲁国贤人。赵岐《注》曰:"子莫,鲁之贤人也。其性中和专一者也。"朱子《集注》又云:"子莫,鲁之贤人也。知杨、墨之失中也,故度于二者之间而执其中。"罗根泽《诸子考索》对子莫有考证。
　　③ 权:权变。
　　④ 贼:损害。朱子《集注》:"'为我'害仁,'兼爱'害义,'执中'者害于时中,皆举一而废百者也。"

13.28　孟子曰:"柳下惠不以三公易其介①。"

【解读】

孟子说:"柳下惠不因为三公的高位而改变他耿介的操守。"

13.29　孟子曰:"有为者辟若掘井②,掘井九轫而不及泉③,犹为弃井也。"

【解读】

孟子说:"立志修心养性的人做事好比掘井。虽然掘得很深,还是没有发现泉水,仍然只是一口废井而已。"

13.30　孟子曰:"尧、舜,性之也④。汤、武,身之也⑤。五霸,假之也⑥。久假而不归,恶知其非有也⑦?"

【解读】

孟子说:"尧舜本性具备仁义,商汤、武王亲身践行仁义。五霸假借利用仁义,以达到他们统领诸侯的目的。假借久了而不知归还,又怎么能知道他们本心并没有仁义善端呢?"

---

　　① 介:耿介的操守。赵岐《注》云:"介,大也。柳下惠执宏大之志,不耻污君,不以三公荣位易其大量也。"焦循《正义》引刘熙说云:"介,操也。"
　　② 辟:通"譬"。
　　③ 轫:同"仞",八尺为一仞,赵岐《注》曰:"轫,八尺也"。一说七尺为一仞。
　　④ 性之:朱子《集注》:"尧、舜天性浑全,不假修习。"
　　⑤ 身之:朱子《集注》:"汤、武修身体道,以复其性。"
　　⑥ 假之:朱子《集注》:"五霸则假借仁义之名,以求济其贪欲之私耳。"
　　⑦ 久假而不归:赵岐《注》曰:"五霸而能久假仁义,譬如假物,久而不归,安知其不真有也。"

13.31　公孙丑曰:"伊尹曰:'予不狎于不顺①。'放太甲于桐,民大悦。太甲贤,又反之②,民大悦。贤者之为人臣也,其君不贤,则固可放与?"

孟子曰:"有伊尹之志③,则可。无伊尹之志,则篡也。"

【解读】

公孙丑说:"伊尹说:'我不亲近不遵循礼义的人。'于是他把太甲放逐到桐邑,老百姓非常高兴。太甲悔过自新,变得贤明谦逊了,又让他回来做君主,老百姓非常高兴。贤者做了臣子,他的君主不贤明,臣子就可以将君主放逐吗?"

孟子说:"有伊尹以天下为公的心志,就可以;没有伊尹那样的心志,就是篡位。"

13.32　公孙丑曰:"《诗》曰④:'不素餐兮⑤。'君子之不耕而食,何也?"

孟子曰:"君子居是国也,其君用之,则安富尊荣;其子弟从之,则孝弟忠信。'不素餐兮',孰大于是?"

【解读】

公孙丑说:"《诗》说:'不能无功而食禄。'君子不亲自种地也有饭吃,为什么呢?"

孟子说:"君子居住在这个国家,国君任用他,国家能得到安宁富足;他的弟子追随他,便会孝顺父母、敬爱兄长、忠诚守信。'不能无功

---

① 狎:习见、亲近。不顺:指不顺义理。
② 反:通"返"。
③ 志:心志。朱子《集注》:"伊尹之志,公天下以为心,而无一毫之私者也。"
④ 《诗》曰:出自《诗经·魏风·伐檀》。
⑤ 素餐:无功而食禄。

而食禄',还有比这贡献更大的吗?"

13.33　王子垫问曰①:"士何事?"

孟子曰:"尚志②。"

曰:"何谓尚志?"

曰:"仁义而已矣。杀一无罪,非仁也。非其有而取之,非义也。居恶在? 仁是也。路恶在? 义是也。居仁由义,大人之事备矣。"

【解读】

王子垫问:"士应该做什么事?"

孟子说:"首先使自己的心志高尚。"

王子垫说:"什么叫心志高尚呢?"

孟子说:"遵行仁义罢了。杀死一个无罪的人,就是不仁;不是自己的东西却强行占有,就是不义。居所在哪里? 以仁为家;道路在哪里? 以义为路。以仁为家,以义为路,君子该做的事就齐备了。"

13.34　孟子曰:"仲子③,不义与之齐国而弗受,人皆信之。是舍箪食豆羹之义也。人莫大焉亡亲戚、君臣、上下④。以其小者,信其大者,奚可哉?"

【解读】

孟子说:"陈仲子,如果不合道义把齐国送给他,他也不会接受,人

---

① 王子垫:齐王之子,名垫。
② 志:心志。朱子《集注》:"士既未得行公卿大夫之道,又不当为农工商贾之业,则高尚其志而已。"
③ 仲子:即陈仲子。
④ 大焉:同"大于"。亡:无。

们都相信这一点。不过这只是拒绝一筐饭、一碗汤的小道义罢了,人的不义没有比不讲亲属、君臣、尊卑之礼更大的了。以他的小节而相信他的大节,这怎么可以呢?"

13.35　桃应问曰①:"舜为天子,皋陶为士②,瞽瞍杀人,则如之何?"

孟子曰:"执之而已矣③。"

"然则舜不禁与?"

曰:"夫舜恶得而禁之? 夫有所受之也。"

"然则舜如之何?"

曰:"舜视弃天下,犹弃敝蹝也④;窃负而逃,遵海滨而处⑤,终身䜣然⑥,乐而忘天下。"

【解读】

桃应问:"舜做天子,皋陶做法官。如果瞽瞍杀了人,该如何处置?"

孟子说:"把他抓起来。"

桃应说:"那么舜不阻止吗?"

孟子说:"舜怎么能阻止呢? 皋陶根据法律处理此事,他有权这样做。"

桃应说:"那么舜该怎么办呢?"

孟子说:"舜把抛弃天下,当作抛弃破鞋一样。

因此,他会偷偷背着父亲逃走,在海边住下来。一辈子逍遥快活,以至于忘记了天下。"

---

① 桃应:孟子弟子。
② 皋陶(yáo):东夷族的首领。士:掌管刑狱的官员。
③ 朱子《集注》:"言皋陶之心,知有法而已,不知有天子之父也。"
④ 蹝(xī):草鞋。
⑤ 遵:循。
⑥ 䜣(xīn):同"欣"。

254

13.36　孟子自范之齐①,望见齐王之子。喟然叹曰:"居移气,养移体。大哉居乎! 夫非尽人之子与!"

孟子曰:"王子宫室、车马、衣服,多与人同。而王子若彼者,其居使之然也。况居天下之广居者乎②? 鲁君之宋,呼于垤泽之门③。守者曰:'此非吾君也,何其声之似我君也?'此无他,居相似也。"

【解读】

孟子从范来到齐都,远远看见了齐王的儿子,喟然长叹道:"居室环境改变人的气度,营养改变人的体质,环境是多么重要啊! 他不同样也是人的儿子吗?"

孟子说:"王子的宫室、车马、衣服,大多与他人相同。然而王子之所以与众不同,是他所居住的环境造成的,何况居住在'仁'这样一个天下最广阔的居所中的人呢? 鲁君有一次来到宋国,在垤泽门下呼喊。守门人说:'此人不是我们的国君。但是,为什么他的声音非常像我们的国君呢?'没有别的原因,只是因为生活环境相似而已。"

13.37　孟子曰:"食而弗爱,豕交之也④。爱而不敬,兽畜之也⑤。恭敬者,币之未将者也⑥。恭敬而无实⑦,君子不可虚拘⑧。"

---

① 范:齐国地名,故城在今山东省范县东南。
② 广居:喻指仁。
③ 垤(dié)泽:宋国都城门名。
④ 交:接。
⑤ 畜:养。
⑥ 将:送。《尔雅·释言》云:"将,送也。"
⑦ 朱子《集注》:"此言当时诸侯之待贤者,特以币帛为恭敬,而无其实也。"
⑧ 拘:止、留。

【解读】

孟子说:"只是养活他却不爱他,这是用对待猪的方式来跟他交往;爱他却不尊敬他,这是用对待牲畜的方式来畜养他。恭敬之心,是在奉送礼物之前就应该具备。如果恭敬只有外在礼仪,却没有内在的真诚,那么君子就不可因虚假的礼节而留住。"

13.38　孟子曰:"形、色^①,天性也^②。惟圣人然后可以践形。"

【解读】

孟子说:"人的形体和容貌禀受自然之理而生成,只有圣人才能通过形体和容貌来彰显善的本性。"

13.39　齐宣王欲短丧。

公孙丑曰:"为期之丧^③,犹愈于已乎^④?"

孟子曰:"是犹或纷其兄之臂^⑤,子谓之'姑徐徐'云尔。亦教之孝弟而已矣。"

王子有其母死者^⑥,其傅为之请数月之丧^⑦。

公孙丑曰:"若此者,何如也?"

曰:"是欲终之而不可得也,虽加一日愈于已。谓夫莫之

---

① 形:体貌。色:容貌。
② 天性:朱子《集注》:"人之有形有色,无不各有自然之理,所谓天性也。"
③ 期(qī):同"期",一年。
④ 已:止。
⑤ 纷(zhěn):扭。
⑥ 王子:齐宣王之子。
⑦ 朱子《集注》:"陈氏曰:'王子所生之母死,厌于嫡母而不敢终丧。其傅为请于王,欲使得行数月之丧也。时又适有此事,丑问:"如此者,是非何如?"按《仪礼》:"公子为其母,练冠,麻衣缧缘,既葬除之。"疑当时此礼已废,或既葬而未忍即除,故请之也。'"

禁而弗为者也。”

【解读】

　　齐宣王想要缩短服丧时间。

　　公孙丑说:“服丧一年总比不服丧好吧?”

　　孟子说:“这就像有人在扭折他兄长的胳膊,你对他说'慢慢地扭,'这又有什么用呢? 你应该教导他孝顺父母、敬爱兄长。”

　　有个王子的生母死了,他的老师替他请求为死去的母亲服丧几个月。公孙丑问道:“像这样的事,该如何看待?”

　　孟子说:“这是由于王子想要服丧三年却办不到的缘故。即使多服丧一天也总比不服丧好,这是针对那些没有人禁止他而他自己却不肯去服丧的人说的。”

　　13.40　孟子曰:“君子之所以教者五。有如时雨化之者①,有成德者,有达财者②,有答问者,有私淑艾者③。此五者,君子之所以教也。”

【解读】

　　孟子说:“君子教育人的方式有五种:有像及时雨一样滋润万物的,有帮助成就德行的,有培养才能的,有解答疑问的,还有以自身德行与学识为后人所景仰与学习的。这五种,都是君子用来施行教化的方法。”

---

　　①　时雨:及时之雨。朱子《集注》:“草木之生,播种封植,人力已至而未能自化,所少者,雨露之滋耳。及此时而雨之,则其化速矣。教人之妙,亦犹是也,若孔子之于颜、曾是已。”

　　②　财:通“才”。

　　③　私:私下。淑:善。艾(yì):治。私淑艾即私淑,焦循《正义》云:“'私淑艾'者即'私拾取'也。亲为门徒,面相授受,直也。未得为孔子之徒,而拾取于相传之人,故为私,'私淑'犹云'窃取'也。彼言私淑诸人,不必又叠'艾'字,其义自足。此叠'艾'字以足其句,其实'私淑艾'犹'私淑'也。”

13.41　公孙丑曰:"道则高矣美矣,宜若登天然,似不可及也。何不使彼为可几及而日孳孳也①?"

孟子曰:"大匠不为拙工改废绳墨,羿不为拙射变其彀率②。君子引而不发,跃如也③。中道而立,能者从之。"

【解读】

公孙丑说:"圣人之道既崇高又完美,追求它几乎像登天一样,遥遥不可企及。为什么不使圣人之道变得有希望达到,让人每天都不懈地去追求呢?"

孟子说:"高明的木匠不会因为笨拙的徒工而改变律直的绳墨,后羿不会因为拙劣的射手而改变拉弓的标准。君子拉满了弓,但不把箭射出去,只是跃跃欲试做示范。他树立一个合符中道的准则,如同一位君子站在大道的中央,有才能的人就知道如何追随他。"

13.42　孟子曰:"天下有道,以道殉身④。天下无道,以身殉道。未闻以道殉乎人者也。"

【解读】

孟子说:"天下政治清明,终身行道;天下政治黑暗,为道献身。我还没听说过牺牲大道来迁就王侯私欲的。"

13.43　公都子曰:"滕更之在门也⑤,若在所礼。而不答,何也?"

---

①　几:近。
②　彀(gòu)率:拉开弓的标准。
③　跃如:跃跃欲试。
④　殉:从。朱子《集注》:"以道从人,妾妇之道。"
⑤　滕更:滕国国君的弟弟,孟子弟子。

孟子曰："挟贵而问,挟贤而问,挟长而问,挟有勋劳而问,挟故而问①,皆所不答也。滕更有二焉②。"

【解读】

公都子说："滕更在您门下学习时,似乎属于以礼相待的学生,可您却不回答他的提问,这是为什么呢?"

孟子说："倚仗显贵的地位来发问,倚仗贤明能干来发问,倚仗年长来发问,倚仗有功劳来发问,倚仗故交来发问,这些都是我不予回答的。五条之中,滕更就占了其中的两条。"

13.44 孟子曰："于不可已而已者③,无所不已。于所厚者薄,无所不薄也。其进锐者,其退速。"

【解读】

孟子说："对不该停止的工作却中止了,那么对他而言,世上就没有什么不可以中止了;对该厚待的人却给予薄待,那么就没有什么人不可以薄待了。前进的步伐过于迅猛的人,后退的速度也非常迅速。"

13.45 孟子曰："君子之于物也④,爱之而弗仁⑤。于民也,仁之而弗亲⑥。亲亲而仁民,仁民而爱物。"

---

① 故:故旧之好。
② 朱子《集注》:"此言君子虽诲人不倦,又恶夫意之不诚者。"
③ 已:止。
④ 物:朱子《集注》:"谓禽兽草木。"
⑤ 爱:爱惜。朱子《集注》:"谓取之有时,用之有节。"
⑥ 仁之而弗亲:"仁"和"亲"的含义虽近,但有区别。焦循《正义》有所甄别:"《说文·人部》云:'仁,亲也。'亲即是仁,而仁不尽于亲。仁之在族类者为亲,其普施于民者,通谓之仁而已。仁之言人也,称仁以别于物;亲之言亲也,称亲以别于疏。"相对于"亲"而言,"仁"的适用范围更广。

【解读】

孟子说："君子对于万物,爱惜它们,但不施以仁德;对于天下大众,施以仁德,但不亲爱他。君子从亲爱亲人开始,进而施仁德于天下百姓。从施仁德于天下百姓,进而爱惜宇宙万物。"

13.46　孟子曰:"知者无不知也,当务之为急。仁者无不爱也,急亲贤之为务。尧、舜之知而不遍物,急先务也。尧、舜之仁不遍爱人,急亲贤也。不能三年之丧,而缌、小功之察①;放饭流歠②,而问无齿决③,是之谓不知务。"

【解读】

孟子说:"智者无所不知,但急于知道当前该做的事情;仁者无所不爱,但急于先爱亲人和贤者。尧、舜的智慧不能遍知所有的事物,是因为他们急于知道与洞察眼前的大事;尧、舜的仁德虽深广,不能遍爱所有的人,是因为他们急于去爱亲人和贤者。如果不能够实行三年的丧礼,却对于缌麻、小功之类的丧礼过于苛求;在尊长面前大吃大喝,狼吞虎咽,却一味讲究不要用牙齿咬断干肉这样的小礼节。这就叫作不识大体。"

①　缌(sī):古代丧服的名称,五服中最轻的一服,以细麻布为孝服,服丧三个月。小功:古代丧服的名称,五服中的第四等,以熟麻布为孝服,用于兄弟之丧,服丧五个月。

②　放饭:大饭,放肆无礼地吃饭。放,纵。流歠(chuò):张口大喝。歠,吸、喝。朱子《集注》:"放饭,大饭。流歠,长歠,不敬之大者也。"

③　齿决:用牙咬断干肉。朱子《集注》:"齿决,啮断干肉,不敬之小者也。"

卷十四 尽心章句下 凡三十八章

14.1　孟子曰："不仁哉,梁惠王也! 仁者以其所爱,及其所不爱①。不仁者,以其所不爱,及其所爱。"

公孙丑曰:"何谓也?"

"梁惠王以土地之故,糜烂其民而战之②,大败,将复之③,恐不能胜,故驱其所爱子弟以殉之。是之谓以其所不爱及其所爱也。"

【解读】

孟子说:"梁惠王真是不仁啊! 仁人把他施于所喜爱的人的恩德,推及于他所不认识的陌生人;不仁的人却把他加给所不爱的人的祸害,推及于他所喜爱的人。"

公孙丑问:"为什么这么说呢?"

孟子说:"梁惠王因为争夺土地的缘故,不惜牺牲平民百姓的血肉之躯去作战。大败之后,还准备再战。唯恐不能战胜敌人,因此又驱使他所喜爱的子弟上战场送死,这就是把加给不爱的人的祸害推及到所爱的人身上。"

14.2　孟子曰:"《春秋》无义战④,彼善于此,则有之矣。

---

①　仁者以其所爱,及其所不爱:即孟子所谓"亲亲而仁民,仁民而爱物。"
②　糜烂:死伤。朱子《集注》:"糜烂其血肉也。"
③　复之:复战。
④　《春秋》无义战:朱子《集注》:"《春秋》每书诸侯战伐之事,必加讥贬,以著其擅兴之罪,无有以为合于义而许之者。"

征者上伐下也,敌国不相征也①。"

【解读】

　　孟子说:"春秋时代没有正义的战争。交战的那一方比这一方好一点,那是有的。所谓征,是指天子讨伐诸侯,同等级的诸侯之间是不能互相征讨的。"

　　14.3　孟子曰:"尽信《书》,则不如无《书》。吾于《武成》②,取二三策而已矣③。仁人无敌于天下。以至仁伐至不仁,而何其血之流杵也④?"

【解读】

　　孟子说:"完全相信《书》,还不如没有《书》。我对于《武成》这一篇,只采纳其中的两三段文字罢了。仁人天下无敌,凭周武王这样天下最具仁德的贤君,去讨伐商纣这样最不仁的暴君,怎么会让鲜血流淌得足以把杵都漂浮起来呢?"

　　14.4　孟子曰:"有人曰:'我善为陈⑤,我善为战。'大罪也。国君好仁,天下无敌焉。南面而征,北狄怨⑥;东面而征,西夷怨。曰:'奚为后我?'武王之伐殷也,革车三百两⑦,虎贲三千人⑧。

---

　　① 敌:匹敌。
　　② 《武成》:古《尚书》篇名,赵岐考证秦汉时已佚失。古文《尚书》中的《武成》,已非孟子所看到的《武成》。
　　③ 策:竹简。
　　④ 杵:舂杵。
　　⑤ 陈:通"阵"。
　　⑥ 北狄:四部丛刊本、焦循《正义》本皆作"北夷"。
　　⑦ 两:通"辆"。
　　⑧ 虎贲:勇士。贲通"奔"。三千:《书序》作三百人。

王曰:‘无畏! 宁尔也,非敌百姓也。’若崩厥角稽首①。征之为言正也,各欲正己也,焉用战?”

【解读】

孟子说:“有人说:‘我善于布阵,我善于作战。’这实际上是大罪。君主好行仁政,天下所向无敌。向南征讨,北方的狄人就会埋怨;向东征讨,西方的夷人就会埋怨,说:‘为什么把我们放在后边啊!’周武王讨伐殷纣时,有兵车三百辆、勇士三千人。武王对老百姓说:‘不要害怕!我是来让你们安居乐业的,不是来与你们为敌的。’商朝老百姓都跪倒在地叩头,声响好像山陵崩塌一般。征的意思就是正,各人都希望使自己言行端正,那又何必发动战争呢?”

14.5　孟子曰:“梓匠轮舆②,能与人规矩,不能使人巧。”

【解读】

孟子说:“工匠能把制作的规矩传授给别人,但不能使人心灵手巧。”

14.6　孟子曰:“舜之饭糗茹草也③,若将终身焉。及其为天子也,被袗衣④,鼓琴,二女果⑤,若固有之⑥。”

---

①　厥角:顿首、磕头。厥,同“蹶”,顿;角,额头。古今注家对“厥角”历来有两种理解:一说指兽之角,孔颖达疏《尚书·泰誓中》“百姓懔懔,若崩厥角”曰:“以畜兽为喻,民之怖惧,若似畜兽崩摧其角然。”一说为以额触地。厥,同“蹶”。角,即额角。《说文》云:“顿,下首也。”今从后说。朱子《集注》又云:“《书·太誓》文与此小异。”
②　梓:做器具的工匠。匠:造房屋的工匠。轮:造车轮的工匠。舆:造车厢的工匠。
③　饭:吃。糗(qiǔ):炒熟的米麦,泛指干粮。茹:吃。
④　袗(zhěn)衣:即绨(chī)衣,细葛布。
⑤　果:一作婐,女侍。此处用作动词,侍候。
⑥　朱子《集注》:“言圣人之心,不以贫贱而有慕于外,不以富贵而有动于中,随遇而安,无预于己,所性分定故也。”

【解读】

孟子说:"舜当年啃干粮、咽野菜时,好像终身都要如此生活下去;等他做了天子,穿着细葛布的衣服,弹着琴,尧的两个女儿侍候他,又好像本来就拥有这种生活似的。"

14.7 孟子曰:"吾今而后知杀人亲之重也。杀人之父,人亦杀其父。杀人之兄,人亦杀其兄。然则非自杀之也,一间耳①。"

【解读】

孟子说:"我从今而后知道杀死别人亲人的严重后果:杀死别人的父亲,别人也会杀死你的父亲;杀死别人的哥哥,别人也会杀死你的哥哥。既然如此,虽然不是自己杀死了父亲和哥哥,也仅仅只有一步之遥。"

14.8 孟子曰:"古之为关也,将以御暴。今之为关也,将以为暴。"

---

① 间(jiàn):隔。朱子《集注》:"一间者,我往彼来,间一人耳,其实与自害其亲无异也。范氏曰:'知此则爱敬人之亲,人亦爱敬其亲矣。'"孔子与孟子皆不主张血亲复仇,与公羊学派观点大异其趣。《春秋公羊传》隐公十一年:"君弑,臣不讨贼,非臣也;不复仇,非子也。"《春秋》庄公四年:"夏,齐侯陈侯郑伯遇于垂。纪侯大去其国。"《公羊传》阐发说:"大去者何? 灭也。孰灭之? 齐灭之。曷为不言齐灭之? 为襄公讳也。春秋为贤者讳,何贤乎襄公? 复仇也。何仇尔? 远祖也。哀公亨乎周,纪侯谮之,以襄公之为于此焉者,事祖祢之心尽矣。尽者何? 襄公将复仇乎纪,卜之曰:师丧分焉,寡人死之,不为不吉也。远祖者,几世乎? 九世矣。九世犹可以复仇乎? 虽百世可也。"《公羊传》认为,齐襄公为九世祖齐哀公复仇之举是正当的,为祖辈复仇不存在时间障碍,"虽百世可也"。因此,《公羊传》庄公四年《解诂》说:"礼:父母之仇,不同戴天;兄弟之仇,不同国;九族之仇,不同乡党。"《公羊传》的复仇观与《礼记》、《大戴礼记》的观点几乎是如出一辙:"父母之仇,不与同生;兄弟之仇,不与聚国;朋友之仇,不与聚乡;族人之仇,不与聚邻。"

【解读】

　　孟子说："古时候设立关卡,用于抵御强暴;如今设立关卡,却用来施行强暴。"

　　14.9　孟子曰:"身不行道,不行于妻子。使人不以道,不能行于妻子①。"

【解读】

　　孟子说:"自己不依正道而行,正道在妻子、儿女身上也贯彻不了;使唤别人不合于正道,要去使唤妻子、儿女都行不通。"

　　14.10　孟子曰:"周于利者②,凶年不能杀③。周于德者,邪世不能乱。"

【解读】

　　孟子说:"财富充足的人,荒年不能使他困窘;德性敦厚的人,身处乱世也不会迷惑。"

　　14.11　孟子曰:"好名之人,能让千乘之国;苟非其人,箪食豆羹见于色④。"

---

　　①　孟子这一段话是对孔子"其身正,不令而行;其身不正,虽令不从"(《论语·子路》)的进一步论述。
　　②　周:足。
　　③　杀:窘困。郑玄注《礼记·礼器》"是故年虽大杀,众不匡惧"曰:"杀,谓谷不熟也。"
　　④　赵岐《注》曰:"好不朽之名者,轻让千乘,伯夷、季札之类是也。诚非好名者,争箪食豆羹变色,讼之致祸,郑公子染指鼋羹之类是也。"朱熹《集注》的理解与赵岐不同,"好名之人,矫情干誉,是以能让千乘之国;然若本非能轻富贵之人,则于得失之小者,反不觉其真情之发见矣。盖观人不于其所勉,而于其所忽,然后可以见其所安之实也。"

孟子说:"爱惜名声的人,能够出让拥有千辆兵车的国家给贤人;但是,如果不是这种适宜受让的对象,即使让给一筐饭、一碗汤,他都会流露出不悦的神情。"

14.12 孟子曰:"不信仁贤,则国空虚。无礼义①,则上下乱。无政事,则财用不足。"

【解读】

孟子说:"不信任仁者贤士,国力就会空虚;没有礼义,上下等级与社会秩序就会混乱;没有好的政治措施与经济策略,国家的财用就会不足。"

14.13 孟子曰:"不仁而得国者有之矣。不仁而得天下,未之有也②。"

【解读】

孟子说:"不行仁政却能统治一个国家,历史上这种事情确实存在;不行仁政却能得到整个天下,这样的事从来没有发生过。"

14.14 孟子曰:"民为贵,社稷次之③,君为轻。是故得乎丘民而为天子④,得乎天子为诸侯,得乎诸侯为大夫。诸侯危

---

① 朱子《集注》:"礼义,所以辨上下,定民志。"
② 朱子《集注》:"言不仁之人,骋其私智,可以盗千乘之国,而不可以得丘民之心。邹氏曰:'自秦以来,不仁而得天下者有矣;然皆一再传而失之,犹不得也。所谓得天下者,必如三代而后可。'"
③ 社,土神。稷,谷神。社稷引申为国家政权。
④ 丘民:民众。丘,众。《周礼·地官·小司徒》:"九夫为井,四井为邑,四邑为丘。"朱子《集注》:"丘民,田野之民,至微贱也;然得其心,则天下归之。"王念孙《广雅疏证》云:"丘,众也。《孟子·尽心篇》:'得乎丘民而为天子'。《庄子·则阳篇》云:'丘里者,合十姓百名,而以为风俗也。'《释名》云:'四邑为丘,丘,聚也',皆众之义也。"

社稷,则变置①。牺牲既成,粢盛既洁②,祭祀以时,然而旱干水溢,则变置社稷③。"

【解读】

孟子说:"平民百姓地位最重要,其次是土谷之神,君主的地位最轻微。因此,得到平民大众的拥戴,就可以成为天子;得到天子的赏识,就可以成为诸侯;得到诸侯的赏识,就可以做大夫。如果诸侯危害国家,就另外改立诸侯;如果祭祀用的牲畜已经肥壮,祭品已经洁净,祭祀也按时举行了,但仍有水旱灾害,就另外改立土谷之神祭坛。"

14.15 孟子曰:"圣人,百世之师也,伯夷、柳下惠是也。故闻伯夷之风者,顽夫廉④,懦夫有立志;闻柳下惠之风者,薄夫敦,鄙夫宽⑤。奋乎百世之上⑥。百世之下,闻者莫不兴起也。非圣人而能若是乎? ——而况于亲炙之者乎⑦?"

【解读】

孟子说:"圣人是百世的老师,伯夷和柳下惠就是这样的人。所以,听说过伯夷道德风范的,贪婪者会变得廉洁,懦弱者会立下远大志向;听说过柳下惠道德风范的,刻薄成性者变得厚道,心胸狭隘者变得宽

---

① 诸侯危社稷,则变置:朱子《集注》:"诸侯无道,将使社稷为人所灭,则当更立贤君。是君轻于社稷也。"
② 粢盛(zī chéng):祭祀时所提供的饭食。
③ 朱子《集注》:"祭祀不失礼,而土谷之神不能为民御灾捍患,则毁其坛壝而更置之,亦'年不顺成,八蜡不通'之意。是社稷虽重于君而轻于民也。"
④ 顽:贪。
⑤ 鄙夫:庸俗之人。
⑥ 奋:感动奋发。
⑦ 亲炙:直接受到熏陶。朱子《集注》:"亲炙,亲近而熏炙之也。"

容。他们在百代以前发奋有为,在百代之后,听说过他们事迹的人,没有不振作奋发的。不是圣人,能够做到这样吗?百代以后尚且如此,更何况当时亲身受到他们熏陶的人呢?"

14.16　孟子曰:"仁也者,人也。合而言之,道也①。"

【解读】

孟子说:"仁的基本含义就是人。把仁和人结合起来说,就是道。"

14.17　孟子曰:"孔子之去鲁,曰:'迟迟吾行也。'去父母国之道也。去齐,接淅而行,去他国之道也②。"

【解读】

孟子说:"孔子离开鲁国时说:'我要慢慢走。'这是离开祖国时的态度。离开齐国时,把正在淘的米捞出来漉干了就走。这是离开别国时的态度。"

14.18　孟子曰:"君子之戹于陈、蔡之间③,无上下之交也④。"

---

① 朱子《集注》:"仁者,人之所以为人之理也。然仁,理也;人,物也。以仁之理,合于人之身而言立,乃所谓道者也。"
② 此节重出。
③ 戹:通"厄",困厄。《史记·孔子世家》记载:"孔子迁于蔡三岁,吴伐陈。楚救陈,军于城父。闻孔子在陈蔡之间,楚使人聘孔子。孔子将往拜礼,陈蔡大夫谋曰:'孔子贤者,所刺讥皆中诸侯之疾。今者久留陈蔡之间,诸大夫所设行皆非仲尼之意。今楚,大国也,来聘孔子。孔子用于楚,则陈蔡用事大夫危矣。'于是乃相与发徒役围孔子于野。不得行,绝粮。从者病,莫能兴。"
④ 无上下之交:朱子《集注》:"君臣皆恶,无所与交也。"

孟子说:"孔子被围困在陈国、蔡国之间,是因为这两个国家的君臣都昏聩无道,孔子不愿与他们君臣打交道的缘故。"

14.19　貉稽曰①:"稽大不理于口②。"

孟子曰:"无伤也。士憎兹多口③。《诗》云④:'忧心悄悄,愠于群小。'孔子也。'肆不殄厥愠⑤,亦不陨厥问⑥。'文王也。"

【解读】

貉稽说:"我被人家说了很多坏话。"

孟子说:"没有关系。士人会比别人更多地遭受别人的议论。《诗》说:'忧思忡忡压在心头,小人对我愤恨嫉妒。'孔子当年的遭遇就是这样。《诗》又说:'虽未消除别人的怨恨,也并不贬损自己的声誉。'文王就是这样的人。"

14.20　孟子曰:"贤者以其昭昭⑦,使人昭昭。今以其昏昏⑧,使人昭昭⑨。"

---

①　貉(mò)稽:人名,其人与事不可详考。
②　理:利、顺。赵岐《注》曰:"为众口所讪。理,赖也。"
③　憎:朱熹与赵岐皆认为"憎"当为"增"传写之误。朱子《集注》曰:"赵氏曰:'为士者,益多为众口所讪'按此则'憎'当从'土',今本皆从心,盖传写之误。"
④　《诗》云:引自《诗经·邶风·柏舟》。
⑤　肆:发语词。殄(tiǎn):绝。愠:怒。
⑥　陨:失。问:声闻。肆不二句引自《诗经·大雅·绵》。
⑦　昭:明。《说文》:"昭,日明也。"
⑧　昏(hūn):同"昏",暗、愚昧。
⑨　朱子《集注》曰:"尹氏曰:'《大学》之道,在自昭明德,而施于天下国家,其有不顺者寡矣。'"

【解读】

孟子说:"贤者以自己的透彻明了,再去帮助别人明白事理;今天的人自己糊里糊涂,却力图使别人透彻明了。"

14.21　孟子谓高子曰①:"山径之蹊间②,介然用之而成路③。为间不用④,则茅塞之矣。今茅塞子之心矣⑤。"

【解读】

孟子对高子说:"山坡上的小路很窄,经常走便变成了一条路;如果隔了段时间不走,就会慢慢被茅草堵塞。人心与此同理。现在,'茅草'也把你的心堵塞了。"

14.22　高子曰:"禹之声,尚文王之声⑥。"

孟子曰:"何以言之?"

曰:"以追蠡⑦。"

曰:"是奚足哉? 城门之轨,两马之力与⑧?"

---

① 高子:齐人,曾学于孟子。
② 径:山坡。蹊:小路。间:狭窄。
③ 介然:意志专一而不旁骛。《荀子·修身篇》云:"善在身,介然必以自好也。"此"介然"与荀子之"介然"同义。用:由、行。对"山径之蹊间介然用之而成路"应如何句读,历来有争议:朱子《集注》本断句为"山径之蹊间,介然用之而成路。"他将"间"上读,取"介然"的"倏然之顷"之意。另一种断句是赵岐的"山径之蹊间介然,用之而成路。"
④ 为间:朱子《注》曰:"为间,少顷也。"
⑤ 今茅塞子之心:朱子《注》曰:"言理义之心,不可少有间断也。"
⑥ 尚:通"上",胜过。
⑦ 追(duī):钟钮。蠡:快要断的样子。古今注家对"追蠡"的注解大体有三:其一,为钟钮欲断貌;其二,为器物剥蚀貌;其三,为击钟留下的痕迹。
⑧ 两:同"辆"。

高子说:"禹的音乐胜过文王的音乐。"

孟子说:"凭什么这么说呢?"

高子回答说:"因为禹传下来的钟钮都快断了。"

孟子说:"这怎么足以证明呢? 城门下面深深的车辙印,难道只是几匹马的力量造成的吗?"

14.23　齐饥。陈臻曰:"国人皆以夫子将复为发棠①,殆不可复②。"

孟子曰:"是为冯妇也③。晋人有冯妇者,善搏虎,卒为善士④。则之野⑤,有众逐虎。虎负嵎⑥,莫之敢撄⑦。望见冯妇,趋而迎之。冯妇攘臂下车,众皆悦之。其为士者笑之⑧。"

【解读】

齐国发生饥荒。陈臻说:"国人都认为夫子将要再次劝说齐王打开棠地的粮仓救灾,恐怕不会再这样做了吧?"

---

①　发:开仓赈济。棠:齐国地名,在今山东省即墨市一带。

②　殆不可复:朱子《集注》曰:"先时齐国尝饥,孟子劝王发棠邑之仓,以振贫穷。至此又饥,陈臻问言齐人望孟子复劝王发棠;而又自言恐其不可也。"

③　冯妇:人名,古代勇士,姓冯,名妇。

④　朱子《注》曰:"卒为善士,后能改行为善也。"

⑤　"卒为善士则之野":关于这一句的断句,历来有争议。宋人刘昌诗在《芦蒲笔记》、周密在《志雅堂杂抄》中提出将"善"和"士"分开,以"卒为善,士则之野"断句。刘昌诗认为,"余味此段之言,恐合以'卒为善'为一句,'士则之'为一句,'野有众逐虎'为一句。盖有搏虎之勇而卒能为善,故士以为则;及其不知止,则士以为笑也。"周密进而指出,"本以'善'字'之'字断句,前云'士则之',后云'其为士者笑之'文义相属,与章旨亦合。"

⑥　嵎(yú):山坳。

⑦　撄:触、碰。

⑧　朱子《注》曰:"疑此时齐王已不能用孟子,而孟子亦将去矣,故其言如此。"

孟子说:"如果再这样做,我就成为冯妇了。晋国以前有个叫冯妇的大力士,擅长徒手打老虎,后来成为善士。一次他去野外,看到许多人在追逐老虎,老虎背依山险,进行顽抗,没有人敢靠近它。人们远远地看到了冯妇,就跑过去迎接他。冯妇捋起袖子,挥舞着胳膊,走下车来。众人都很喜欢他,可是士人都讥笑他。"

14.24　孟子曰:"口之于味也,目之于色也,耳之于声也,鼻之于臭也①,四肢之于安佚也,性也,有命焉,君子不谓性也②。仁之于父子也,义之于君臣也,礼之于宾主也,智之于贤者也,圣人之于天道也,命也,有性焉,君子不谓命也③。"

【解读】

孟子说:"人的嘴巴喜欢尝美味,眼睛喜欢看美色,耳朵喜欢听美妙的音乐,鼻子喜欢香味,四肢喜欢安逸,这是人的本性。至于能否全部遂愿,其中有命的作用,所以君子不认为它们全是性分所定。仁对于父子,义对于君臣,礼对于宾主,智对于贤者,圣人对于天道,能否全部实现由命所决定,但其中也有本性的作用。因此,君子不把它们看成完全是命的安排。"

----

①　臭(xiu):通"嗅",气味。
②　朱子《注》曰:"程子曰:'五者之欲,性也。然有分,不能皆如其愿,则是命也。不可谓"我性之所有"而求必得之也。'愚按:'不能皆如其愿',不止为贫贱。盖虽富贵之极,亦有品节限制,则是亦有命也。"
③　徐复观《中国人性论史·先秦篇》对这段话的解释是:"当时一般人把耳目之欲等称为性;孟子以为此类耳目之欲,在生而即有的这一点上,固可称之为性;但当其实现时,则须'求在外',其权并不能操之在己;所以他宁谓之命,而不谓之性。当时一般人,把仁义礼智天道等称为命,孟子以为此等道德理性,在莫之致而至的这一点上,固可称之为命;但当其实现时,是'求在内',其主宰在人之自身;固孟子宁谓之性而不谓之命。""性"是"求在内",具备"生而即有"的特性;命须"求在外",具备"莫之致而至"的特征。"性"和"命"的共同点是"生而即有,莫之致而至",二者的区别在于"性"的主宰在人之自由意志,而"命"不能操之在己。

14.25　浩生不害问曰①:"乐正子②,何人也?"

孟子曰:"善人也,信人也。"

"何谓善?何谓信?"

曰:"可欲之谓善③。有诸己之谓信。充实之谓美。充实而有光辉之谓大。大而化之之谓圣。圣而不可知之之谓神④。乐正子,二之中、四之下也⑤。"

【解读】

浩生不害问道:"乐正子是一个什么样的人?"

孟子答道:"他是一个善人,他是一个实在的人。"

"什么叫'善',什么叫'信'?"

孟子说:"我们称悦人心意的东西(善端)叫做善,仁义礼智善端为自身先天所拥有叫做信,使善端充盈实在叫做美,既充盈实在又使人性的善端光耀四方叫做大,既大又能感化万物叫做圣,圣达到妙不可测的境界叫做神。乐正子处在前两者之中、而在后四者之下。"

14.26　孟子曰:"逃墨必归于杨,逃杨必归于儒⑥。归,斯受之而已矣。今之与杨、墨辩者,如追放豚,既入其苙⑦,又从

---

①　浩生不害:齐国人,姓浩生,名不害。

②　乐正子:孟子弟子。

③　可欲之谓善:高诱注:"善,好也。"焦循《正义》认为,"可欲即可好","好善"即"善善"。"可欲"当与"可求"互训。

④　神:"神"是会意字,从示、申。"申"是天空中闪电形,古人因闪电变化莫测,威力无穷,故称之为神。孟子对"神"的定义是"圣而不可知之"。朱子《注》曰:"程子曰:'圣不可知,谓圣之至妙,人所不能测。非圣人之上又有一等神人也。'"

⑤　二之中、四之下:朱子《注》曰:"盖在善、信之间。"

⑥　逃墨必归于杨,逃杨必归于儒:朱子《注》曰:"墨氏务外而不情,杨氏太简而近实,故其反正之渐,大略如此。"墨家主张兼爱,无亲疏之别;杨朱主张绝对为我,贵己、重生,否认个人对社会的义务。

⑦　苙(lì):栏,圈。

而招之①。"

【解读】

　　孟子说："离开墨子一派的人，一定会归向杨朱这一派；离开杨朱一派的人，最后一定会回归儒家。归向儒家，接纳他们就是了。现今与杨、墨两家辩论的人，好像在追逐走失的猪一样，已经赶入圈栏了，还要缚住它的脚，未免有些过分。"

　　14.27　孟子曰："有布缕之征、粟米之征、力役之征②。君子用其一，缓其二。用其二而民有殍③，用其三而父子离。"

【解读】

　　孟子说："有征收布帛的赋税，有征收粟米的赋税，还有征收人力的徭役。君子采用其中的一种，另外两种暂时不用。如果同时征收两种，平民百姓就会有饿死的；如果同时征收三种，就会家破人亡。"

　　14.28　孟子曰："诸侯之宝三：土地，人民，政事。宝珠玉者④，殃必及身。"

【解读】

　　孟子说："诸侯的宝物有三样：土地、人民、政事。以珠玉为宝的人，灾祸必定降到他的身上。"

---

　　①　招：栓、羁绊。
　　②　布缕之征、粟米之征、力役之征：朱子《注》曰："征赋之法，岁有常数，然布缕取之于夏，粟米取之于秋，力役取之于冬，当各以其时；若并取之，则民力有所不堪矣。"缕：丝线。
　　③　殍：饿死的人。
　　④　宝珠玉：以珠玉为宝。

14.29　盆成括仕于齐①。

孟子曰:"死矣盆成括!"

盆成括见杀②,门人问曰:"夫子何以知其将见杀?"

曰:"其为人也小有才。未闻君子之大道也,则足以杀其躯而已矣③。"

【解读】

盆成括在齐国做官。

孟子说:"盆成括活不长了!"

盆成括果然被人杀害。学生问道:"先生如何知道他将被人杀害呢?"

孟子说:"盆成括这个人小有才干,但未曾懂得君子的大道,这就足以招致杀身之祸了。"

14.30　孟子之滕,馆于上宫④。有业屦于牖上⑤,馆人求之弗得⑥。

或问之曰:"若是乎从者之廋也⑦?"

曰:"予以是为窃屦来与?"

曰:"殆非也⑧。夫子之设科也⑨,往者不追,来者不距。

①　盆成括:复姓盆成,名括。据赵岐考证,此人曾求学于孟子,未成即去。
②　见:被。
③　朱子《注》曰:"恃才妄作,所以取祸。"
④　上宫:别宫的名字。历代注者对"上宫"大体有三种看法:赵岐《注》云:"上宫,楼也";朱熹认为,"上宫,别宫名";焦循则认为:"此'上宫'当如'上舍',谓上等之馆舍也。"今取朱熹之说。
⑤　业屦(jù):没织好的草鞋。
⑥　馆人:管理馆舍的官吏。
⑦　廋(sōu):隐藏。
⑧　殆非也:俞樾《古书疑义举例》指出,"殆非也"乃孟子自问自答。可备一说。
⑨　设科:赵岐《注》云:"设教授之科。"

苟以是心至,斯受之而已矣。"

【解读】

　　孟子到了滕国,住在上宫。有一双尚未织成的草鞋放在窗台上,旅馆的管理者没有找到。

　　有人便问孟子:"是不是跟随您来的人把它藏起来了?"

　　孟子说:"你以为他们是为了偷草鞋而来的吗?"

　　那人说:"恐怕不是。不过,老先生设置课程,接收学生的条例是:走的不追回,来的不拒绝。只要他们怀着学习的心来,您就会接收他们。其中难免良莠不齐,会有一些手脚不干净的人混进来。"

　　14.31　孟子曰:"人皆有所不忍,达之于其所忍,仁也;人皆有所不为,达之于其所为,义也。人能充无欲害人之心,而仁不可胜用也;人能充无穿逾之心①,而义不可胜用也。人能充无受'尔'、'汝'之实②,无所往而不为义也。士未可以言而言,是以言餂之也③。可以言而不言,是以不言餂之也。是皆穿逾之类也。"

【解读】

　　孟子说:"人人都有不忍心做的事,把这种不忍之心推广到他所忍心做的事上,就是仁;人人都有他不耻做的事,把这种不耻之心推及到他耻于做的事上,就是义。人人如果能够把不想害人的心加以扩充,那

---

　　① 穿逾:穿穴逾墙,代指偷窃行为。赵岐《注》曰:"穿墙逾屋,奸利之心也。"朱子《注》曰:"皆为盗之事也。"《论语·阳货》云:"色厉而内荏,譬诸小人,其穿窬之盗也与。"

　　② 尔、汝:本是长辈对于晚辈的通称,这里是作为轻蔑的称呼,表示对别人的不尊敬。朱子《集注》曰:"盖尔汝人所轻贱之称。"

　　③ 餂(tiǎn):同"舔",取。朱子《注》曰:"探取之也。今人以舌取物曰餂,即此意也。"

么仁就会用之不竭;人如果能够把不愿挖洞、跳墙(行窃)的心扩充开来,那么义就会用之不竭;人如果能够把不愿受人轻蔑的心理扩充开来,那么无论到哪里,行为都会符合义。士人,不可以和他交谈的却与之交谈,这是用言语设置陷阱,诱惑他而使自己从中取利;可以和他交谈却不与之谈,这是用沉默诱惑他而使自己从中取利。这些都属于挖洞、跳墙之类的卑鄙行径。"

14.32 孟子曰:"言近而指远者①,善言也。守约而施博者②,善道也。君子之言也,不下带而道存焉③。君子之守,修其身而天下平。人病舍其田而芸人之田④,所求于人者重,而所以自任者轻。"

【解读】

孟子说:"言语浅近而含意深远,是善言;遵守起来非常简约,施行起来效用广博深远,是善道。君子的言语,说的虽然都是眼前的事情,但治国平天下的大道都蕴含其中;君子的操守,虽然只是修养自身。但影响所及,却能使天下太平。普通人的毛病在于舍弃自己的田地,而去耕耘别人的田地。责求于他人的很苛重,加给自己的责任却很轻。"

14.33 孟子曰:"尧、舜,性者也⑤。汤、武,反之也⑥。动

---

① 指:通"旨"。
② 施:施人恩惠。《左传》僖公二十四年云:"报者倦矣,施者未厌。"杜预《注》云:"施,功劳也。有劳则望报过甚。"
③ 不下带:带,束腰之带。古人把衣带束在腰上,心在腰带之上。所以这里所谓"不下带",比喻人之心。朱子《注》曰:"古人视不下于带,则带之上,乃目前常见至近之处也。举目前之近事,而至理存焉,所以为言近而指远也。"
④ 芸:通"耘"。
⑤ 朱子《注》曰:"性者,得全于天,无所污坏,不假修为,圣之至也。"
⑥ 反:通"返"。

容周旋中礼者①,盛德之至也。哭死而哀,非为生者也。经德不回②,非以干禄也③。言语必信,非以正行也。君子行法④,以俟命而已矣。"

【解读】

孟子说:"尧、舜的美德,出自本性;商汤和周武王的美德,是经过修身力行回复到自己本性。举止仪容无不合于礼,这是德行深厚到了极点。为死者而悲哀哭泣,这不是为了表演给活人看;遵循道德而不违背,这不是为了谋求官职;言语一定要信实,这不是为了向他人表明自己品行端正,而是善良本性的自然流露。君子依照天地间规律行事,成败得失自有定数。"

14.34　孟子曰:"说大人⑤,则藐之,勿视其巍巍然。堂高数仞⑥,榱题数尺⑦,我得志弗为也。食前方丈⑧,侍妾数百人,我得志弗为也。般乐饮酒⑨,驱骋田猎,后车千乘,我得志弗为也。在彼者,皆我所不为也;在我者,皆古之制也,吾何畏彼哉?"

【解读】

孟子说:"游说位高权重之人,就要藐视他们,不要顾忌他们高高在上的样子。殿堂台阶高数丈,屋檐宽几尺,我要是得志了,就不会这样

---

① 动容:动作容貌。
② 经:行。回:违。
③ 干:求取。
④ 君子行法:朱子《注》曰:"法者,天理之当然者也。君子行之,而吉凶祸福有所不计,盖虽未至于自然,而已非有所为而为矣。"
⑤ 说大人:游说位高权重之人。赵岐《注》曰:"大人,谓当时之尊贵者也。"
⑥ 堂高:指殿堂的台阶之高。焦循《正义》曰:"经传称堂高者,皆指堂阶而言。"
⑦ 榱(chuī)题:此处指屋檐。榱,即桷,房椽子。题,头。
⑧ 食前方丈:朱子《注》曰:"食前方丈,馔食列于前者,方一丈也。"
⑨ 般乐:同"盘乐",盘桓游乐。

做;面前的食物摆满一丈见方,侍奉的姬妾有几百个,我要是得志了,就不会这样做;饮酒狂欢,驰骋射猎,随从的车辆上千乘,我要是得志了,就不会这样做。他的所作所为都是我不愿做的,我所愿做的,都符合古时的法度,我为什么要畏惧他们呢?"

14.35　孟子曰:"养心莫善于寡欲①。其为人也寡欲,虽有不存焉者,寡矣;其为人也多欲,虽有存焉者,寡矣②。"

【解读】

孟子说:"修养心性,没有比减少欲望更好的方法了。一个人欲望不多,那么即使善性有所丧失,也不会很多;一个人欲望过多,即使善性有所存留,也很少了。"

14.36　曾皙嗜羊枣③,而曾子不忍食羊枣。

公孙丑问曰:"脍炙与羊枣孰美④?"

孟子曰:"脍炙哉!"

公孙丑曰:"然则曾子何为食脍炙而不食羊枣?"

曰:"脍炙所同也,羊枣所独也。讳名不讳姓⑤,姓所同也,名所独也。"

---

①　养心莫善于寡欲:朱子《注》曰:"欲,如口、鼻、耳、目四支之欲,虽人之所不能无,然多而不节,未有不失其本心者,学者所当深戒也。程子曰:'所欲不必沈溺。只有所向便是欲。'"

②　郭店楚墓竹简《语丛二》有"欲生于性,虑生于欲,倍生于虑,争生于倍,党生于争"记载,认为欲产生于本性,本性每个人都有,只要是人就会有欲,与孟子有相近之处。孟子认为"寡欲"是"养心"的最好手段,孟子强调的是"寡欲",并非"灭欲"。

③　羊枣:一种紫黑色、小而圆的果实,俗称羊矢枣。朱子《注》曰:"羊枣,实小黑而圆,又谓之羊矢枣。曾子以父嗜之,父殁之后,食必思亲,故不忍食也。"也有人认为,羊枣不是枣,而是一种较小的柿子。

④　脍炙(kuài zhì):脍,把鱼、肉切成薄片。炙,烤肉。

⑤　讳名:不可直呼尊长之名。

【解读】

曾晳喜欢吃羊枣,曾子因此不忍心吃羊枣。

公孙丑问:"烤肉和羊枣相比,哪一种更加美味可口?"

孟子说:"当然是烤肉。"

公孙丑说:"那么曾子为什么吃烤肉而不吃羊枣呢?"

孟子说:"烤肉是人人都爱吃的食物,而羊枣是曾晳个人的独特嗜好。这就像避讳,只避名,不避姓。因为姓是很多人共有的,而名却是一个人所独有。"

14.37　万章问曰:"孔子在陈,曰:'盍归乎来? 吾党之士狂简①,进取,不忘其初②。'孔子在陈,何思鲁之狂士?"

孟子曰:"孔子:'不得中道而与之③,必也狂獧乎④? 狂者进取,獧者有所不为也⑤。'孔子岂不欲中道哉? 不可必得,故思其次也。"

"敢问何如斯可谓狂矣?"

曰:"如琴张⑥、曾晳、牧皮者⑦,孔子之所谓狂矣。"

"何以谓之狂也?"

曰:"其志嘐嘐然⑧,曰:'古之人,古之人⑨!'夷考其行⑩,

---

①　党:乡里。狂简:朱子《注》曰:"狂简,谓志大而略于事。"简,志大。
②　这一段话与《论语·公冶长篇》小异。
③　不得中道而与之:语见《论语·子路篇》,《论语》"道"作"行","獧"作"狷"。
④　狂:朱子《注》曰:"狂,有志者也。有志者,能进于道。"獧:同"狷",朱子《注》曰:"獧,有守者也。有志者能进于道。有守者,不失其身。"
⑤　有所不为:朱子《注》曰:"知耻自好,不为不善之人也。"
⑥　琴张:根据赵岐、朱熹考证,琴张即孔子弟子子张。
⑦　牧皮:生平已无从考查。或说为孔子弟子。
⑧　嘐嘐(xiāo):心高志傲的样子。
⑨　曰:"古之人,古之人":俞樾《古书疑义举例》谓此七字当是衍文。
⑩　夷考:考查。夷:平,辨。朱子《注》曰:"夷,平也。"

而不掩焉者也。狂者又不可得,欲得不屑不洁之士而与之,是獧也,是又其次也。孔子曰①:'过我门而不入我室,我不憾焉者,其惟乡原乎!乡原②,德之贼也。'"

曰:"何如斯可谓之乡原矣?"

"曰:'何以是嘐嘐也?言不顾行,行不顾言,则曰"古之人,古之人"。''行何为踽踽凉凉③?生斯世也,为斯世也,善斯可矣。'阉然媚于世也者④,是乡原也。"

万子曰:"一乡皆称原人焉,无所往而不为原人,孔子以为德之贼,何哉?"

曰:"非之无举也,刺之无刺也。同乎流俗,合乎汙世。居之似忠信,行之似廉洁。众皆悦之,自以为是。而不可与入尧、舜之道,故曰'德之贼'也。孔子曰:'恶似而非者:恶莠,恐其乱苗也。恶佞⑤,恐其乱义也。恶利口⑥,恐其乱信也。恶郑声⑦,恐其乱乐也。恶紫,恐其乱朱也⑧。恶乡原,恐其乱德也。'君子反经而已矣⑨。经正,则庶民兴;庶民兴,斯

---

① 孔子曰:此处引文另有所出,唯最后一句"乡原,德之贼也"见于《论语·阳货》。

② 乡原:即乡愿,指乡里似德非德、伪善欺世的伪君子。愿,借为傆,狡猾。

③ 踽踽(jǔ)凉凉:孤单不合群。朱子《注》曰:"踽踽,独行不进之貌。凉凉,薄也,不见亲厚于人也。"

④ 阉:低下。

⑤ 佞:巧言谄媚。

⑥ 利口:朱子《注》曰:"利口,多言而不实者也。"

⑦ 郑声:郑地的乐歌。声与乐有区别,《礼记·乐记》云:"感于物而动,故形于声。声相应,故生变。变成方,谓之音。比音而乐之,及干、戚、羽、旄,谓之乐。"又云:"凡音者,生于人心者也。乐者,通伦理者也。是故知声而不知音者,禽兽是也。知音而不知乐者,众庶是也。唯君子为能知乐。是故审声以知音,审音以知乐,审乐以知政,而治道备矣。是故不知声者,不可与言音;不知音者,不可与言乐;知乐则几于礼矣。礼乐皆得,谓之有德,德者得也。"可见,由"声"到"音"再到"乐",不仅是艺术层次的递进,更是生命境界的升华。

⑧ 朱:朱子《注》曰:"紫,间色。朱,正色也。"

⑨ 反:同"返"。经:正道、大道。朱子《注》曰:"经,常也,万世不易之常道也。"

无邪慝矣。"

【解读】

万章问:"孔子在陈国,说:'何不回去呢!我乡里的晚辈们志大而狂放,积极进取而不忘本。'孔子在陈国,为什么想念鲁国这些狂放之人呢?"

孟子说:"孔子说过:'找不到言行合于中庸之道的人相交往,那就只能找狂放者和狷介者了。狂放的人勇于进取,狷介的人有所不为。'孔子难道不想与合于中道的人相交吗?只是不一定能找到,所以只能求其次了。"

"请问什么样的人可称作狂放之人?"

孟子说:"像琴张、曾皙、牧皮这样的人,就是孔子所说的狂放之人。"

"为什么说他们是狂放之人呢?"

孟子说:"他们志向远大,口气也大,总是说:'古人啊,古人啊!'可是考察他们的行为,却不能与所说的话相符。这种狂放之人如果也不可以得到,便想找那些不屑于做肮脏之事的人交往,这种人就是狷介之士,这又是次一等的。孔子说:'路过我的家门却不进屋,我能不感到遗憾的,恐怕只有虚伪透顶的好好先生吧!这些好好先生,是德性的戕害者。'"

"什么样的人是乡原呢?"

孟子说:"这种人批评狂放之士说:'为什么志向、口气那么大呢?言语不能和行为相照应,行为也不能同言语相照应,就只会空喊:'古人啊,古人啊!'他们又批评狷介之士说:'做事情为什么这样落落寡合呢?生在这个世道,为这个社会做事,只要过得去就行了。'像阉人那样谄媚邀宠的人,就是好好先生。"

万章说:"全乡的人都说他是好人,他也处处表现出是一个好人,孔子却把他看成是德性的戕害者,为什么呢?"

孟子说:"这种人,要批评他,却找不出什么错误;要指责他,却没什么能指责的;混同于流俗,迎合于浊世,平时似乎忠厚信实,处事似乎正直廉洁,大家都喜欢他,他也自以为是,但是却背离了尧舜之道,所以说他是德性的戕害者。孔子说:'我憎恶似是而非的东西:憎恶莠草,因为它混淆了禾苗;憎恶巧言令色,因为它扰乱了义;憎恶夸夸其谈,因为它损害了信;憎恶郑国的音乐,因为它伤害了雅乐;憎恶紫色,因为它混淆了正红色;憎恶好好先生,因为他毁坏了德行。'君子只是力图回归正道而已。道路正确了,民众就会奋起有为;民众奋起有为,就没有邪恶的事发生。"

14.38　孟子曰:"由尧、舜至于汤,五百有余岁①。若禹、皋陶,则见而知之。若汤,则闻而知之。由汤至于文王,五百有余岁。若伊尹、莱朱②,则见而知之;若文王,则闻而知之。由文王至于孔子,五百有余岁。若太公望、散宜生③,则见而知之;若孔子,则闻而知之。由孔子而来至于今,百有余岁。去圣人之世,若此其未远也。近圣人之居,若此其甚也。然而无有乎尔,则亦无有乎尔。"

【解读】

孟子说:"从尧、舜到商汤,有五百多年。像禹和皋陶,是亲眼目睹因而知道尧、舜之道;至于商汤,则是听到传闻而知道。从商汤到文王,有五百多年,像伊尹和莱朱,是亲眼目睹因而知道商汤之道;至于文王,则是听到传闻而知道;从文王到孔子,有五百多年,像太公望和散宜生,是亲眼目睹因而知道文王之道;至于孔子,则是听到传闻而知道。从孔

---

① 五百有余岁:赵岐《注》云:"言五百岁圣人一出,天道之常也。亦有迟速,不能正五百岁,故言有余岁也。"
② 莱朱:商汤的贤臣,一名仲虺(huǐ)。赵岐《注》云:"莱朱,亦汤贤臣也。"
③ 散宜生:周文王四贤臣之一,以文德著称。

子到现在,有一百多年了,离圣人的时代并不遥远,距离圣人的家乡又是如此之近,然而却没有亲耳所闻、亲眼所见圣人之道的人。既然如此,难道真的没有继承与光大圣人之道的人了吗?"

后　记

阅读《孟子》,我总会情不自禁地想起禅宗史上的神会大师。孟子与神会,两人在中国文化史上有相似之处。神会本是北宗神秀的弟子,在神秀被召入京说法之后,毅然南下曹溪,拜六祖慧能为师。六祖慧能许以"知解宗徒",从此成为荷泽宗创始人。在六祖慧能寂灭后,神会又只身北上洛阳,弘扬南宗顿悟大法。面对北宗传人接二连三的谋害,"南宗的急先锋"神会壮怀激烈,视死如归。正因为神会的不懈努力,南宗终于在唐德宗时期取得了正宗地位。在弘扬儒家思想方面,孟子的贡献丝毫不亚于神会对南宗的播扬。在天下之言不归杨朱、则归墨的社会环境中,孟子以"虽千万人,吾往矣"的"大丈夫"精神,宣传孔子学说。在百家争鸣的碰撞与交锋中,因为有孟子的"好辩"与"舍我其谁"气概,孔子儒家学说才未退缩为汩汩细流。

孟子在中国文化史上的贡献,除了传播、弘扬孔子思想之外,另外一大贡献在于从心性论层面论证与发展儒家学说。尽心以知性,知性而知天,倡言生命存在内在超越之潜能,论证此在生命有限性与无限性的内在统一,儒家哲学形上学由此迈上了一座哲学新高峰。孟子思想中的人性平等观念,政治学说隐含的正义、自由精神(钱穆、梁启超语),如果再加上政治思想上的"革命"论、教育思想上的君子"五教"、经济思想上的"恒产"论,孟子思想体系中内蕴着深厚的正义与公平思想资源。这些正义、平等与公正思想,具有现代性价值,对于目前中国建构"现代国家",将是十分重要的历史文化资源。1958年元月由唐君毅、牟宗三、张君劢、徐复观四人联名发表的《为中国文化敬告世界人士宣言》认为,中国人不仅可由儒家"心性之学"成就一"道德实践的主体",同时也可由"心性之学"成就民主"政治的主体"。孔子思想,非孟子无以明;程朱阳明之学,非孟子无以法。《老子》有言:"死而不亡"。孟子虽逝,思想不亡,虽千载之后,仍照耀人心!

孟子思想主要体现在《孟子》一书中。谈及《孟子》文本,有必要再补充几句。当年司马迁在《史记·孟子荀卿列传》中指出:"《孟子》七篇",即《梁惠王》、《公孙丑》、《滕文公》、《离娄》、《万章》、《告子》和《尽心》。但刘歆《七略》考证《孟子》当有11篇,东汉赵岐进而考证其余四篇文章为《性善辨》、《文说》、《孝经》、《为政》。关于这四篇的真伪问题至今已水落石出,一致认为流传于今的《外书》四篇乃明代人伪撰。实际上,在先秦时期的一些著述中,譬如《荀子》,引述《孟子》人性思想的一些重要文句就不见于今本《孟子》。举例来说,《荀子·性恶》所载"孟子曰:'人之学者,其性善'"、"孟子曰:'今人之性善,将皆失丧其性故也'"等文句,皆不见于今本《孟子》。周广业《孟子四考》对此多有考证,董仲舒、王充等人皆读过《外书》,当无疑义。或许这已从一个侧面证明通行本《孟子》并非全本或祖本。当然,揭明通行本《孟子》的版本流变,只想说明通行本《孟子》有残缺,但这并不影响其思想价值与现代意义。

图书在版编目(CIP)数据

孟子解诂 / 曾振宇，曾中行校注. -- 上海 ：上海
三联书店，2025. 4. -- ISBN 978-7-5426-8686-2

Ⅰ. B222.52

中国国家版本馆 CIP 数据核字第 2024D1N980 号

孟子解诂

校　　注 / 曾振宇　曾中行

责任编辑 / 徐建新
装帧设计 / 一本好书
监　　制 / 姚　军
责任校对 / 王凌霄　张　瑞

出版发行 / 上海三联书店
　　　　　(200041)中国上海市静安区威海路 755 号 30 楼
邮　　箱 / sdxsanlian@sina.com
联系电话 / 编辑部: 021 - 22895517
　　　　　发行部: 021 - 22895559
印　　刷 / 上海展强印刷有限公司

版　　次 / 2025 年 4 月第 1 版
印　　次 / 2025 年 4 月第 1 次印刷
开　　本 / 710mm×1000mm　1/16
字　　数 / 200 千字
印　　张 / 18.5
书　　号 / ISBN 978 - 7 - 5426 - 8686 - 2/B · 927
定　　价 / 98.00 元

敬启读者,如发现本书有印装质量问题,请与印刷厂联系 021 - 66366565